Rousseau | Texte zur Erziehung

Jean-Jacques Rousseau
Texte zur Erziehung

Herausgegeben von Tim Zumhof

Reclam

RECLAMS UNIVERSAL-BIBLIOTHEK Nr. 14045
2022 Philipp Reclam jun. Verlag GmbH,
Siemensstraße 32, 71254 Ditzingen
Gestaltung: Cornelia Feyll, Friedrich Forssman
Druck und Bindung: EsserDruck Solutions GmbH,
Untere Sonnenstraße 5, 84030 Ergolding
Printed in Germany 2022

ISBN 978-3-15-014045-1

Auch als E-Book erhältlich

www.reclam.de

Inhalt

Einleitung
Rousseaus pädagogisches Denken im Kontext der französischen Aufklärung

»In diesem Jahrhundert der Aufklärer ist der allgemeine Ruf, dass wir Menschen erziehen müssen«[1], schrieb ein Korrespondent im *Journal de la ville de Troyes* in der Ausgabe vom 30. Juni 1784. Als *siècle des lumières* (›Jahrhundert der Aufklärer‹) bezeichneten bereits Zeitgenossen in Frankreich und Europa das 18. Jahrhundert. Mit dieser Metaphorik brachten sie zum Ausdruck, dass durch das ›Licht‹ der Vernunft die ›Dunkelheit‹ der Vorurteile und Intoleranz, des Aberglaubens und Unwissens sowie der Bevormundung und Unmündigkeit überwunden und zu einer selbstbestimmten und vernunftgeleiteten Ordnung der Welt fortgeschritten werden könne.

Jean-Baptiste le Rond d'Alembert (1717–1783), der zusammen mit Denis Diderot (1713–1784) eines der Hauptwerke der Aufklärung – die *Encyclopédie, ou Dictionnaire raisonné des sciences, des arts et des métiers* (1751–80) – herausgegeben hat, gehörte als Aufklärer zu einer Gruppe von Intellektuellen, die sich von religiöser und staatlicher Bevormundung emanzipierten. Jenseits von traditionellen Institutionen wie den Universitäten traten sie als Sprachrohr einer im regen Austausch stehenden *République des Lettres* (›Gelehrtenrepublik‹) auf. D'Alembert bemerkte, dass der Gebrauch der Vernunft im 18. Jahrhundert bereits zu weitreichenden Fortschritten in verschiedenen Bereichen geführt habe. In den Wissenschaften und der Religion, in der Metaphysik und Ästhetik, in der Musik

1 »Dans ce siècle de philosophes, le cri général est qu'il faut instruire les hommes.« *Journal de la ville de Troyes & de la Champagne méridionale* (30 juin 1784), S. 102 f., zit. nach: Leith (1977), S. 14.

und Moral, bei theologischen Streitfragen sowie bei Fragen der Wirtschaft und des Handels, in der Politik sowie im Völker- und Zivilrecht. Wie Ebbe und Flut, resümiert d'Alembert, habe der Gebrauch der Vernunft manch Neues ans Ufer gespült und anderes von ihm losgerissen.[2]

Dieses Losreißen von Althergebrachtem resultierte aber nicht nur aus der Erfahrung neuer Erfindungen und Entdeckungen sowie aus der hiermit verbundenen Möglichkeit technisch versierter Naturbeherrschung, sondern auch aus dem durch konfessionelle Spaltung und europäische Religions- und Bürgerkriege ausgelösten Autoritätsverlust religiöser Wahrheiten und Ordnungsvorstellungen. Weder die Ständeordnung noch die Auffassung vom Gottesgnadentum der Monarchie ließen sich angesichts des Legitimationsschwunds traditioneller Autoritäten durch konfessionelle und politische Konflikte auf Dauer halten. Mit diesem »Selbstverständlichkeitsverlust der traditionellen Ordnung des Handelns, Wissens und Glaubens«[3] im Verlauf des 17. und 18. Jahrhunderts gewann auch zunehmend die Frage an Bedeutung, wie und zu welchem Zweck der Mensch erzogen werden müsse.

Der Genfer Schriftsteller und Philosoph Jean-Jacques Rousseau (1712–1778), dessen Buch *Émile ou De l'éducation* (1762) das pädagogische Denken in Europa nachhaltig beeinflusste, erklärte, dass sich angesichts dieser »Wandelbarkeit der Umstände« (S. 168) das Verhältnis zwischen den Generationen dahingehend verändert habe, dass die künftige Bestimmung des zu Erziehenden nicht mehr nur ihm selbst unbekannt sei, son-

2 »Une nouvelle lumiere sur quelques objets, une nouvelle obscurité sur plusieurs, a été le fruit ou la suite de cette effervescene génerale des esprits, comme l'effet du flux et reflux de l'océan est d'apporter sur le rivage quelques matieres, & d'en éloigner les autres.« D'Alembert (1767), S. 6.

3 Fulda (2013), S. 23 f.

dern auch für die erziehenden Bezugspersonen ungewiss werde. »Wir sind einer Krise und dem Jahrhundert der Revolutionen nahe«, stellte Rousseau fest. »Wer garantiert euch dafür, was dann aus euch wird?«[4]

Neben den revolutionären wissenschaftlichen Entdeckungen und den politischen Umbrüchen in Europa gehörte zu diesen gesellschaftlichen Transformationsprozessen im 18. Jahrhundert auch der sozioökonomische Aufstieg des Bürgertums sowie die sich verändernde Struktur des familialen Zusammenlebens. Das Bürgertum grenzte sich als eine heterogene soziale Gruppe von anderen Ständen ab, da in ihr zumindest tendenziell sozialer Rang und Status nicht mehr geburtsständisch bestimmt, sondern an individuellen Leistungen oder Qualifikationen gemessen wurde. Kaufleute und Manufakturunternehmer, Reeder und Verleger, Bankiers und Fabrikanten gewannen so durch ihre wachsende Wirtschaftskraft an Einfluss und Bedeutung. Akademiker wie Juristen, Ärzte, Pfarrer, Professoren und Lehrer fanden als fachlich qualifizierte Funktionseliten Anstellungen auf allen Ebenen staatlicher und kirchlicher Organisationen – im Verwaltungsapparat, im Militärwesen, in der Justiz sowie im Bildungs- und Finanzwesen.

Mit dieser Leistungsorientierung war zugleich eine Sorge um die Aufzucht, Gesundheit und Ausbildung der eigenen Kinder verbunden: »Väter, die reich geworden sind oder die den Aufstieg ihrer Familien betreiben«, heißt es in der *Encyclopédie* unter dem Stichwort *père* (›Vater‹), »lieben ihre Kinder zärtlicher, zweifellos weil sie sie unter zwei gleich interessanten Gesichtspunkten ansehen: als ihre Erben und als ihre Geschöpfe.«[5] Bis weit ins 18. Jahrhundert fand in Frankreich die

4 Rousseau (2019), S. 313.

5 »[L]es peres qui ont fait la fortune ou l'élévation de leur famille, aiment plus tendrement leurs enfans; sans doute, parce qu'ils les envi-

Aufzucht, Erziehung und Unterrichtung von Kindern aus wohlhabenden Elternhäusern getrennt von der Familie statt. Nach der Geburt wurden die Säuglinge einer Amme übergeben, zur Unterweisung stellte man Hauslehrer, Hofmeister oder Gouvernanten ein, und im Jugendalter wurden Kinder auf Internate und Kollegien geschickt. Auch Rousseau wirkte wie viele Gelehrte im 18. Jahrhundert als Hauslehrer. Für einige Monate arbeitete er in der wohlhabenden und einflussreichen Familie des Generalprofos Jean Bonnot de Mably (1669–1761) in Lyon, wo Rousseau mit der Erziehung der beiden Söhne beauftragt wurde. Seine erzieherischen Pläne und Erfahrungen hielt er in seiner *Mémoire présenté à M. de Mably sur l'éducation de M. son fils* (›Denkschrift für Herrn de M[ably] über die Erziehung seines Herrn Sohns‹, 1740) fest.

Mit der zunehmenden Trennung von Arbeits- und Familienleben sowie der Möglichkeit zur Abgrenzung privater Räumlichkeiten von der Öffentlichkeit bot die Familie im 18. Jahrhundert einen emotionalen Intimraum, in dem sich eine veränderte Einstellung zur Kindheit entfalten konnte. Die Aufmerksamkeit, die man Kindern und ihrer Besonderheit zuteilwerden ließ, drückte sich aber nicht in bloßer ›Hätschelei‹ aus – bei der Eltern »ihren Kindern nur insofern Beachtung schenken, als sie ihnen Zerstreuung und Vergnügen bereiten«[6]. Kinder wurden vielmehr zu Subjekten elterlicher Fürsorge und Erziehung.[7] In Diderots Drama *Le père de famille* (›Der Hausvater‹, 1758) offenbart der Vater seinem Sohn: »Ich habe dich nicht der Sorge eines Mietlings [d. h. eines Hofmeisters oder

sagent sous deux rapports également intéressans, & comme leurs héritiers, & comme leurs créatures; il est beau de se lier ainsi par ses propres bienfaits.« [De Jaucourt] (1765), S. 338.

6 »[Q]ui ne considerent leurs Enfans que tant qu'ils en tirent du divertissement & de la joye«. [D'Argonne] (1691), S. 16.

7 Vgl. Schmid (2014).

Hauslehrers] übergeben. Ich habe dich selbst gelehrt zu reden, denken und zu empfinden. So wie du an Jahren zunahmst, habe ich deine Neigungen ausgeforscht; diesen gemäß habe ich den Plan deiner Erziehung entworfen, und ihn ohne Unterlass befolgt. Wie viel Mühe habe ich mir gegeben, um dir Mühe zu ersparen?«[8]

Da gesellschaftliche Krisen und Veränderungen das pädagogische Denken und Handeln verunsicherten, die Aufzucht des Nachwuchses sich nicht mehr unmittelbar aus der tradierten Erziehungspraxis herleiten und begründen ließ, wurde Erziehung über die rein praktische Herausforderung hinaus zu einem öffentlichen, gesamtgesellschaftlichen Anliegen und einem Gegenstand wissenschaftlicher Forschung und philosophischer Reflexion. Mit der Aufklärung intensivierte sich der öffentliche Austausch über pädagogische Themen, an dem sich Experten und Laien, Theologen und Gelehrte, Ärzte und Philosophen beteiligten. Die Verbreitung wissenschaftlicher Beobachtungen sowie die Zirkulation pädagogischer Ideen war einer sehr regen pädagogischen Publizistik zu verdanken, die dank verbesserter Drucktechniken, sinkender Buchpreise und eines sich etablierenden Verlagswesens eine breite Leserschaft erreichte. Neben Schriften *über* Erziehung wurden auch Medien *für* den pädagogischen Gebrauch – wie Schul-, Lese- und Kinderbücher – produziert. In Frankreich, das neben England als ein »Kernland«[9] der europäischen Aufklärung bezeichnet werden kann, erschienen neben zahlreichen Aufsätzen in Zeitschriften im Verlauf des 18. Jahrhunderts rund 180 Bücher zu

8 »Je ne vous ai point abandonné au soin du mercenaire. Je vous ai appris moi-même à parler, à penser, à sentir. A mesure que vous avanciez en âge, j'ai étudié vos penchans ; j'ai formé sur eux le plan de votre éducation, & je l'ai suivi sans relâche. Combien je me suis donné de peines pour vous en épargner ?« – [Diderot] (1758), S. 71.

9 Thoma (2015), S. 95.

pädagogischen Themen. Etwa ein Drittel dieser Bücher wurde noch vor Rousseaus *Émile* veröffentlicht.[10] Pädagogische Ratgeberliteratur für Eltern und Erzieher, die sich schon im 17. Jahrhundert finden lässt und die auch im 18. Jahrhundert weiterhin verfasst und vertrieben wurde, behandelte größtenteils praktische Fragen der standesgemäßen Verhaltensformung, des Benehmens, der Ehrerbietung und der geschlechtsspezifischen Erziehung. Im Vordergrund standen Themen wie Autorität und Gehorsam, Tugenderziehung sowie Charakter- und Gewissensbildung. Daneben kamen ab dem 17. Jahrhundert didaktische Werke auf, die sich mit Fragen der Unterweisung und Unterrichtung sowie mit ihrer institutionellen Organisation befassten. Religiöse Ordensgemeinschaften wie die Oratorianer, der Orden von Port Royal und insbesondere die Jesuiten – die bis zur Mitte des 17. Jahrhunderts allein in Frankreich über 600 Schulen unterhielten –, waren maßgeblich an der Gestaltung von Erziehung und Unterricht beteiligt.

Die pädagogische Literatur im 18. Jahrhundert zeichnete sich jedoch dadurch aus, dass sie sich zunehmend um eine philosophische und wissenschaftliche Grundlegung des pädagogischen Denkens bemühte. Autoren wie der Abbé de Saint-Pierre (1658–1743), Claude-Adrien Helvétius (1715–1771) oder Étienne-Gabriel Morelly (1717–1778) diskutierten praktische und organisatorische Fragen zur Pflege und Aufzucht sowie Erziehung und Unterrichtung von Heranwachsenden nicht mehr ausschließlich im Kontext christlich-religiöser Glaubensgrundsätze oder entlang antiker Vorbilder, sondern auch im Lichte zeitgenössischer philosophischer Debatten über Freiheit, Moral, Gerechtigkeit und Glück sowie vor dem Hintergrund neuer wissenschaftlicher Erkenntnisse und Entdeckungen.[11]

10 Vgl. Leith (1977), S. 14.
11 Vgl. Viguerie (1980).

Thematische Schwerpunkte bildeten hierbei die Verhältnisbestimmung von Erzieher und Zögling, die Vermittlungsproblematik von individueller Existenz und bürgerlicher Koexistenz sowie Fragen zur Institutionalisierung von Erziehung jenseits der Familie. Die wesentlichen Innovationen bei der Bearbeitung dieser Problemstellungen basierten auf der Rezeption der erkenntnistheoretischen Auseinandersetzung zwischen Empirismus und Rationalismus sowie auf der hiermit verbundenen Formulierung sensualistischer Theorien des Lernens und der Kindheit sowie der Expansion der Zugänge zu Wissen angesichts eines Strukturwandels der Öffentlichkeit.[12]

1
Rousseaus Kulturkritik und hypothetische Anthropologie als Grundlagen seines pädagogischen Denkens

Rousseaus pädagogisches Denken ist in den wenigsten Fällen Ausgangspunkt, sondern in der Regel Kulminationspunkt oder Synthese gewesen.[13] Sein innovatives Gedankengut erweist sich als Produkt einer mehr oder weniger originellen Rekombination und Transformation von überlieferten Ideen, bei dem Konzepte epikureischer und stoizistischer, rationalistischer und empirisch-sensualistischer Provenienz in eine ebenso spannungsreiche wie produktive Konstellation überführt wurden. Eindrucksvoll stellt Rousseau diese Komposition in seinem im Mai des Jahres 1762 veröffentlichten Buch *Émile ou De l'éducation* unter Beweis. Es ist eine Abhandlung über den Menschen, ein pädagogisches Traktat und ein Roman. Es ent-

12 Vgl. Gill (2010), S. 3–10. Vgl. Benner/Kemper (2009), S. 31–74, und Oelkers (2004).

13 Vgl. Gill (2010), S. 74. Vgl. auch Snyders (1971), S. 307–318.

hält eine Kurzfassung von Rousseaus politischer Schrift *Du Contrat social ou Principes du droit politique* (›Vom Gesellschaftsvertrag oder Prinzipien des politischen Rechts‹, 1762), eine mehr als provokante Abhandlung über Religion und eine Kritik der französischen Salon-Gesellschaft. Bereits mit der ersten Zeile kehrte Rousseau einen christlichen Glaubensgrundsatz in sein Gegenteil um und bezweifelte zugleich das fortschrittsoptimistische Denken der Aufklärer: »Alles, was aus den Händen des Schöpfers kommt, ist gut; alles entartet unter den Händen des Menschen« (S. 157).

Mit dem ersten Teil widerspricht Rousseau dem christlichen Glaubensgrundsatz der Erbsünde, die nach der Lehre des Kirchenvaters Augustinus (354–430) jedem Menschen seit dem Sündenfall in die Wiege gelegt sei und ihn erlösungsbedürftig mache. Für Augustinus erwies sich die Kindheit als ein Symbol der Sündhaftigkeit des Menschen. Dieser zu überwindende, vom Erwachsenensein völlig getrennte Zustand sei geprägt durch unkontrollierte Affekte, körperliche Schwäche und fehlende Vernunft: »Wie also sündigte ich damals?«, fragt Augustinus mit Blick auf seine eigene Kindheit und schreibt: »Dadurch etwa, daß ich mit Geschrei nach der Mutterbrust verlangte? Würde ich jetzt zwar nicht nach Säuglingskost, sondern nach der meinem Alter zustehenden Speise dermaßen verlangen, würde man mich mit Fug und Recht verspotten und schelten. [...] Nein, schwach und darum unschuldig sind nur die kindlichen Glieder, nicht des Kindes Seele. [...] Was nun dies mein frühestes Lebensalter anlangt, Herr, an das ich mich nicht mehr erinnere, von dem ich nur durch Aussagen anderer etwas weiß und durch Vermutungen, aus Beobachtung anderer Kinder geschöpft [...], so scheue ich mich fast, es zu diesem meinem zeitlichen Leben hinzuzurechnen.«[14]

14 Augustinus (2004), S. 22–25.

In seinem Brief an den Erzbischof von Paris (*Lettre à Christophe de Beaumont*, 1763), der den *Émile* als irrig, blasphemisch und gottlos bezeichnet hatte, erklärte Rousseau, dass seinen Schriften die Annahme zugrunde liege, dass der Mensch von Natur aus weder böse, sündhaft noch lasterhaft sei. Die Kindheit ist für Rousseau kein Ausbund der sündhaften Natur des Menschen, sondern ein verlorener Zustand der Unschuld und Ganzheit. In seiner postum erschienenen Autobiographie, die er in Anlehnung an Augustinus' Schuld- und Glaubensbekenntnis ebenfalls *Confessions* (›Bekenntnisse‹, 1780) nannte,[15] blickt Rousseau auf seine eigene Kindheit zurück: »Ich hatte die Unarten meines Lebensalters: ich war ein Plappermaul, ein Vielfraß und manchmal auch ein Lügner. Ich würde Früchte, Süßigkeiten und Leckerbissen gestohlen haben, niemals aber habe ich Vergnügen daran gefunden, Böses zu tun, Schaden anzurichten, andere zu bezichtigen oder arme Tiere zu quälen. Nichtsdestoweniger entsinne ich mich, einmal in den Kochtopf einer unserer Nachbarinnen, die Frau Clot hieß, gepißt zu haben, während sie in der Kirche war. [...] Das ist die kurze und wahrhaftige Geschichte aller meiner kindlichen Missetaten.«[16]

Mit dem zweiten Teil seines einführenden Satzes aus dem *Émile* – »alles entartet [frz.: *dégénère*] unter den Händen des Menschen« – zieht Rousseau die aufklärerische Auffassung in Zweifel, dass technischer, wissenschaftlicher und kultureller Fortschritt mit einer Humanisierung der Welt einhergehe. Er widerspricht damit Aufklärern wie Diderot, welcher in der von ihm herausgegebenen *Encyclopédie* das gesamte Wissen der Menschheit sammeln, ordnen und allgemein zugänglich machen wollte, damit nachfolgende Generationen »nicht nur ge-

15 Vgl. Falke (1968).
16 Rousseau (1985), S. 43 f.

bildeter, sondern zugleich tugendhafter und glücklicher werden, und damit wir nicht sterben, ohne uns um die Menschheit verdient gemacht zu haben.«[17] Rousseau, der selbst Artikel zur *Encyclopédie* beisteuerte, hielt jedoch an seinen kulturkritischen Einwänden fest, die er bereits in seinem *Discours sur les sciences et les arts* (›Abhandlung über die Wissenschaften und Künste‹, 1750) formuliert hatte. Auf die Preisfrage der Akademie von Dijon, ob der Wiederaufstieg der Wissenschaften und Künste zur moralischen Verbesserung der Menschheit beigetragen habe, antwortete er provokativ mit Nein. Die Pflege der Wissenschaften und Künste erzeuge vielmehr Phänomene der Dekadenz. Sie führe zur Herabwürdigung »der ungelehrten Gelehrtheit der einfachen Seele«[18], zur Anmaßung von Erkenntnis ungeachtet der eigenen Erkenntnisgrenzen und zu einer *éducation insensée* (›wahnwitzigen Erziehung‹), bei der unnützes Wissen vermittelt und die Kunst geübt werde, in Unkenntnis von Wahrheit oder Irrtum wortreiche Debatten zu führen. Schon als Hauslehrer kritisierte Rousseau im *Mémoire* beiläufig, dass man Kinder darin übe, »sich weitschweifig auszudrücken, und [...] dabei folgendermaßen vor[geht]: Nachdem man ihnen den Gedanken eines Autors vorgegeben hat, trägt man ihnen auf, diesen Gedanken zu verunstalten, indem sie ihn mit so vielen nutzlosen Worten, wie sie nur finden können, ausschmücken« (S. 38).

Im Vorwort zu seiner Komödie *Narcisse ou l'amant de lui-même* (›Narziss oder Wer sich selbst liebt‹, 1752) versicherte Rousseau jedoch, dass er kein Gegner der Wissenschaft an sich sei, sondern die *folle science des hommes* (›verrückte

17 »[Q]ue nos neveux, devenant plus instruits, deviennent en même tems plus vertueux & plus heureux, & que nous ne mourions pas sans avoir bien mérité du genre humain.« [Diderot] (1755), S. 635.

18 Stoffel (2018), S. 136.

Wissenschaft der Menschen‹)[19] ablehne, die sich durch hohle Gesten der Gelehrsamkeit auszeichne, sich geltungssüchtig vom Lob der Zeitgenossen abhängig mache und keinen Nutzen für das Gemeinwohl verspreche. Durch die Wertschätzung ihrer Vertreter entstehe, so Rousseau, ein Gefälle zwischen ›schöngeistigen‹ Talenten, die sich im Wetteifer um wechselseitige Anerkennung verstellen und täuschen, und den einfachen, aber nützlichen und authentischen Mitgliedern einer Gesellschaft.[20]

Die Entwicklung dieser sozialen Ungleichheit und Abhängigkeit beschreibt Rousseau auch in seinem *Discours sur l'origine et les fondements de l'inégalité parmi les hommes* (›Abhandlung über den Ursprung und die Grundlagen der Ungleichheit unter den Menschen‹, 1755) zum einen als einen geschichtlichen Prozess der Vergesellschaftung des Menschen, zum anderen als ›Degeneration‹, als Herausfallen aus einem hypothetisch angenommenen Naturzustand jenseits der Geschichte. Zur Bestimmung dieses Naturzustandes, den es faktisch vielleicht nie gegeben hat, abstrahiert Rousseau von allen gesellschaftlichen Einflüssen und historischen Entwicklungen und fragt wie in einem Gedankenexperiment danach, »was aus dem Menschengeschlecht hätte werden können, wenn es sich selbst überlassen geblieben wäre«[21] (S. 92). Bei dieser *fictio Pufendorfiana* – den Menschen in Anlehnung an den deutschen Rechtsphilosophen Samuel von Pufendorf (1632–1694) in einem zivilisations- und kulturlosen Zustand zu denken – gelangt Rousseau zu der Annahme, dass der Mensch im Naturzustand mit allen Anlagen ausgestattet sei, um unabhängig von anderen leben zu können.

19 Rousseau (1978), S. 153.
20 Vgl. McLendon (2009).
21 Rousseau (2003), S. 33. – Vgl. hierzu auch Bertram (2012), S. 176–181.

Von Natur aus sei der Mensch lediglich an seiner Selbsterhaltung, der Befriedigung seiner elementaren Bedürfnisse und an seinem Wohlergehen interessiert. Rousseau bezeichnete diesen Trieb nach Selbsterhaltung und Wohlbefinden als *l'amour de soi* (›Selbstliebe‹). Der Mensch habe zudem einen natürlichen Widerwillen, fühlende Wesen und insbesondere andere Menschen leiden oder sterben zu sehen. Diesen vorreflexiven, unmittelbaren Impuls nennt Rousseau *pitié* (›Mitleid‹). Während die Selbstliebe ausschließlich auf die eigene Selbsterhaltung ausgerichtet ist, tritt das Mitleid in der Beziehung zu anderen auf und trägt mit seiner Hemmung der Selbstliebe zur Erhaltung der menschlichen Gattung bei. In dieser Hemmung drückt sich die unausgesprochene Handlungsmaxime aus: »Sorge für dein Wohl mit so wenig Schaden für andere wie möglich.«[22] Vom Tier unterscheide sich der Mensch in seinem Naturzustand durch die *qualité d'argent libre* (›Handlungsfreiheit‹) und die Fähigkeit, »mit Hilfe der Umstände alle anderen allmählich [zu] entwickeln«[23]. Diese unbestimmte Lernfähigkeit, die Rousseau *perfectibilité* (›Perfektibilität‹) nannte, ermögliche es, unter sich wandelnden Umständen solche Fähigkeiten und Techniken zu entwickeln, die der Selbsterhaltung, der Befriedigung elementarer Bedürfnisse sowie dem eigenen Wohlbefinden dienlich sind. Sie ermöglicht es aber auch, solche Fähigkeiten zu entfalten, die der Befriedigung von Bedürfnissen dienen, die erst durch das Verhältnis zu anderen Menschen erzeugt werden. Diese Bedürfnisse nach Wertschätzung, Achtung und Anerkennung, die erst im Prozess der Vergesellschaftung des Menschen auftreten, bezeichnet Rousseau als *l'amour-propre* (›Eigenliebe‹ oder ›Selbstsucht‹), die mit Gefahren verbunden sei. Das Verlangen nach Reputation, Ehre

22 Rousseau (2003), S. 64.
23 Ebd., S. 45.

und Auszeichnung mache aus Menschen nicht nur potentielle Konkurrenten und Rivalen, sondern sorge auch dafür, dass man im permanenten Vergleich mit anderen und im Streben nach ihrer Anerkennung sich seine eigenen Handlungen von ihren Werten und Präferenzen diktieren lasse.

Perfektibilität und Eigenliebe sind für Rousseau daher ambivalente Eigenschaften des Menschen: Die Disposition, frei handelnd und kontextbezogen Fähigkeiten zu entfalten, ermöglicht dem Menschen zwar im Verlauf seiner kollektiven Geschichte durch die Erfindung der Wissenschaften und Technik, Schutz vor den Unbilden der Natur zu finden und sie zu seinem Nutzen zu beherrschen. Auch führt sie zu Prosperität durch Arbeitsteilung und gemeinwohlorientierte Kooperation. Andererseits bringt der Mensch auf dieselbe Weise in seiner Geschichte wechselseitige Abhängigkeit, Unfreiheit und gesellschaftlich bedingte Ungleichheit hervor. Rousseau leitet seinen *Contrat social* daher mit den Worten ein: »Der Mensch ist frei geboren, und überall liegt er in Ketten« (S. 250).

2
Die natürliche und negative Erziehung

Ausgehend von seiner Hypothese, dass der Mensch von Natur aus mit allen Anlagen ausgestattet sei, um autark gut leben zu können, und dass diese Anlagen unter den geschichtlich gewordenen Bedingungen der Vergesellschaftung dazu beigetragen haben, soziale Ungleichheit und Abhängigkeit zu produzieren, stellt sich für Rousseau die Frage, ob und wie sich ein solcher Prozess der Selbstentfremdung abwenden lassen könne. Im *Émile* spielt Rousseau in einem Gedankenexperiment[24]

24 Vgl. Martin (2014).

eine mögliche Antwort auf diese Frage am Beispiel der Erziehung durch: Wie müsste eine Erziehung verfahren, um Heranwachsende zu befähigen, unter den Bedingungen der Vergesellschaftung ganz sie selbst bleiben zu können, unabhängig und frei vom Können, Wollen und Urteilen anderer zu sein und ihre natürliche Güte und Freiheit zu bewahren?

Eine erste Antwort auf diese Frage hatte Rousseau bereits in seinem erfolgreichen Briefroman *Julie ou la Nouvelle Héloïse* (›Julie oder Die neue Heloise‹, 1761) angedeutet: Die Natur will, heißt es hier, »dass die Kinder Kinder sind, bevor sie zu erwachsenen Menschen werden. Wenn wir diese Ordnung umwerfen wollen, werden wir frühreife Früchte hervorbringen, die weder Reife noch Geschmack haben und nicht lange brauchen, bis sie verderben: wir werden junge Doktoren und alte Kinder vorfinden« (S. 157). Eine solche ›natürliche‹ oder ›naturgemäße‹ Erziehung, die sich an den Entwicklungsschritten der Heranwachsenden orientiert, übt zunächst spielerisch ihre sinnlich-leiblichen Fähigkeiten – und verfeinert hierbei ihre Erkenntniswerkzeuge –, bevor sie sie mit moralischen, religiösen und politischen Problemstellungen konfrontiert.

Diese erkenntnis- und lerntheoretischen Überlegungen stehen nicht zuletzt im Zusammenhang mit dem aufklärerischen Projekt einer »Rehabilitation der Sinnlichkeit«[25], das den von René Descartes (1596–1650) eingeführten radikalen Ausschluss der Leiblichkeit und Sinnlichkeit aus dem Prozess der Erkenntnis zu relativieren versuchte. Im Bekenntnis des savoyischen Vikars im vierten Buch des *Émile* schreibt Rousseau: »Existieren ist für uns fühlen; es ist unbestreitbar, dass wir sensibel sind, bevor wir Intelligenz besitzen, und wir haben vor unseren Gedanken bereits Gefühle gehabt.«[26] Rousseaus Au-

25 Kondylēs (2002), S. 172.
26 Rousseau (2019), S. 494.

genmerk für Gefühle und Empfindungen darf aber weder als ein romantischer Irrationalismus missverstanden werden,[27] noch geht es Rousseau darum, im Erkenntnisprozess bloß den Verstand durch die Sinne zu vertauschen. Rousseau betont vielmehr, dass der Mensch nicht nur als leiblich-sinnliches Wesen zur Welt kommt und die sinnliche Wahrnehmungstätigkeit der begrifflichen Urteilsfähigkeit vorausgeht. Verstandesurteile entstehen schrittweise, so Rousseau, aus der Koordination und Verknüpfung verschiedener sinnlicher Wahrnehmungen.[28]

Die ›natürliche‹ oder ›naturgemäße‹ Erziehung bezeichnet Rousseau später auch als negative Erziehung. »Als negative Erziehung bezeichne ich diejenige«, erklärt er in seinem Brief an Beaumont, »die bestrebt ist, die Sinnesorgane als Werkzeuge unseres Wissens zu vervollkommnen, noch bevor man uns dieses Wissen vermittelt hat, und die den Verstand mithilfe einer Schulung der Sinne vorbereitet. Die negative Erziehung ist hierbei nicht untätig, ganz im Gegenteil. Sie vermittelt keine Tugenden, doch sie bewahrt vor den Lastern; sie lehrt nicht die Wahrheit, doch sie bewahrt vor dem Irrtum. Sie befähigt das Kind zu allem, was es zum Wahren führen kann, sobald es dieses zu verstehen vermag; und zum Guten, sobald es dieses zu lieben vermag« (S. 244). Negative Erziehung schirmt Heranwachsende vom Willen, Können und Urteilen anderer Menschen ab und gestaltet pädagogische Szenarien, in denen sie durch listig arrangierte Dinge oder Umstände zum Selber-Denken, Selber-Urteilen und Selber-Tun aufgefordert werden.

Paradigmatisch für diese pädagogische Inszenierung einer »klug geregelte[n] Freiheit« (S. 190) ist das sogenannte Stockbeispiel am Ende des dritten Buchs im *Émile*: »Wenn ein Kind

27 Vgl. Cassirer (1933).
28 Vgl. Reitemeyer (2013), S. 57–86.

zum ersten Mal einen ins Wasser getauchten Stock sieht, sieht es einen gebrochenen Stock« (S. 208). Statt diese Illusion aufzuheben, den Stock aus dem Wasser zu ziehen, das Kind über die Sinnestäuschung aufzuklären und es über das physikalische Gesetz der Lichtbrechung zu belehren, geht es Rousseau darum, dass die Lernenden über das Phänomen staunen und sich irritieren lassen, genaue Beobachtungen anstellen, Annahmen und Hypothesen formulieren und ihre für wahr erachteten Schlüsse experimentell überprüfen, um zu einem Urteil zu gelangen. Rousseau gesteht, dass solche pädagogisch inszenierten Umwege zeitaufwendig sind und viel Geduld in Anspruch nehmen, ihre Abkürzung aber den Lernenden der eigentlich bildenden Erfahrung beraubt. Daher lautet die wichtigste und nützlichste Regel der Erziehung: »Zeit verlieren und nicht gewinnen« (S. 193).

Die Beispiele, an denen Rousseau das Prinzip der »klug geregelte[n] Freiheit« (S. 190) erläutert, lassen deutlich werden, dass der fiktive Erzieher Jean-Jacques alle Umwelteinflüsse auf Emile sowie jeden menschlichen Kontakt, den er eingeht, kontrolliert, damit er nur die Erfahrungen machen kann, die er auch machen soll: Lasst euren Zögling »immer im Glauben, er sei der Meister, seid es in Wirklichkeit selbst. Es gibt keine vollkommenere Unterwerfung als die, der man den Schein der Freiheit zugesteht. [...] Zweifellos darf [das Kind] tun, was es will, aber es darf nur das wollen, von dem ihr wünscht, dass es es tut. Es darf keinen Schritt tun, den ihr nicht für es vorgesehen habt, es darf nicht den Mund auftun, ohne dass ihr wisst, was es sagen will«.[29] Es wäre daher nichts verfehlter, »als Rousseaus Pädagogik für eine Vorstellung von Erziehung in Anspruch zu nehmen, die das Kind oder den Jugendlichen nach

29 Rousseau (2019), S. 170.

eigenen Interessen ›sich selbst verwirklichen‹ lässt.«[30] Denn hinter allen Ereignissen verbirgt sich stets ein pädagogisches Kalkül, und der Heranwachsende ist nicht in der Lage, das verborgene Schalten und Walten seines Erziehers hinter den Geschehnissen zu vermuten oder ihnen gar zu entkommen.

In der Forschung wurde darüber diskutiert, ob sich Rousseaus Konzept negativer Erziehung und kluggeregelter Freiheit lediglich auf die Erziehung von Heranwachsenden bis zur Pubertät beziehe. Der deutsche Religionspädagoge Martin Rang (1900–1988) war der Auffassung, dass die negative Erziehung im Jugendalter durch eine positive Erziehung abgelöst werde. »Erst im Jugendalter«, schreibt Rang, »beginnt die ›positive‹ Erziehung als direkte pädagogische Einwirkung des Erziehers auf das Gefühlsleben, auf die moralischen Vorstellungen und auf die Willensbildung Emils.«[31] Plausibler erscheint jedoch die Annahme, dass Rousseau mit der negativen Erziehung ein Prinzip pädagogischen Handelns skizziert, das frei von äußeren Ansprüchen allein auf der Subjektivität des Heranwachsenden aufbaut und sich jeweils neu am Verhältnis von Wollen und Können des Heranwachsenden ausrichtet. Während die pädagogischen Szenarien von der Kindheit bis zur Pubertät durch Sachzwänge und Verwendungszusammenhänge der Dinge bestimmt waren, orientiert sich die negative Erziehung im Jugendalter an der Verarbeitung emotionaler Erfahrungen des Heranwachsenden im Bezug zu anderen empfindsamen Wesen. Dieser Wechsel im pädagogischen Handeln, den Rousseau hier anspricht, ist kein »Wechsel der Methode, sondern ein Wechsel der Inhalte der Erziehung.«[32]

Mit Beginn des Jugendalters, das Rousseau als eine »zweite

30 Ruhloff (1998), S. 101.
31 Rang (1959), S. 379. Vgl. auch Bolle (2012), S. 265–269.
32 Blankertz (1990), S. 12.

Geburt« (S. 216) des Heranwachsenden beschreibt, wird die physische Geschlechtsreife erreicht und damit die »Möglichkeit leidenschaftlicher Zuwendung zum Du«[33] erlangt. Der Heranwachsende überschreitet seine Selbstzentriertheit, begreift sich zunehmend als Geschlechts- und Gattungswesen und »fängt an, Interesse an denen zu nehmen, mit denen man lebt, man beginnt zu fühlen, dass man nicht dazu geschaffen ist, allein zu leben« (S. 232). Indem andere Menschen zu einem Bedürfnis werden, steigt jedoch für den Heranwachsenden die Gefahr, sich durch den Vergleich mit ihnen in eine Abhängigkeit zu begeben. Um zu verhindern, dass hieraus exzessive Formen der *l'amour-prope* erwachsen – wie Eifersucht, Selbstzweifel, Eitelkeit oder Hass –, empfiehlt Rousseau, das »erste Beziehungsgefühl«[34], das natürliche Mitleid, anzuregen und zu kultivieren. Aus diesem natürlichen Unwillen, andere empfindsame Wesen leiden zu sehen, könne dann Empathie werden, um Menschenverachtung zu verhindern und vor Selbstverlust zu schützen.

3
Geschlechtsspezifische Erziehung

In der Forschung wurde die geschlechtsspezifische Ausrichtung in Rousseaus pädagogischem Denken oft ausgeblendet oder zumindest dahingehend relativiert, dass das Prinzip negativer Erziehung »sowohl für die Erziehung des Menschen als auch für jene des Mannes«[35] Geltung beanspruche. Im fünften Buch des *Émile* erklärt Rousseau aber, dass sich die Natur der

33 Benner (2001), S. 37.
34 Rousseau (2019), S. 364.
35 Benner/Brüggen (2011), S. 88.

Frau von der Natur des Mannes grundsätzlich unterscheide. Eine ›naturgemäße‹ Mädchenerziehung müsse daher anders verlaufen als die im *Émile* illustrierte Knabenerziehung. Einen wesentlichen Unterschied sieht Rousseau darin, dass die Frau anders als der Mann auf die Eigenliebe angewiesen, von der öffentlichen Meinung abhängig und der Wertschätzung durch andere bedürftig sei. Diese Abhängigkeit zwinge sie dazu, dem Mann gefallen zu wollen und ihn an sich zu binden, indem sie sich ihm unterwerfe: »Da die Frau dazu geschaffen ist, zu gefallen und sich zu unterwerfen, muss sie sich dem Mann liebenswert zeigen und ihn nicht herausfordern, ihre Macht liegt in ihren Reizen, und mit ihnen muss sie ihn zwingen, seine eigene Kraft zu entdecken und zu gebrauchen« (S. 238). Die Erziehung der Mädchen habe sich daher, so Rousseau, an den Erwartungen und Bedürfnissen von Männern auszurichten und sie an Zwang und Folgsamkeit zu gewöhnen.

Bereits bei zeitgenössischen Leserinnen stießen diese Überlegungen auf Kritik. Rousseaus Gönnerin Louise d'Épinay (1726–1783) wies die geschlechtsspezifische Erziehung zurück und übertrug in *Les Conversations d'Émilie* (›Gespräche mit Emilie‹, 1774) das Konzept der negativen Erziehung auf die Mädchenerziehung. Auch die englische Philosophin und Frauenrechtlerin Mary Wollstonecraft (1759–1797) setzte sich in *A Vindication of the Rights of Woman* (›Verteidigung der Rechte der Frau‹, 1792) kritisch mit Rousseau auseinander. Die Rousseau-Forschung im späten 20. Jahrhundert äußerte den Vorwurf, Rousseau reduziere die Frau auf eine »Appendixfunktion«[36] des Mannes und legitimiere damit ihre gesellschaftliche Unterdrückung. Diese »Repressionsthese«[37] wurde in der jüngeren Forschung jedoch relativiert. Denn Rousseau beschrieb

36 Bovenschen (1979), S. 165.
37 Schmid (1992), S. 849.

das Geschlechterverhältnis nicht als einseitige Unterdrückung, sondern vielmehr als eine »gegenseitige Abhängigkeit« (S. 241). Die Ehe beschreibt Rousseau als ein Vertragsverhältnis, in dem beide Partner gerade wegen ihrer geschlechtlichen Ungleichheit zugleich zu Herrschenden und Beherrschten werden. Es liege zwar in der Ordnung der Natur, dass die Frau den Befehlen des Mannes gehorche, die Frau regiere den Mann jedoch durch Sanftmut, Geschicklichkeit und Gefälligkeit. Ihre »Anordnungen sind Schmeicheleien, ihre Drohungen sind Tränen. Sie soll im Haus regieren wie ein Staatsminister, indem sie sich befehlen lässt, was sie tun will«.[38] Für Rousseau ist die Ehe eine protopolitische Vereinigung. Der Ehevertrag stellt für Rousseau daher eine Vorstufe zum Gesellschaftsvertrag dar.

4
Erziehung zum Staatsbürger und/oder Menschen

Kontrovers wurde in der Forschung diskutiert, welches Ziel Rousseaus Erziehung letztlich verfolge. Zu Beginn des *Émile* schreibt er, wenn man einen Menschen nicht für sich selbst erziehen wolle, sondern »für die anderen«, dann könne kein Einklang gefunden werden: »Gezwungen, gegen die Natur oder die gesellschaftlichen Institutionen zu kämpfen, muss man sich für den Menschen oder den Staatsbürger entscheiden, denn beide in einer Person kann man nicht schaffen« (S. 162). Das Ideal des *citoyen* (›Staatsbürger‹) verkörperten für Rousseau die Bürger antiker Stadtstaaten, deren Identität im politischen Gemeinwesen gänzlich aufging. Der natürliche Mensch hingegen, den Rousseau in seinem anthropologischen Gedankenexperiment als autark lebenden Solitär beschrieb, ist »sich

38 Rousseau (2019), S. 717.

selbst alles. Er ist die ungebrochene Einheit, das absolute Ganze« (S. 163).

Der deutsche Philosoph Robert Spaemann (1927–2018) sah in dieser Gegenüberstellung von einer Erziehung zum Menschen und einer Erziehung zum Staatsbürger bzw. im Dualismus von privater und öffentlicher Erziehung einen unauflöslichen Widerspruch, der sich in Rousseaus Schriften – augenscheinlich – fortsetze.[39] Während sich Rousseau im *Émile* und in *Julie ou la Nouvelle Héloïse* für die Erziehung des Menschen ausspreche, plädiere er sowohl in seinem Aufsatz zur *Économie politique* (›Politische Ökonomie‹, 1755) als auch in seinen *Considérations sur le gouvernement de Pologne* (›Betrachtungen über die Regierung Polens und über deren vorgeschlagene Reform‹, 1772) für eine öffentliche Erziehung.

Der Religionspädagoge und Erziehungswissenschaftler Martin Rang (1900–1988) war hingegen der Auffassung, dass private/häusliche und öffentliche/staatliche Erziehung »zwei sich zwar ausschließende, aber nicht sich widersprechende Erziehungsformen«[40] seien. Sie schlössen einander aus, da sie für verschiedene historische Epochen und Staatsformen konzipiert seien, widersprächen sich aber nicht, da beide das Ziel verfolgten, Individuen zu erziehen. Die private Erziehung sei, so Rang, der moderne Weg, um dasselbe Ziel zu erreichen, das in den antiken Stadtstaaten durch die staatliche Erziehung erreicht worden sei. Diese Deutung ist jedoch wenig überzeugend, denn zum einen sieht Rousseau die Aufgabe der öffentlichen Erziehung darin, Heranwachsende dazu zu erziehen, »nur zu wollen, was die Gesellschaft will« (S. 117) – also den allgemeinen Willen als den eigenen zu erkennen –, und nicht, wie

39 Vgl. Spaemann (1992), S. 15–31.
40 Rang (1959), S. 166.

Rang behauptet, den Zögling »um seiner selbst willen«[41] zu bilden. Zum anderen wies Rousseau in seinem Verfassungsentwurf für Polen der öffentlichen Erziehung einen zentralen Stellenwert zu und erachtete sie damit keineswegs als historisch überwunden.

Um den vermeintlichen Widerspruch von öffentlicher und privater Erziehung zu verstehen, ist entscheidend, dass Rousseau öffentliche Erziehung zwar unter den Bedingungen der bürgerlichen Konkurrenzgesellschaft und der absolutistischen Herrschaft des *ancien régime* für unmöglich hielt, denn unter diesen Bedingungen »verlässt ein jeder die Schule, so ist er ganz zurecht gemodelt für die akademischen Würden, das heißt für die Knechtschaft.«[42] Diese »lächerlichen Anstalten« (S. 165), wie Rousseau schreibt, brächten weder Staatsbürger noch Menschen hervor, sondern bloß Menschen von heute, die Rousseau abfällig als *bourgeois* (›Bürger‹) bezeichnet.

In einer gerechten Gesellschaft hingegen, deren Prinzipien Rousseau in seinem *Contrat social* entfaltet, wäre eine öffentliche Erziehung aber durchaus möglich. Ein gerechtes Gemeinwesen zeichnet sich für Rousseau vor allem durch eine legitime Herrschaft aus. Sie könne in einem Gemeinwesen dadurch realisiert werden, indem alle Gesellschaftsmitglieder sich freiwillig einander die gleichen Rechte einräumen und somit ihre Freiheit nicht dem Willen eines Einzelnen (*volonté particulière*) unterwerfen, sondern sich stets nur selbst gehorchen, indem sich alle dem allgemeinen Willen (*volonté générale*) unterordnen. Der Gesellschaftsvertrag macht sie damit zugleich zu Herrschenden und Beherrschten. Der allgemeine Wille ist hierbei für Rousseau nicht die Summe der Einzelwillen (*volonté de tous*), sondern ein regulatives Prinzip, das die gesellschaft-

41 Ebd., S. 165.
42 Rousseau (1981), S. 578.

liche Praxis am Wohlergehen und Fortbestand des Gemeinwesens als politische Körperschaft ausrichtet. Öffentliche Erziehung verfolgt in einem solchen republikanisch verfassten Gemeinwesen das Ziel, Heranwachsende darin zu üben, den allgemeinen Willen als ihren eigenen zu erkennen. Diese Erziehung zum Staatsbürger ist kein reiner »Anpassungs- und Integrationsvorgang«[43], wie Spaemann behauptet. Es geht nicht um eine Erziehung zum Gehorsam um des Gehorsams willen, sondern darum, aus dem von Natur aus bloß an seinem eigenen Wohlergehen Interessierten einen sich einsichtsvoll und freimütig um das Gemeinwohl Sorgenden zu machen. Diese *dénaturation* (›Entnaturierung‹) – also die Überwindung des natürlichen Egoismus und der Selbstliebe – im Rahmen öffentlicher Erziehung widerspricht keineswegs der Zielsetzung privater Erziehung, die im *Émile* beschrieben wird.

Emile, dessen Erziehung ihn dazu befähigen soll, unabhängig vom Willen, Können und Urteilen anderer Menschen zu sein und unter den Bedingungen der bürgerlichen Konkurrenzgesellschaft ganz er selbst bleiben zu können, vereinigt auch alle Eigenschaften und Fähigkeiten, um in einem republikanisch verfassten Gemeinwesen die Bedingungen des Gesellschaftsvertrags erfüllen zu können. Rousseau geht es darum, den von ihm aufgeworfenen Dualismus von Staatsbürger und Mensch in der Figur eines »Menschen-Bürger[s]«[44] zu überwinden, der über die Fähigkeiten verfügt, die nötig sind, um den allgemeinen Willen seiner Gemeinschaft als den seinigen anzunehmen, ohne sich aber selbst aufgeben zu müssen. Wäre dies möglich, »die beiden Erziehungsziele, die uns vorschweben, in einem einzigen zu vereinigen, dann würde man die

43 Spaemann (1992), S. 20.
44 Neuhouser (2012), S. 35.

menschlichen Widersprüche tilgen und ein großes Hindernis zu seiner Glückseligkeit beiseite räumen« (S. 166).

Der *Émile* nimmt damit im Gesamtwerk eine zentrale Scharnierstelle ein zwischen Rousseaus kulturkritischen und anthropologischen Arbeiten auf der einen Seite und seinen politischen und staatsphilosophischen Schriften auf der anderen Seite.[45] Aus dem Zustand der Entfremdung, in den sich der Mensch im Verlaufe seiner Geschichte hineinmanövriert habe, befreie laut Rousseau eine gänzlich ›andere‹ Erziehung, die zugleich die Möglichkeit für ein politisches Gemeinwesen unter den Bedingungen des Gesellschaftsvertrags schaffe. Der Mensch müsse naturgemäß erzogen werden, damit er seine natürliche Güte bewahre und solche Kräfte und Fähigkeiten entwickele, um als Bürger ganz er selbst bleiben und in den Gesellschaftsvertrag eintreten zu können. Gleichwohl bleibt Rousseau skeptisch, was die Etablierung eines gerechten Gemeinwesens angeht: Auf seiner Bildungsreise durch Europa entdeckt Emile am Ende des fünften Buchs, dass es kein politisches Gemeinwesen gibt, das den Ansprüchen des Gesellschaftsvertrags genügt. Eine veränderte pädagogische Praxis allein ist für Rousseau also kein Garant für die Etablierung eines gerechten Gemeinwesens.

Die Auswahl der folgenden Texte und Textauszüge versucht den hier skizzierten systematisch-argumentativen Zusammenhang in Rousseaus Denken abzubilden, den Otto Hansmann im Titel seines gleichnamigen Buches als Dreischritt »Vom Menschen – Über Erziehung – Zum Bürger« zum Ausdruck brachte.[46]

45 Vgl. Buck (1984), S. 91–129.
46 Hansmann (2012).

Denkschrift für Herrn de Mably über die Erziehung seines Herrn Sohns

(1740)

In Lyon arbeitete Rousseau einige Monate als Hauslehrer bei der wohlhabenden und einflussreichen Familie des Generalprofos Jean Bonnot de Mably (1669–1761), dem ältesten Bruder des Philosophen Étienne Bonnot de Condillac (1714–1780). Von April 1740 bis Mai 1741 war Rousseau mit der Erziehung der beiden Söhne von Mably betraut: François-Paul-Marie Bonnot de Mably, genannt Monsieur de Sainte-Marie, war fünfeinhalb Jahre alt, sein kleinerer Bruder Jean-Antoine Bonnot de Mably, genannt Monsieur de Condillac, war viereinhalb Jahre alt. Im *Mémoire présenté à M. de Mably sur l'éducation de M. son fils*, das vermutlich im Dezember des Jahres 1740 entstanden ist, entwirft Rousseau sein pädagogisches Vorhaben und reflektiert seine Erfahrungen. Ob Mably es je von Rousseau erhalten hat, ist ungeklärt. Bekannt ist nur, dass dieser das Manuskript später an Louise Dupin (1706–1799) übergeben hat, für die er im Jahre 1743 als Sekretär tätig war. Rousseau verfasste überdies ein *Projet pour l'éducation de Monsieur de Sainte-Marie* (›Plan für die Erziehung des Herrn de Sainte-Marie‹), das dem *Mémoire* sehr ähnlich ist, aber deutlich kürzer ausfällt. Welcher Text zuerst entstanden ist, lässt sich nicht mit Sicherheit feststellen. Im Folgenden ist die längere Version abgedruckt.

Sie haben mir die Ehre erwiesen, mein Herr, mir die Unterweisung Ihrer Herren Söhne anzuvertrauen. Es ist nun an mir, darauf mit aller Sorgfalt und dem ganzen Umfang des mir zur

Verfügung stehenden Wissens zu antworten; und ich dachte, dafür müsse mein erstes Ziel sein, die Geschöpfe gut kennenzulernen, mit denen ich zu tun haben werde: Darauf habe ich hauptsächlich die Zeit verwendet, die in Ihrem Hause zu verbringen ich die Ehre habe, und ich glaube, in dieser Hinsicht hinreichend zum Kern vorgedrungen zu sein, um ihren Erziehungsplan festlegen zu können. Es ist nicht nötig, mein Herr, dass ich Ihnen ein Kompliment dafür mache, was ich dabei an Vorteilhaftem bemerkt habe, vielmehr wird sich die Zuneigung, die ich für Ihre Söhne empfinde, in verlässlicheren Beweisen niederschlagen als in Lobhudeleien, und einen so zärtlichen und hellsichtigen Vater, wie Sie es sind, muss man nicht über die schönen Eigenschaften seiner Kinder belehren.

Jetzt bedarf ich noch, mein Herr, der Aufklärung durch Sie selbst hinsichtlich der besonderen Ansichten, die Sie über jeden Einzelnen von ihnen haben, über das Maß an Autorität, das Sie mir zu gewähren beabsichtigen, und über die Grenzen, die Sie meinen Befugnissen setzen werden.

Da Sie mir die Gunst erwiesen haben, mein Herr, mir in Ihrem Hause eine ansehnliche Besoldung und schmeichelhafte Auszeichnungen zuzubilligen, ist anzunehmen, dass Sie von mir Ergebnisse erwarten, die diesen so vorteilhaften Bedingungen entsprechen. Man sieht deutlich, dass weder solch hohe Kosten noch derartige Umstände nötig wären, um Ihren Herren Söhnen einen gewöhnlichen Hauslehrer zu geben, der sie die Grundlagen, die Orthographie und den Katechismus lehrt. Ich beabsichtige auch, mit meinem ganzen Können die ersprießlichen Hoffnungen zu rechtfertigen, die Sie in meine Person gelegt haben, und ich fühle mich sicher genug, um im Voraus zu antworten: Sie werden niemals feststellen, dass ich auch nur einen Augenblick nachlasse in Eifer und Zuneigung, welche ich meinen Schülern schulde.

Doch mein Herr, welche Sorgen und Mühen ich auch auf

mich nehmen mag, so hängt der Erfolg natürlich längst nicht von mir allein ab. Zwischen uns muss vollkommene Übereinstimmung herrschen, das Vertrauen, das Sie geruhen mir zu schenken, und die Autorität, die Sie mir über meine Schüler gewähren, wird über das Ergebnis meiner Arbeit entscheiden. Ich glaube, mein Herr, es ist ganz offensichtlich für Sie, dass ein Mann, der keinerlei Rechte über Kinder hat – sei es, um seine Anweisungen angenehm zu gestalten, sei es, um diesen Gewicht zu verleihen –, niemals Einfluss auf Gemüter haben wird, die im Grunde, für wie frühreif man sie auch halten mag, bis zu einem gewissen Alter ihre Handlungen von ihren Sinneseindrücken bestimmen lassen. Sie werden auch einsehen, dass ein Lehrer, der verpflichtet ist, alle Fehler eines Kindes zur Anzeige zu bringen, sich wohl – sofern er kann – hüten wird, sich unbeliebt zu machen, indem er unaufhörlich aussichtslose Klagen vorbringt. Übrigens entwischen einem tausend kleine entscheidende Gelegenheiten, eine Ermahnung vorzubringen oder zur rechten Zeit ein Lob zu äußern, wenn Vater oder Mutter abwesend sind oder wenn es unmöglich wäre, sie störend zu unterbrechen. Später kann man nicht mehr darauf zurückkommen, denn dann können sich die Ideen eines Kindes wiederum so verändert haben, dass das, was ihm zuvor zuträglich gewesen wäre, ihm nun zum Schaden gereichen könnte. Schließlich ergreift ein Kind, das ohne Zögern die Machtlosigkeit seines Lehrers ihm gegenüber erkennt, sogleich die Gelegenheit, dessen Verbote und Weisungen geringzuschätzen und für immer den Einfluss zu zerstören, den jener andere sich bemüht auszuüben. Sie sollen nicht glauben, mein Herr, dass ich so spreche, weil ich mir das Recht herauszunehmen suche, Ihre Herren Söhne durch Schläge zu misshandeln: Ich fand diese brutale Methode immer entsetzlich, ich verabscheue sie mehr denn je, und sicherlich bin ich nicht dafür geschaffen, sie auszuüben. Nicht einmal deren Androhung wird, wenn man mir das glauben möchte, Herrn de Sainte-Marie zu Ohren kommen, und ich wage zu hoffen, bei ihm nunmehr mit weniger harten und geeigneteren Mitteln alles zu erlangen, was man fordern kann – sofern Sie den Plan billigen, den ich die Ehre habe Ihnen vorzuschlagen. Im Übrigen, um ganz ehrlich zu sein: wenn Sie denken, mein Herr, dass es für Ihren Herrn Sohn eine Schmach wäre, von fremden Händen geschlagen zu werden, so finde auch ich meinerseits, dass ein rechtschaffener Mann seinen Händen kaum eine schändlichere Bestimmung geben könnte, als sie für die Misshandlung eines Kindes zu verwenden. Doch im Hinblick auf Herrn de Sainte-Marie mangelt es uns nicht an Möglichkeiten, ihn durch Strafen zu kasteien, die bessere Wirkungen zeitigen werden: Denn in einem so lebhaften Geist wie dem seinen wird der Gedanke an Schläge sogleich mit dem Schmerz verschwinden, wohingegen der Gedanke an eine ausdrückliche Geringschätzung, eine überzeugende Argumentation oder eine empfindliche Entbehrung weit länger nachwirken wird.

Ein Lehrer muss gefürchtet werden; aus diesem Grund muss der Schüler völlig davon überzeugt sein, dass jener das Recht hat, ihn zu bestrafen. Vor allem aber muss er geliebt werden, und welches Mittel kommt einem Hauslehrer schon zu, damit ein Kind – dem er nie etwas anderes vorschlagen kann als dessen Neigung widerstrebende Beschäftigungen – ihn lieb hat? Er sollte die Möglichkeit haben, dem Kinde einige kleine Annehmlichkeiten zu gewähren, die kaum Ausgaben oder einen Zeitverlust bedeuten, und für die, wenn sie ihm beizeiten verschafft werden, das Kind unendlich empfänglich ist und die es seinem Lehrer sehr zugetan machen. Ich werde diesen Punkt indes nur recht wenig hervorheben, da ich – nach den ersten Wirkungen meiner Bemühung zu urteilen – zu behaupten wage, dass Herr de Sainte-Marie mir seine Freundschaft nicht verweigern würde und ich alles in allem glaube, dass sich ein Vater ohne Nachteil das ausschließliche Recht bewahren kann, seinem Kinde Gunstbezeugungen zu gewähren – vorausgesetzt, er wendet folgende Vorkehrungen an, die vor allem bei Herrn de Sainte-Marie notwendig sind, dessen Lebhaftigkeit und Hang zur Zerstreutheit mehr Ergebenheit erfordert.

Bevor man ihm ein Geschenk macht, soll man vom Erzieher heimlich erfragen, ob dieser Anlass hat, mit dem Betragen des Kindes zufrieden zu sein. Dem jungen Manne ist zu erklären, dass er, sollte er um Verzeihung bitten müssen, dies durch den Mund seines Lehrers zu tun habe, und wenn es ihm widerfährt, dass er aus eigenem Antrieb bittet, dies allein genügen wird, ihm die Bitte abzuschlagen. Dabei ist die Gelegenheit wahrzunehmen, bisweilen den Hauslehrer zu tadeln, dass er zu gut sei, dass dieses Übermaß an Nachgiebigkeit dem Fortschritt seines Schülers schaden werde, und dass es seiner Umsicht obliege, das zu korrigieren, was dem Kind an Mäßigung fehlt. Im Übrigen wird es keinesfalls nötig sein, dem jungen Kinde bei dieser Gelegenheit zu erklären, dass man ihm eine Gunst gerade deshalb erweist, weil es seine Aufgabe gut erfüllt hat. Dagegen ist es besser, es bemerkt selbst, dass Freuden und Annehmlichkeiten die natürlichen Folgen von Beflissenheit und gutem Betragen sind. Das Kind sollte diese Freuden nicht als willkürliche Belohnung betrachten, die von einer Laune abhängen können – daher dürfen diese im Grunde niemals im Gegenzug zu Studium und Tugend angeboten werden.

Dies sind die Rechte, die Sie mir über ihren Herrn Sohn mindestens übertragen müssen, wenn Sie ihm eine gelungene Erziehung zukommen lassen möchten, die auch den schönen Anlagen entspricht, welche er in vielerlei Hinsicht zeigt. So zutreffend dies ist, sind diese jedoch derzeit durch viele schlechte Gewohnheiten getrübt, die frühzeitig korrigiert werden müssen, bevor die Zeit es unmöglich macht. Sosehr dies zutrifft, sowenig muss man beispielsweise gegenüber Herrn de Condillac Vorsichtsmaßnahmen ergreifen. Er muss im gleichen Maße vorwärtsgebracht wie der andere zurückgehalten werden, und ich werde wohl dafür meinen gesamten Einfluss geltend zu machen wissen. Doch bei Herrn de Sainte-Marie ist es für seine Erziehung von großem Nutzen, wenn man ihm Zügel anlegt, die er spürt und die in der Lage sind, ihn zurückzuhalten. So wie die Dinge liegen, mein Herr, hängen die Gefühle, von denen Sie wünschen, dass er sie mir gegenüber hegt, weit mehr von Ihnen ab als von mir selbst.

Wir nähern uns dem Jahresende. Sie könnten keine einfachere Gelegenheit wählen als den Beginn des neuen Jahres, um eine kleine, seinem Alter gemäße Rede an ihren Herrn Sohn zu richten, in der Sie ihm die Vorteile einer guten Erziehung und die bedauernswerten Folgen einer vernachlässigten Kindheit vor Augen führen. Dies wird ihn dazu veranlassen, sich bereitwillig dem zu widmen, was wir in Kenntnis seines wohlverstandenen Interesses fortan von ihm erwarten. Anschließend werden Sie die Güte haben, mir in seiner Gegenwart zu erklären, dass Sie mich als Vertreter Ihrer Autorität über ihn einsetzen, und dass Sie mir uneingeschränkt das Recht einräumen, ihn durch alle mir passend erscheinenden Mittel zu verpflichten, seine Aufgaben zu erfüllen. Befehlen Sie ihm sodann, mir zu gehorchen wie Ihnen selbst, da Sie sonst überaus verärgert wären: Diese Erklärung, die nur den Zweck haben soll, mehr Eindruck auf ihn zu machen, wird im Übrigen nur Wirkung zeigen entsprechend dem, was Sie mir im Besonderen gedenken vorzuschreiben.

Dies, mein Herr, sind unerlässliche Vorbereitungen, um zu gewährleisten, dass die Sorgfalt, die ich Ihrem Herrn Sohn gegenüber aufwenden werde, keine verlorene Mühe sein wird. Ich möchte nun seine Erziehung entsprechend des Planes skizzieren, den ich erstellt habe auf der Grundlage dessen, was ich bisher über seinen Charakter und Ihre Ansichten weiß. Ich schlage ihn keineswegs als Regel vor, an die man sich halten muss, sondern als Entwurf, der noch auf Basis Ihrer Erkenntnisse und denen des Herrn Abbé de M. einer Umarbeitung und Korrektur bedarf und der allein dazu dienen soll, dem Herrn Abbé eine Vorstellung zu geben vom Geiste des Kindes, um welches es hier geht.

Das Ziel, das man sich für die Erziehung eines jungen Mannes vornehmen muss, ist, sein Herz, seine Urteilskraft und seinen Geist zu formen – und zwar in der Reihenfolge, in der ich sie aufzähle. Die Mehrheit der Erzieher, vor allem die Pedanten, betrachten den Erwerb und die Anhäufung von Wissen als einzigen Gegenstand einer vortrefflichen Erziehung, ohne zu bedenken, dass, wie Molière sagt, häufig gilt:

> Ein gelehrter Dummkopf ist ein größerer Dummkopf als ein unwissender Dummkopf.

Andererseits gibt es viele Väter, die alles, was man Studien nennt, erheblich geringschätzen und sagen, dass sie aus ihren Kindern keine *Doktoren* machen wollen. Sie kümmern sich nur darum, ihre Kinder in Leibesübungen und in dem, was man Kenntnis der Welt nennt, zu vervollkommnen: Zwischen diesen beiden Extremen werden wir die Mitte einnehmen, um Ihren Herrn Sohn anzuleiten. Die Wissenschaften dürfen nicht vernachlässigt werden, ich werde davon gleich noch sprechen, doch dürfen sie auch nicht die guten Sitten überwiegen – dies gilt vor allem für einen von Feuer nur so blitzenden Geist, der bis zu einem gewissen Alter kaum der Aufmerksamkeit fähig ist und dessen Charakter sich sehr früh herausgebildet hat. Wozu dient einem Mann das Wissen eines Varro, wenn er im Übrigen nicht klar zu urteilen vermag? Wenn er das Unglück hatte, sein Herz verderben zu lassen, sind die Wissenschaften in seinem Kopf ebenso wie Waffen in den Händen eines Rasenden. Von zwei dem Laster gleichermaßen zugetanen Personen wird stets die weniger geschickte weniger Unheil anrichten. Selbst die spekulativsten und dem Anschein nach sonderbarsten Wissenschaften vermögen den Geist zu schulen und ihm Kraft zu geben – jedoch kann man diese Kraft im alltäglichen Leben leicht missbrauchen, wenn man ein schlechtes Herz hat.

Bei Ihrem Herrn Sohn kommt noch mehr hinzu. Er hat eine so starke Abneigung gegenüber allem entwickelt, was sich Studium und Fleiß nennt, dass es viel Zeit bedarf, um diese Haltung zu beseitigen. Es wäre bedauerlich, wenn diese Zeit für ihn verloren wäre, denn es gäbe zu viele Unannehmlichkeiten, wollte man ihn zwingen. In der Tat wäre es besser, wenn er ganz in Unkenntnis dessen bliebe, was Studien und Wissenschaften sind, als diese nur kennenzulernen, um sie zu verabscheuen.

Ich kann mich nicht entschließen, mit diesem Gegenstand fortzufahren, ohne Ihnen zu gestehen, mein Herr, wie töricht und lächerlich es mir erscheint, in welcher Art man beim Unterrichten von Kindern vorgeht. Man lässt sie drei oder vier Jahre damit vergeuden, jämmerliche Übersetzungen ins Lateinische zu verfassen, wenngleich man sicher weiß, dass sie keine zwei Male in ihrem Leben in die Verlegenheit kommen werden, in dieser Sprache zu schreiben. Man lehrt sie dann, sich weitschweifig auszudrücken, und geht dabei folgendermaßen vor: Nachdem man ihnen den Gedanken eines Autors vorgegeben hat, trägt man ihnen auf, diesen Gedanken zu verunstalten, indem sie ihn mit so vielen nutzlosen Worten, wie sie nur finden können, ausschmücken. Man übt sie ausgiebig in griechischer und römischer Geschichte und lässt sie in völliger Unkenntnis über die Geschichte ihres Landes; man lässt ihnen das schlechteste Französisch durchgehen, wenn sie nur gut Latein sprechen. Man erzählt ihnen von einem dreigestaltigen Gott, von dem keiner wie der andere und doch jeder derselbe Gott ist; vom Geheimnis der Eucharistie, wo ein fünf Fuß hoher Raum in einem zwei Zoll hohen Raum enthalten ist; von der Erbsünde, bei der wir ganz genau für die Fehler, die wir nicht begangen haben, bestraft werden; von der Wirksamkeit der Sakramente, welche durch rein leibliche Anwendung Tugenden in der Seele schaffen. All dies sind Themen, die zu begreifen nicht einmal der klügste Kopf imstande ist. Kurzum: In derselben Zeit, in der man beginnt, ihren Verstand zu schulen, lässt man sie beständig die merkwürdigsten Einwände gegen die offensichtlichsten Vorstellungen vorbringen – und zu allem Überfluss überhäuft man sie noch mit einer Vielzahl an trockenen und fruchtlosen Vorschriften, die in Termini gefasst sind, deren bloße Konstruktion ihren Horizont bereits übersteigt. Andererseits sagt man ihnen weder etwas über die Prinzipien des Christentums noch über die Grundlagen der Moral. Man lässt sie in der krassesten Unkenntnis über die allgemeinen Pflichten der Menschheit, und man glaubt, Wunder zu vollbringen, wenn man sie daran gewöhnt, wie einfältige Mönche den Willen ihrer Lehrmeister für die einzige Tugendregel zu halten. Nach fünfzehn Jahren einer solchen Erziehung beginnt der Verstand durch dieses ganze Dickicht zu dringen, man ist ganz erstaunt, sich inmitten so vieler Ungereimtheiten wiederzufinden: Man setzt seine Ehre darein, diese Erziehung so schnell wie möglich zu vergessen. Mit fünfundzwanzig Jahren hat man schließlich denselben Zustand an Unwissenheit erreicht, den man bei der Geburt hatte. Was die Religion anlangt, so lässt sich sagen: Wenn sie sich an die absurden Reden erinnern, die man ihnen darüber gehalten hat, und an die unverständlichen Lektionen, die man ihnen dazu erteilt hat, dann betrachten sie die Religion als Ammenmärchen, stellen Jesus Christus und die Jungfrau Maria auf die gleiche Stufe wie Aschenputtel und den Däumling und haben zum Schluss weder im Geiste noch im Herzen irgendwelche Grundsätze der Vernunft oder des Betragens.

Diese Überlegungen beschäftigen mich seit Langem, und vermittels der Schlüsse, die ich daraus gezogen habe, habe ich einen Erziehungsplan entworfen, welcher sich deutlich von dem unterscheidet, der bislang in Gebrauch war. Ich weiß nicht, wie viel Erfolg er haben würde; was ich sagen kann, ist, dass er eigentlich den überkommenen Vorstellungen und etablierten Sitten zu stark entgegengesetzt ist, als dass ich ihn Ihnen vorschlagen sollte. Es ist einer dieser Versuche, die man kaum auf ein Kind anwenden darf, welches nicht das eigene ist – und im Übrigen genügt diese ganz natürliche Überlegung, damit ich ihm selbst überaus misstraue. Eine Fantasie kann, wenn sie einmal angeregt ist, durch das Herumdrehen eines Gegenstandes neue und einzigartige Aspekte finden: Doch wäre ein junger Mann ohne Erfahrung gut beraten, sich selbst zu rühmen, er habe etwas wirklich Besseres ersonnen als das, was eine zweitausend Jahre alte Praxis die klügsten und erfahrensten Menschen einmütig anerkennen ließ?

Wenn man alles in Betracht zieht, so glaube ich, dass wir – von wenigen Unterschieden abgesehen – nichts Besseres tun können, als uns im Hinblick auf die Art der Studien ihres Herrn Sohns an das festgelegte System zu halten: Wir werden nur versuchen, die gröbsten Mängel der gewöhnlichen Erziehung zu beheben, indem wir an der Methode und den Einzelheiten seiner eigenen etwas ändern. Im Hinblick auf Religion und Moral wird man also nicht durch eine Vielzahl an Vorschriften dahin gelangen, ihm solide Grundsätze zu vermitteln, die ihm sein Leben lang als Richtschnur für sein Betragen dienen. Abgesehen von den unverzichtbaren und seinem Alter gemäßen Grundbegriffen sollte man nicht so sehr darauf bedacht sein, sein Gedächtnis mit Einzelheiten von Gesetzen und Pflichten ohne Regel und Zusammenhang zu ermüden. Vielmehr sollte es darum gehen, seinen Geist und sein Herz darauf vorzubereiten, sie zu kennen und zu würdigen, soweit sich die Gelegenheit bietet, sie ihm vor Augen zu führen. Diese Vorbereitungen sind seinem Alter und seinem Verstand durchaus angemessen, denn sie umfassen ausschließlich reizvolle und interessante Themen, die im Zusammenhang stehen mit bürgerlichem Handel, Gewerbe und Handwerk – aber auch mit der mannigfaltigen Art, in der die Vorsehung alle Menschen füreinander nützlich gemacht hat. Ferner enthalten sie einige mit Bedacht ausgewählte Geschichten, Fabeln, denen man die Moral nimmt, um ihn darin zu üben, sie selbst zu finden: All diese Themen, die eher Gegenstand von Konversationen und Spaziergängen als von geregelten Studien sind, werden noch verschiedene Vorteile haben, deren Wirkung mir unfehlbar erscheint.

Erstens, da sie seinen Geist nicht unangenehm mit Vorstellungen von Zwang und geregeltem Studium belasten und von ihm keine penible und fortwährende Aufmerksamkeit erfordern, werden sie seiner Gesundheit nicht schaden. Zweitens werden sie seinen Geist früh daran gewöhnen, nachzudenken und die Dinge im Hinblick auf ihre Wirkungen und Folgen zu betrachten. Drittens werden sie ihn neugierig machen und seinen Gefallen an den Naturwissenschaften wecken.

Ich möchte hier einem Eindruck entgegenwirken, den man bei meinem Vorhaben bekommen könnte, wenn man sich vorstellt, ich wolle mich nur selbst erheitern und mich von dem befreien, was an den Unterrichtsstunden trocken und langweilig ist, um mir so eine angenehmere Beschäftigung zu verschaffen. Ich glaube nicht, mein Herr, dass Sie jemals so über mich denken könnten. Vielleicht hat nie ein Mann eine Angelegenheit wichtiger und ernster genommen als ich die Erziehung ihrer Herren Söhne, wenn Sie meinen Eifer auch nur etwas unterstützen wollen. Sie haben bisher nicht feststellen können, dass ich versuchte, der Arbeit zu entgehen; doch ich glaube nicht, dass ein Lehrmeister, um sich einen Anstrich von Eifer und Beschäftigung zu geben, den Anschein erwecken sollte, seine Schüler mit einer ernsthaften und abschreckenden Arbeit zu überlasten, ihnen gegenüber stets einen strengen und bösen Hochmut zu zeigen und sich so auf ihre Kosten den Ruf eines genauen und arbeitsamen Mannes zu erkaufen. Was mich betrifft, mein Herr, so erkläre ich ein für alle Mal: Mit argwöhnischer Strenge meine Pflicht erfüllend, bin ich unfähig, sie jemals zu vernachlässigen. Weder meine Neigung noch meine Grundsätze veranlassen mich zu Faulheit oder zu Nachlässigkeit. Doch von zwei Wegen, die zum selben Ziel führen, werde ich immer den bevorzugen, der meinen Schülern am wenigsten Mühe und Unannehmlichkeiten abverlangt, und ich wage zu versichern – ohne als ein sehr beschäftigter Mann gelten zu wollen: Je weniger sie dem Anschein nach arbeiten, desto mehr werde tatsächlich ich für sie arbeiten.

Wenn es Gelegenheiten gibt, bei denen Strenge gegenüber Kindern nötig ist, dann in den Fällen, in denen die guten Sitten angegriffen werden, oder wenn es darum geht, schlechte Gewohnheiten zu korrigieren. Oft ist es so: Je mehr Verstand ein Kind hat, desto mehr macht die Kenntnis um seine eigenen Vorzüge es uneinsichtig gegenüber denen, die es noch erwerben muss. Daher kommen die Verachtung für Untergebene, der Ungehorsam gegenüber Höhergestellten und die Unhöflichkeit gegenüber Gleichgestellten: Wenn man sich für vollkommen hält, welchen Wunderlichkeiten gibt man sich dann nicht hin? Herr de Sainte-Marie hat zu viel Verstand, um nicht seine schönen Anlagen zu spüren – doch wenn man sich nicht zeitig vorsieht, wird er sich zu sehr auf sie verlassen und es versäumen, daraus den ganzen Nutzen zu ziehen, den man sich erhoffen sollte. Die Saat der Eitelkeit hat schon in ihm einige kleine Neigungen geschaffen, die es zu korrigieren gilt. Gerade in dieser Hinsicht, mein Herr, ist unsere Übereinstimmung gar nicht hoch genug einzuschätzen, und es ist sehr wichtig, dass er bei den Gelegenheiten, bei denen man Anlass hat, mit ihm unzufrieden zu sein, von allen Seiten auf nichts anderes als Verachtung und Gleichgültigkeit stößt – was ihn umso schwerer kränken wird, als er solche Zeichen von Kälte nicht gewohnt ist. Es gilt, den Stolz mit seinen eigenen Waffen zu strafen und ihn an der Quelle selbst anzugehen, und man kann gewiss sein, dass Herr de Sainte-Marie zu hochwohlgeboren ist, um nicht unendlich empfänglich für die Achtung der Personen zu sein, die ihm lieb sind.

Die Aufrichtigkeit des Herzens ist, wenn sie gefestigt ist durch die Urteilskraft, die Quelle der Gerechtigkeit des Geistes. Ein untadeliger Mann denkt fast immer richtig, und wenn man von Kindheit an gewohnt ist, dem Nachdenken nicht auszuweichen und sich dem gegenwärtigen Vergnügen erst hinzugeben, nachdem man die Folgen eingeschätzt und die Vorteile den Nachteilen gegenüber abgewogen hat, verfügt man mit ein wenig Erfahrung beinahe über alle Kenntnisse, die zur Bildung eines Urteils notwendig sind. Es scheint in der Tat, dass der gesunde Menschenverstand noch stärker von den Gefühlen des Herzens abhängt als von der Klarheit des Verstandes, und es kommt einem so vor, als ob die Gelehrtesten und Aufgeklärtesten nicht immer diejenigen sind, die sich in den Angelegenheiten des Lebens am besten betragen. So könnte man Herrn de Sainte-Marie, nachdem er mit guten Moralprinzipien erfüllt wurde, in der Wissenschaft des Denkens als ziemlich fortgeschritten betrachten; doch wenn es einen wichtigen Punkt in seiner Erziehung gibt, dann ist es unbestritten dieser. Wenn es an der Zeit ist, kann man ihn gar nicht genug darin lehren, die Menschen kennenzulernen – zu wissen, wie man sie bei ihren Tugenden und sogar bei ihren Schwächen packt, um sie in seinem Interesse zu leiten und stets für ihn selbst den besten Teil aus schwierigen Situationen zu ziehen. Dies hängt zum Teil von der Art ab, in der man ihn übt, Dinge zu betrachten und sie nach allen Seiten zu drehen, und zum Teil davon, wie er mit der Gesellschaft umgeht. Was den ersten Punkt anlangt, so können Sie, mein Herr, viel und mit großem Erfolg dazu beitragen, indem Sie ihn bisweilen über Ihr Verhalten im Falle eines Ereignisses befragen, welches Sie eigens erfunden haben. Dies wird seiner Eitelkeit schmeicheln, und er wird die Zeit, die man braucht, um über eine Angelegenheit zu beratschlagen, bei der seine Stimme etwas zählt, nicht als Arbeit ansehen. In solchen Unterhaltungen kann man in ihm einen beharrlichen und vernünftigen Verstand erwecken, und er wird auf diese Weise in zwei Tagen mehr lernen als in zwei Jahren durch regelhafte Unterweisungen. Doch muss man darauf achten, dass man ihm zunächst nur Themen vorgibt, die seinem Alter entsprechen, und dass man ihn vor allem lange an Gegenständen übt, bei denen sich der beste Nutzen mühelos zeigen lässt. Zum einen führt man ihn auf diese Weise leichter dahin, diesen Nutzen von sich aus zu finden, zum anderen kann man vermeiden, dass er die Angelegenheiten des Lebens als eine Folge von Problemen betrachtet, bei denen die unterschiedlichen Ergebnisse gleichermaßen wahrscheinlich erscheinen. Dies würde dazu führen, dass ihm die Entscheidung für das eine oder das andere gleichgültig wäre, was ihn wiederum zur Trägheit in seinem Denken und zur Gleichgültigkeit in seinem Betragen führen würde.

Gesellschaftlicher Umgang scheint mir auch von absoluter Notwendigkeit zu sein – ganz besonders für Herrn de Sainte-Marie, denn als schüchtern geborener Mensch muss er oft in Gesellschaft sein, um zu lernen, sich dort frei zu fühlen und sich mit jener Anmut und Leichtigkeit zu betragen, die den Mann von Welt und den liebenswürdigen Menschen auszeichnen.

Ich möchte wagen, mein Herr, hier abzuschweifen, um einige Überlegungen zu entwickeln, die mir der Betrachtung würdig erscheinen.

Welches ist das wahre Ziel der Erziehung eines jungen Mannes? Es ist, ihn glücklich zu machen. Alle Einzelbetrachtungen, die man sich im Hinblick darauf vornimmt, sind nur Mittel zum Zweck; dieser Grundsatz ist unumstößlich. Doch wie kann man ihn zu diesem Glück führen? Welche Wege führen dorthin? Diese kaum gebahnten Straßen haben für fast niemanden wahrnehmbare Spuren hinterlassen, und es scheint beinahe unmöglich, anderen vernünftig das aufzuzeigen, was man für sich selbst nicht finden konnte. Es ist leichter, ihnen die Pfade zu zeigen, die sie meiden müssen: Zum Beispiel wissen wir nur zu gut, dass sich jene kostbare Glückseligkeit kaum hinter dem Dickicht von Konjugationen, Übersetzungen, Katechismen und Ungereimtheiten findet, mit denen man diese armen Kinder unter Tränen und Kummer traktiert. Sie beginnen ihr Leben einzig mit dem Gefühl von Qual, und es scheint, dass man es sich zunächst zur Aufgabe macht, in den jungen Herzen allen Verdruss, der in diesem Alter vorstellbar ist, anzuhäufen.

Was folgt dann? Sobald sie sich selbst überlassen sind, stürzen sie sich blindlings in Vergnügungen. Sie hatten zuvor keinen Begriff davon, das Neue daran macht die Freuden noch reizvoller für sie, und das stürmische Alter der Leidenschaften verstärkt die Neigung dazu. Sie geben sich dem mit so wenig Bedacht hin, dass sie durch diesen hastigen Genuss, nachdem diese ihr Herz abgenutzt und ihre Mäßigung zerstört hat, ihr Lebensende mit Qualen verbringen müssen, die denen des Beginns gleichen, die allerdings nicht mehr durch dieselben Hoffnungen versüßt sind.

Nichts ist so traurig wie das Schicksal der Menschen im Allgemeinen; dennoch finden diese in sich selbst ein verzehrendes Verlangen, glücklich zu werden, das sie in jedem Augenblick fühlen lässt, sie seien dazu geboren. Warum sind sie es dann nicht? Sie klagen über das Schicksal oder sie murren gegenüber ihren Vätern oder ihren Hauslehrern. Was mich anlangt, mein Herr, so begehre ich glühend, dass Herrn de Sainte-Marie das Andenken an Sie und mich immer lieb sein wird, und dieses sollte nicht allein aus gewöhnlichen Gefühlen von Liebe, Respekt und Dankbarkeit bestehen. Es sollte auch eine freudige Rückbesinnung auf die Annehmlichkeiten seiner frühen Jahre sowie auf den vorteilhaften Einfluss dieser auf die späteren geben.

Ich unterscheide zwei Arten, um zum Glück zu kommen. Die eine, indem man seine Leidenschaften befriedigt, und die andere, indem man sie mäßigt: Bei der ersten genießt man, bei der zweiten begehrt man nicht, und man wäre bei beiden glücklich, wenn es der einen nicht an Dauer und der anderen nicht an jener Lebhaftigkeit fehlte, die das wahre Glück ausmachen.

Die Wege hin zu diesen beiden Zuständen sind völlig entgegengesetzt, man muss also wählen, und die Wahl fällt leicht, wenn man die Wirkungen des einen und des anderen vergleicht. Es ist nicht zu leugnen, dass ein Mensch, der in vollen Zügen die Freude und Wollust genießt, in jenem Augenblick nicht glücklicher ist und sich am Zauber des Lebens nicht mehr erfreut als derjenige, der weder begehrt noch besitzt. In zweierlei Hinsicht, so scheint mir, ist der letztgenannte Zustand zu bevorzugen. An erster Stelle: Je lebhafter die vergnügliche Tat ist, desto weniger lang dauert sie an, das ist eine unbestrittene Tatsache. Man verliert also an Zeit, was man an Gefühl gewinnt; bis hier ist alles ausgewogen. Doch worin sich die Sache nicht gleicht, ist, dass die glühende Neigung hin zu Vergnügungen in einer solchen Weise auf die Vorstellungskraft wirkt, dass diese sogar nach der Wirkung des Gefühls aufgewühlt bleibt und so das Verlangen mehr verlängert als die Möglichkeit, es zu befriedigen. Daraus schließe ich, dass der maßlose Genuss des Vergnügens für die Zukunft ein Quell der Unruhe ist.

Im Gegenteil: Die Mühsal eines Menschen, der, ohne genossen zu haben, nur einige Begierden niederzuschlagen hat, vermindert sich mit der Zeit, und die lange Seelenruhe gibt ihm mehr Kraft, diese Ruhe für immer zu bewahren: Sein Glück vergrößert sich in dem Maß, wie das des anderen abnimmt.

Im Übrigen, wo ist der ehrbare Mann, der sich, gleich einem Bären in Gesellschaft, nicht fortwährend damit beschäftigen möchte, seine Begierden ohne Rücksicht auf Schicklichkeit oder die Ruhe anderer zu befriedigen: Wäre man glücklich mit solchen Gefühlen? Und wenn es ein Glück gibt, das dem Menschen vorbehalten ist, bilden dann nicht Ehre und Feinsinn dessen Grundlage? Betrachten wir uns doch nicht so, als seien wir allein in der Natur, gehen wir doch lieber auf die Bedürfnisse anderer ein, damit sie auch auf die unsrigen eingehen, opfern wir ihnen doch bisweilen unsere Vergnügungen, dann werden wir mit mehr Gefallen die genießen, die uns bleiben, und wir werden alles in allem glücklicher sein.

Der Zustand eines Mannes, der sich all seinen Leidenschaften hingibt, ist also ein Hirngespinst für den vernünftigen Menschen. Diese achtbare Vernunft ist ohne Zweifel ein göttliches Geschenk, doch wurde uns dieses nur gegeben, damit wir uns unaufhörlich selbst bekämpfen: Vielleicht hat man es uns teuer verkauft. Doch letztlich erfreuen wir uns daran, und es ist nicht mehr an der Zeit, darüber zu streiten.

In diesem Punkt unterscheiden wir uns nur wenig von denjenigen, die ihren Leidenschaften widerstehen. In welchem Zustand wir auch sein mögen, wir haben derer stets so viele zu bekämpfen, dass es uns in Wahrheit kaum mehr kosten wird, die gesamte Aufgabe zu übernehmen. Doch wir sollten uns nichts Unmögliches auferlegen und schauen, in welchem Zustand der Geist sein muss, um die Erschütterungen des Herzens zu bezähmen.

An dieser Stelle möchte ich wagen, mein Herr, Ihnen folgendes erstaunliche Paradoxon vorzustellen: Nur diejenigen Leute sind ruhig und maßvoll in ihren Begierden, welche der Welt zugewandt leben. Ich sage, dass sie ruhig sind; zwar nicht unumschränkt, doch verglichen mit denen, die, in Zurückgezogenheit und Abgeschiedenheit von Vergnügungen genährt, diese nur durch ihre Phantasie kennengelernt haben. Diese ist umso aktiver, da ihr Elan kaum durch eine fortwährende Betätigung ihrer Sinne geschwächt ist.

Ein Einsamer, der sich selbst überlassen ist, bemerkt bald, dass es in der Natur noch andere Menschen als ihn gibt. Selbst wenn er von der Annahme ausgeht, dass einige allein leben, so ist ihm doch auch nicht entgangen, dass andere zusammenleben – und wenn er diese Gesellschaft mit seiner Einsamkeit vergleicht, fühlt er bald, wie viel er an Lebensfreude zu gewinnen hat, wenn er sich mit anderen austauscht. Von dort geht seine Phantasie aus und kehrt zu ihm zurück, um ihm Dinge auszumalen, die größer und schöner werden durch die Muße und die Freiheit, sie zu überhöhen und miteinander zu verknüpfen, ohne dass ihm klar wird, wie sehr er sich von der Wahrheit entfernt. Das Herz mischt sich bald mit diesen Vorstellungen, es bildet Begierden; diese Begierden erhitzen ihn, ohne ihn zu erschöpfen; denn die Begierde ist das einzige Gefühl, welches durch die Dauer nicht abgeschwächt wird. Daraus erwächst eine Unruhe, eine Melancholie, sogar ein Bedauern – und schließlich vielleicht Verzweiflung, sollte die Zurückgezogenheit weiter andauern und die Phantasie allzu lebhaft werden. Versetzen Sie einen solchen Mann plötzlich in die Mitte der Gesellschaft. Ich lasse beiseite, dass er dort eine törichte Haltung zeigen würde; doch es ist zumindest sicher, dass ihn jeder neue Gegenstand viel mehr bewegen würde als einen Mann, der diesen Gegenstand alle Tage sieht. Zweifellos wird er in vielerlei Hinsicht einiges zurückzunehmen finden, was er sich bis dahin vorgestellt hatte; doch die große Mannigfaltigkeit der Gegenstände wird etwas zum Eindruck jedes einzelnen hinzufügen und die Freiheit der Überlegungen wegnehmen, was die Wirkung vermindern könnte. Er wird ständig angeregt und einer Flut fremder Gefühle ausgeliefert sein – und jedes wird für ihn den Wert von etwas Neuem haben. Die Erfahrung lehrt uns, mit welcher Gier man sich in einem solchen Fall hingibt und wie gefährlich es ist, selbst mit dem besten Fundament in Philosophie und Vernunft, plötzlich von einer langen Ruhe zu einer so heftigen Bewegung überzugehen.

Nehmen wir jetzt einen Menschen, der seit seiner Kindheit der Gesellschaft ausgesetzt war. Die Menge an angenehmen und missliebigen Dingen wirkt auf ihn nur in einem durch lange Gewohnheit gezügelten Maß. Das Herz ist gesättigt, weil sich der Verstand daran gewöhnt hat, diese Dinge zu sehen; die reizvollsten Freuden, die deutlichsten Rückschläge sind für ihn nur gewöhnliche Ereignisse, deren wiederholtes Auftreten ihm fast jedes Gefühl nimmt. Er ist von nichts heftig bewegt, weil ihm alles vertraut ist; seine Vergnügungen zählt er eher, als dass er sie abwägt; und eine leichte, stets fortwährende Bewegung hält seine Seele in einem gewissen Gleichmaß, in dem sie mit heftigen Gefühlen nicht sein könnte. Sehen Sie einen Menschen an, der überaus viel Umgang pflegt; er zeigt allenthalben eine Miene von Fröhlichkeit und Munterkeit, sein Kopf ist gefüllt mit Musik, Malerei, Theaterstücken, Festen, kleinen Versen, hübschen Frauen – selten gibt es dort noch etwas anderes. Das bildet eine so unterhaltsame Vielfalt, dass die Seele kaum Muße hat, sich über andere, ernstere Gegenstände auszubreiten oder sich mit diesen Dingen im Einzelnen besonders zu beschäftigen. Sie streift sie alle und sie ist zufrieden. Um glücklich zu sein – oder zumindest nicht bemitleidenswert –, müsste man also die Leidenschaften abschwächen und die Neigungen vervielfältigen, und genau das ist die Wirkung des gesellschaftlichen Umgangs. Man stellt sich gewöhnlich vor, dass die Gesellschaft die Bühne der großen Leidenschaften sei; ich denke im Gegenteil, dass sie die der niedrigen Neigungen sei, und man muss nicht sehr erfahren sein, um sich davon zu überzeugen, dass die Grundzüge der Leidenschaften in sämtlichen Gattungen fast alle durch einsame und melancholische Herzen hervorgebracht wurden.

Aus all dem schließe ich, dass ein Mann, der dazu bestimmt ist, sich eines Tages in der Gesellschaft zu bewegen, dort nicht früh genug eingeführt werden kann – nicht nur, um zu lernen, sich in ihr mit Leichtigkeit zu bewegen, sondern auch, um sich daran zu gewöhnen, sie zu kennen und sich nicht im Übermaß von ihr bezaubern zu lassen, wenn er sich ihr im stürmischsten Alter durch seinen Stand ausgeliefert sieht.

Ich würde weitgehend mit denen übereinstimmen, die behaupten, dass für einen jungen Mann nichts so leicht sei, wie sich für die Gesellschaft zu bilden und sich dort beliebt zu machen, selbst wenn er aus dem Schulstaub kommt: Das ist die übliche Wirkung einer ersten Bindung, und es gibt nur wenige höfliche Herren, die ihre Erziehung nicht der ersten Frau verdanken, die ihnen Geschmack beigebracht hat; doch ist das nicht der hauptsächliche Nachteil, den ich darin sehe, die Einführung eines jungen Mannes hinauszuzögern. Ich habe Bedenken im Hinblick auf die Angelegenheiten des Herzens und die Leidenschaften, die deren Beiwerk sind. Dieser junge Mann, der aus den Händen eines Lehrmeisters ohne Geschmack kommt, hat nie von Rameau, von Blavet, Coypel oder Girardon gehört. Er weiß nicht, ob es nach den Griechen auf der Welt Maler gab, Kupferstecher, Bildhauer und Musiker; er kennt Racine, Molière, Corneille und Voltaire nur aus einigen trockenen Erklärungen seines Lehrers – und oft zweifelt er nicht daran, dass es gut wirke, dies alles recht schnell zu vergessen. Andererseits hat man ihm Frauen als böse Tiere dargestellt, und schon bewundert er sie, junge Männer als Ungeheuer der Ausschweifung – und er brennt nur darauf, es ihnen gleichzutun. Im Allgemeinen ist alles, was man ihm gesagt hat, um ihn von der Liebe zum Vergnügen fernzuhalten, genau das, was ihn dorthin zieht; er liefert sich dem also bei der ersten Gelegenheit vorbehaltlos aus. Doch er liefert sich ungeschliffen aus als Mann ohne Gefühl und ohne Geschmack, der alles für gleichermaßen verboten hält und mit gleicher Inbrunst auf alles losgeht. Die unwürdige und niedrige Gier nach Spiel, Sauferei, die ungehobelten Triebe des Temperaments liefern ihn Wucherern, Wirten und den verachtenswertesten Frauen aus. Die Literatur, die er verabscheut, die Künste, die er verachtet, dienen nicht dazu, die Maßlosigkeit seiner Leidenschaften zu stillen; Feinheit und Geschmack sind für ihn Hirngespinste, und sein Herz hat noch nicht die Freuden empfunden, die er bereits ausgeschöpft zu haben glaubt.

Schließlich kommt – vorausgesetzt, man stammt aus gutem Hause – die Zeit, in der man innere Einkehr hält. Man besucht Häuser, in denen Höflichkeit, Geschmack und Schicklichkeit herrschen. Man ist ganz erstaunt, dass man sich dort wie in einer anderen Welt befindet; man hört, wie in einer feinen und zarten Sprache gesprochen wird, die man nicht versteht; man sieht, dass zarte und höfliche Manieren herrschen. Tausend liebenswürdige Neigungen, die man nicht kannte, scheinen hier den Reiz der anständigsten Leute auszumachen. Elegante Gespräche bringen neues Licht in den Geist und neue Gefühle in die Seele. Eine Frau kommt, um dem jungen Mann eine Frage zu einem gelehrten Gegenstand zu stellen, von dem man annimmt, dass er ihn kennt – und über den er kein Wort weiß.

Was gäbe er darum, in diesem Moment etwas zu sagen zu haben; er schweigt und errötet. Schließlich ist er ganz erstaunt, dass die Dame, die ihn befragt hatte, um ihm Gelegenheit zu glänzen zu geben, die Frage selbst mit so viel Klugheit erörtert – und sicherlich mit mehr Geist, als es sein Lehrer getan hätte.

Nun beginnt man, seine Ansichten zu ändern; man kehrt nach und nach ab von den hitzigen Vorurteilen der frühen Jugend; man fühlt schließlich einen Abscheu vor dem liederlichen Leben, man verlässt seine primitiven Freunde und seine üblen Gewohnheiten, und man gibt dem Gemüt nur noch Vergnügungen, die einem das Herz eingibt. Man verabscheut zugleich die widerwärtige Erziehung, die man erhalten hat, und den schlechten Gebrauch, den man von seiner ersten Freiheit gemacht hat, und man mäßigt die Glut seiner Leidenschaften klug durch eine Vielzahl an Neigungen. Denn die Leidenschaften werden abgeschwächt, wenn man sie auf mehrere Neigungen aufteilt.

Das ist, so denke ich, die geläufigste Schilderung der Einführung junger Leute in die Gesellschaft; glücklich sind diejenigen, die frei sind von der Schande, ihre besten Jahre so schlecht genutzt zu haben; glücklich sind selbst diejenigen, die das nur einen Teil ihrer Gesundheit und ihres Vermögens gekostet hat; glücklich sind vor allem diejenigen, die durch kluge Rückbesinnung auf sich selbst rechtzeitig von ihren Verirrungen zurückgebracht werden, so dass sie das Leben noch als anständige Leute genießen können; noch glücklicher sind diejenigen, die – von maßvollen und besonnenen Ratschlägen geleitet – wussten, wie sie vernünftige Leute und Menschen der Gesellschaft werden, ohne durch so unheilvolle Prüfungen zu gehen. Ich hoffe, mein Herr, dass Herr de Sainte-Marie, durch ihre Aufklärung erleuchtet und von meinem Eifer unterstützt, dort durch eine freundlichere und ehrenvollere Tür treten wird und sich bei ihm niemals Bedauern in die Erinnerung seiner frühen Jahre mischen wird.

Solcherart sind die Gründe, warum ich Ihnen vorschlagen möchte, mein Herr, Ihrem Herrn Sohn beizeiten den Geschmack für die Gesellschaft zu vermitteln, für die er bestimmt ist. Ich weiß, dass der verfrühte Anblick von Menschen und deren Fehlern Kindern ein Schauspiel bietet, das sie verderben kann, sobald sie ihren eigenen Gedanken überlassen sind. Ich weiß weiterhin, dass es äußerst gefährlich ist, sie zu früh zu Philosophen und Nörglern zu machen und sie daran zu gewöhnen, das Verhalten anderer mit einem Anstrich von Neugierde und Kritik zu durchleuchten, was sie mit Sicherheit auf die Dauer zu krittelnden, ätzenden und schlechten Geistern machen würde.

Ein strenger und unnachgiebiger Lehrer, der andere um Vergnügungen beneidet, die er selbst nicht genießen kann, glaubt Wunder zu vollbringen, wenn er seinem Schüler all die Fehler vor Augen führt, die begangen werden, all die Widrigkeiten, deren er gewahr wird. Unter dem Vorwand, ihn zu lehren, wie er dieselben Fehler vermeiden kann, lässt er nach einer Versammlung alles Revue passieren, was er dort Schlechtes zu sehen geglaubt hat. Er ermahnt den Schüler, aus dem Betragen von Herrn X oder Frau Y seine Lehren zu ziehen, so dass er sie niemals nachahme. Auf Grundlage solch schöner Anweisungen werden jeden Tag diese kleinen Wortkrämer von Spottreden und Epigrammen und diese Menge an Furien ausgebildet, deren gefährliche Zungen und Federkiele – nachdem sie eine Zeitlang in Mode waren – schließlich zum Schrecken und zur Geißel der Gesellschaft werden.

Vielleicht hat diese verabscheuungswürdige Methode ihren Ursprung auf den Kanzeln unserer Prediger, wo man es sich zur Aufgabe gemacht hat, uns alle Menschen als Ungeheuer, die man ersticken sollte, zu schildern – als Opfer des Teufels, dessen Handeln nur dazu dient, das Herz zu verderben und in die Hölle zu stürzen. Das Merkwürdige ist, dass uns nach all diesem schönen Wortgepränge derselbe Mensch die Liebe zu unserem Nächsten predigt, also genau zu der Truppe von Unholden, vor der er uns zuvor so viel Abscheu eingeflößt hat.

Ich hoffe, dass vernünftigere Leitsätze Herrn de Sainte-Maries Urteilskraft formen werden. Er soll die Welt als Ansammlung von anständigen Menschen erkennen, denen er viel Rücksichtnahme schuldet, die gewiss Lastern und Schwächen unterworfen sind, die jedoch alle ein Fundament der Redlichkeit und Ehrprinzipien in sich tragen, welche niemals verlöschen und früher oder später zu Weisheit und Tugend führen müssen. Man muss geistig schon recht unglücklich veranlagt sein, um in allen Menschen nur Gegenstände von Satiren zu sehen; ich selbst, obwohl ich mich dessen kaum rühmen kann, führe mir gern vor Augen, dass ich niemals eine Gesellschaft verlassen habe, ohne darin etwas Achtenswertes gefunden zu haben. Man darf also nicht glauben, dass man einen jungen Mann nur formen könne, indem man ihm unaufhörlich die Kritik am Menschengeschlecht vorträgt. So viele Bemerkungen über die geheimen Beweggründe der menschlichen Handlungen führen gewöhnlich zu einem schwierigen und spitzfindigen Geist, der selten gerecht und scharfsinnig ist. Es ist im Alltag wie in der Politik: Ein Übermaß an Feinheit lässt uns in Hirngespinste verfallen und entfernt uns auf krummen Pfaden, die wir glauben eher einschlagen zu müssen, von unserem Ziel.

Die dem Anschein nach aufrichtigsten Handlungen haben nicht immer die lobenswertesten Motive; dem stimme ich zu, und in der Tat sollte ein junger Mann nicht mehr Vertrauen in den guten Glauben anderer setzen, als die Vorsicht erlaubt. Dieser Teil der Unterweisung sollte in allgemeinen Lektionen stattfinden, die allein durch Beispiele aus der Geschichte gestützt werden. Aber diese Beispiele sollten niemals auf lebende und uns zu nahe stehende Gegenstände angewandt werden: Denn abgesehen davon, dass die üble Nachrede an sich schon sehr verachtenswert ist, so lehrt uns die traurige Erfahrung nur zu gut, dass der Anblick des Lasters eher geeignet ist zu verführen als zu korrigieren.

Wenn wir also bei Herrn de Sainte-Marie die Neigung zu den Menschen und zur guten Gesellschaft wecken, wird es überhaupt nicht notwendig sein, ihm möglichst schnell alle Wendungen des menschlichen Herzens zu zeigen. Dies wird umso weniger notwendig sein, als er aufgrund der Wahl der Häuser, in die wir ihn führen werden, nur Gegenstände sehen und nur Reden hören wird, die in ihm den edlen Ansporn zum Erwerb von Verdiensten wecken dürften. Dieser Ansporn allein genügt, um Verdienste zu erbringen.

Ich werde somit einer Methode folgen, die der ganz entgegengesetzt ist, die ich bei anderen Lehrern gesehen habe: Anstatt die Vorgehensweise der anderen zu kritisieren, um ihn – letztlich auf ihre Kosten – zu vervollkommnen, werde ich ihn, im Gegenteil, auf alles an ihnen aufmerksam machen, was mir lobenswert erscheint. Ich werde versuchen, sie ihm in einem Licht darzustellen, das ihm gefällt und durch das er an ihnen Geschmack finden wird.

Was das Lächerliche anlangt: Sofern es derb ist, kann es den Augen der Kinder nicht entgehen – und da man gern darüber lacht und ihnen das gefällt, ist es gut, sie nicht über das Prinzip einer Wirkung, die so sehr nach ihrem Geschmack ist, im Zweifel zu lassen. Im Übrigen nehmen uns die Gesetze, die Richter festgelegt haben, und Strafen, um das Laster zu ahnden, das Recht, uns hier einzumischen; doch sind die Lächerlichen zur Bestrafung dem öffentlichen Spott preisgegeben. Es ist nicht ganz ungerecht, dass sie für das Ungemach, das sie der Gesellschaft bereiten, die einzige Art von Strafe erleiden, die für sie angemessen ist. Ich glaube also, dass man in dieser Hinsicht – wenn auch mit äußerster Vorsicht – etwas von der Aufmerksamkeit lockern kann, die man Kindern gegenüber stets haben muss, damit sie niemanden kritisieren: Man muss hier vor allem ein notwendiges Korrektiv hinzufügen, und nachdem man sie sich eine Weile hat erheitern lassen, muss man versuchen, sie geschickt zu einem kleinen Vergleich mit sich selbst zu bringen. Hierbei darf ihre Selbstachtung nicht zu sehr auf ihre Kosten kommen, damit sie lernen, anderen gegenüber Nachsicht zu üben – derer sie bisweilen selbst bedürfen – und damit sie sich daran gewöhnen, sich zunächst selbst zu betrachten, bevor sie andere tadeln.

Ein so unter anständigen Menschen erzogener junger Mann würde dort bald seinen Platz finden, er würde Geschmack an der Gesellschaft finden, er würde Höflichkeit und Rücksichtnahme lernen, die man sich gegenseitig im Leben schuldet; er würde diese Vielfalt an Neigungen kultivieren, die dem Fortschreiten der Leidenschaften entgegenwirken, und in einem fortgeschritteneren Alter würde er, ohne sein Auftreten zu ändern und fast ohne es zu bemerken, schon zu den Eingeweihten gehören in dieser so gefährlichen Welt, deren Lehrzeit die meisten jungen Leute so teuer zu stehen kommt.

Ich gebe zu, dass diese Ratschläge fragwürdig erscheinen mögen, wenn sie von einem Lehrmeister kommen, den man verdächtigen könnte, sie nur aus Eigennutz zu geben. Doch als ein Mann, der unter keinerlei Verdacht steht, die Gesellschaft und ihre Zerstreuung zu lieben, weiß ich, mein Herr, dass man mehr als einmal versucht hat, mich bei Ihnen als traurigen und menschenfeindlichen Charakter anzuschwärzen, als einen Mann, der wenig geeignet sei, die Manieren ihres Herrn Sohns zu verfeinern – in einem Wort, als einen ungeschliffenen Geist und als Pedanten, der nicht nur außerstande sei, die Welt zu kennen, sondern auch, einen jungen Schüler zu formen. All diese Anklagen scheinen so einleuchtend, dass ich es nicht verwunderlich finden könnte, wenn sie von Leuten ausgingen, die sich hinsichtlich der Erziehung Ihres Herrn Sohns eifrig zeigten: Wie dem auch sei, ich sehe mit Freude, dass sie auf Ihren Geist nicht viel Wirkung ausgeübt haben, und ich werde entsprechende Anstrengungen unternehmen, damit Sie ihnen täglich ungerechter erscheinen mögen. Es ist nicht so, dass ich nicht deutlich alles fühlte, was mir in mancher Hinsicht fehlt: ein gezwungenes und verlegenes Auftreten, eine trockene Konversation ohne Würze, eine törichte und lächerliche Furchtsamkeit sind Mängel, die ich an mir nur schwerlich werde korrigieren können. Drei mächtige Hindernisse werden sich immer dem Erfolg meiner Anstrengungen widersetzen. Das erste ist eine unbesiegbare Neigung zur Melancholie, die wider meinen Willen meine Seele quält; sei es mein Temperament, sei es aus Gewohnheit, unglücklich zu sein – ich trage in mir eine Quelle der Traurigkeit, deren Ursprung ich nicht zu erkennen vermag. Ich habe fast immer abgeschieden gelebt: Lange Zeit war ich krank und leidend, betrachtete das Ende meines kurzen Lebens als unmittelbar bevorstehend, trug ein hohes Maß an Empfindsamkeit in einer Seele, die nie für etwas anderes als Schmerz offen war – und in meiner Brust trug ich ständig sowohl meine eigenen Leiden als auch die von allem, was mir teuer war. All dies festigte meine natürliche Traurigkeit nur noch mehr.

Das zweite Hindernis ist eine unüberwindbare Schüchternheit, die mich die Haltung verlieren lässt und mir die Freiheit des Geistes nimmt – selbst vor Leuten, die so töricht sind wie ich selbst. Ich sollte von diesem Fehler durch das Unrecht, das er mir zugefügt hat, geheilt sein, aber ich kann nicht umhin, mir vorzustellen, dass man diesen Fehler leicht missbrauchen kann, um mich ein wenig mehr zu verachten, als ich es verdiene.

Das dritte ist eine tiefe Gleichgültigkeit gegenüber allem, was man glanzvoll nennt. Die Meinung der Menschen berührt mich wenig: nicht, weil ich sie verachten würde, sondern weil ich es im Gegenteil für nicht der Mühe wert halte, dass sie an mich denken, und weil im Übrigen die schmeichelhaftesten Auszeichnungen in meinem Herzen niemals eine ausgesprochen anziehende Freude hervorrufen würden – außer sie kämen von Personen, die mir äußerst lieb sind. Mit solchen Anlagen ist es bis zu einem gewissen Grad recht schwierig, einen Sinn für den Umgang mit anderen und für die Gesellschaft zu erlangen: Doch man möge mir nicht das Unrecht tun, daraus zu schließen, dass ich ein harter und grimmiger Charakter sei oder dass eine niedrige und dienstfertige Unruhe mich dazu verleite, meinen Platz in der guten Gesellschaft zu verlassen. So fremd ich dort auch wirken mag, ich habe nie einen anderen gekannt – und um niemals schlechte Gesellschaft erdulden zu müssen, habe ich gelernt, allein zu sein, wenn es nötig ist. Ich wage sogar hinzuzufügen: Ich fühle, dass ich dazu geschaffen bin, mit den ehrbarsten Menschen zusammenzuleben – nichts in meinen Neigungen sagt mir das Gegenteil.

Im Hinblick auf meine Gemütslage glaube ich im Recht zu sein, über die zu klagen, die mich der Misanthropie und der Schweigsamkeit beschuldigen; denn es ist gar zu offensichtlich, dass keiner von ihnen meinte, ich sei der Mühe wert, etwas näher betrachtet zu werden. Ich gebe zu, ich kann mich selbst nicht dazu bringen, mich den Leuten an den Hals zu werfen: Hingegen kann ich für mich selbst bezeugen, dass mir keine Tugend teurer ist als ein sanfter Charakter. Zum Beweis dessen möchte ich an die Freude erinnern, die Herr de Sainte-Marie in meiner Nähe an den Tag legt. Gewiss, wie gut sein Herz auch sein mag, es wäre in einem so zarten Alter nicht möglich, dass er Geschmack an einem harten und ungeselligen Lehrmeister gefunden hätte – und er muss in mir etwas gefunden haben, was ihn für die mir fehlende und bei Kindern so stark ausgeprägte Fröhlichkeit entschädigt. Ich werde nicht weiter auf all das eingehen, und ich tue zweifellos gut daran, die Sorge um meine Rechtfertigung ganz Ihrer Güte zu überlassen.

Ein Mann ohne Geist und ohne Gefühl, der sich aus dem Staub einer Schulanstalt plötzlich in die höflichste Gesellschaft verpflanzt findet, kann weder deren Zauber spüren noch den Geschmack daran einem Schüler vermitteln. Ein anderer Mann wiederum, der stolz und eigensinnig ist, der sich einbildet, über allem zu stehen, und der glaubt, sich durch Teilhabe an gewöhnlichen Gesprächen zu erniedrigen, hätte darin noch weniger Erfolg. Um den Gang der Welt und des menschlichen Lebens richtig zu verstehen, um deren Mechanismen zu ergründen und um einen jungen Mann mit Erfolg zu führen, bedarf es meines Erachtens nicht unbedingt eines ausgesprochen feinsinnigen Geistes. Rechtschaffen denken, einen gesunden Verstand und ein wenig Geschmack haben, weder durch Dummheit noch durch Dünkelhaftigkeit herausstechen – damit allein kann es einem eifrigen Lehrmeister gelingen, ein Kind zu formen und daraus einen höflichen Kavalier und einen aufrechten Mann zu machen, was das doppelte Ziel der Erziehung ist.

Es obliegt Ihnen, mein Herr, und seiner Frau Mutter, zu entscheiden, was sich in diesem Punkt schickt – und sich die Mühe zu machen, Herrn de Sainte-Marie gelegentlich mitzunehmen, wenn Sie urteilen, dass dies für ihn vorteilhafter wäre. Es dürfte auch gut sein, ihn, wenn man Gäste hat, einige Male im Zimmer zurückzuhalten, und ihm durch Fragen zu den Konversationsinhalten Gelegenheit zu geben, sich unmerklich daran zu beteiligen. Doch gibt es einen Punkt, bei dem ich fürchte, nicht ganz Ihrer Anschauung zu entsprechen. Wenn Herr de Sainte-Marie in Ihrer Gegenwart in Gesellschaft ist, dann tanzt und wirbelt er um Sie herum und hat nur Augen für seinen Papa: Dies ist ein Zeichen einer recht schmeichelhaften und recht liebenswerten Zärtlichkeit. Doch wenn er dann gezwungen ist, sich einer anderen Person zuzuwenden oder zu ihr zu sprechen, verliert er sogleich die Fassung: Weder kann er gehen noch ein einziges Wort sagen, oder er verfällt ins Extrem und plaudert etwas Unpassendes aus. Nun, das ist in seinem Alter verzeihlich, doch letztlich wächst man heran, und das, was sich gestern noch schickte, schickt sich heute nicht mehr, und ich wage zu sagen, dass er nie lernen wird sich zu benehmen, solange er diesen Fehler beibehält. Der Grund dafür ist, dass er nicht in Gesellschaft ist, obwohl Leute um ihn herum sind; aus Angst, sich schämen zu müssen, gibt er vor, niemanden zu sehen, und der Papa dient ihm als willkommener Anlass, um sich von allen anderen abzulenken. Diese gezwungene Keckheit wird seine Schüchternheit keinesfalls beseitigen, sondern sie gewiss noch tiefer verwurzeln, solange er es nicht wagt, vor eine Versammlung zu treten oder denen zu antworten, die das Wort an ihn richten. Um diesem Problem zuvorzukommen, glaube ich, mein Herr, wäre es gut, ihn bisweilen von Ihnen fernzuhalten, sei es bei Tisch oder anderswo, und ihn Fremden zu überlassen, um ihn daran zu gewöhnen, dass er mit ihnen vertraut wird. Mein Herr, Sie müssen mir dieses Übermaß an Vorsicht gegen das Fortschreiten der Schüchternheit verzeihen; ich habe mehr Gründe als andere, ihr bei meinen Schülern vorzubeugen. Schüchternheit ist selten der Fehler der Dummen, doch sie ist gekleidet in alle Lächerlichkeit der Dummheit, und was noch schlimmer ist: Sie ist von allen Fehlern, die man in Gesellschaft haben kann, der am schwierigsten zu heilende – und der einzige, der zu nichts taugt.

All dem möchte ich beizeiten etwas Lektüre hinzufügen, die ihn, ohne ihm das Herz zu verderben, genug über die Menschen wissen lassen wird, um sich unter ihnen nicht ganz fremd zu fühlen. Wir bräuchten dafür dringend ein Werk, das speziell für die Jugend geschrieben ist. Von allen, die wir gegenwärtig haben, sehe ich nichts Passenderes als Molière und

La Bruyère (ich lasse den Abbé de Bellegarde beiseite, weil ich ihn nicht gelesen habe). Jeder dieser beiden Autoren hat allerdings seine Fehler: Fast alle Charaktere von Molière sind allzu übertrieben, was den Nutzen, den Kinder aus seiner Lektüre ziehen könnten, erheblich verringert – zum einen, weil sie niemals eine so geartete Person sehen werden, zum anderen, weil sie, wenn sie einmal an diese lebhaften und durchdringenden Farben gewöhnt sind, in der Gesellschaft nur weniger ausgeprägte Charaktere finden werden, deren Nuancen ihre Augen dann nicht mehr unterscheiden können. La Bruyère hat bisweilen den gleichen Mangel, er ist sogar weit weniger für Kinder geeignet. Da er unbedingt heftig und dicht klingen möchte, wird er oft unklar und unnatürlich, und ich sehe beinahe ebenso viel Gefahr für den literarischen Geschmack, wenn man ihn nachahmen will, wie Freude für den Geist, wenn man ihn versteht.

Übrigens wirken sich die Mängel eines Autors niemals zum Nachteil des Kindes aus, das ihn liest, sofern es mit einem geduldigen und urteilsfähigen Lehrer zu tun hat. Dieser ergreift im Gegenteil die Gelegenheit, den Geschmack des Kindes zu formen, indem er es auf die mangelhaften Stellen hinweist – und zwar nicht mit der selbstgerechten und entschiedenen Miene, welche die Pedanten charakterisiert, sondern in einem umsichtigen, bescheidenen und schicklichen Ton, der dem Respekt gebührt, den wir großen Männern auch bei der Betrachtung ihrer Schwächen schulden; kurz: im Ton eines Mannes, der die Wahrheit sucht und der weiß, dass er selbst irren kann. Man wird ihn also nicht lehren, mit der Miene des Kleinmeisters zu sagen: Dies ist zu blumig, jenes zu trocken, der Autor denkt falsch, dieser läuft dem Verstand hinterher, jener gibt sich Neologismen hin; sondern man wird ihm einfach sagen, dass man glaubt, dass eine bestimmte Sache aus diesem oder jenem Grund besser als eine andere gewesen wäre: dass in

Wahrheit die größten Männer Fehler machen können, aber dass wir, die wir uns anmaßen sie zu beurteilen, uns glücklich schätzen würden, diese um denselben Preis zu begehen.

Ich komme nun zu dem, was die Bildung des Geistes anlangt, das heißt zu den Studien im eigentlichen Sinn.

Man mag noch so sehr gegen das Studium sprechen und versuchen, dessen Notwendigkeit zu leugnen: Das Wissen wird immer schön und nützlich sein. Was die Schulmeisterei anlangt, so führt nicht das Studium an sich zu ihr, sondern eine schlechte Veranlagung oder schlechte Gewohnheiten des Schülers, die er sich angeeignet hat. Wahre Gelehrte sind höflich, weil sie wissen, was man anderen schuldet, und sie sind bescheiden, weil das Wissen um das, was ihnen fehlt, sie davon abhält, eitel zu sein. Nur die Kleingeister und Halbgelehrten, die glauben, alles zu wissen, verachten hochmütig tausend Dinge, die sie nicht kennen. Im Übrigen ist die Neigung zur Literatur eine große Hilfe im Leben, sogar für einen Mann des Militärs. Es ist sehr wohltuend, nicht immer auf die Hilfe anderer Menschen angewiesen zu sein, um sich Vergnügen zu verschaffen: Es gibt so viel Ungerechtigkeit in der Welt, man ist Untertan so vieler Widrigkeiten, dass man sich oft glücklich schätzen kann, wenn man in seinem Arbeitszimmer Freunde und Trost findet, wenn die Welt sie einem vorenthält. Das Vergnügen zu glänzen und Lob zu ernten gilt mir nichts, weil es – davon abgesehen, dass es mir äußerst frivol und leichtfertig erscheint – recht nah auf die Schulmeisterei abzielt, hinsichtlich derer ich stark wünschte, dass meine Schüler dafür nicht zu empfänglich würden.

Doch es genügt nicht, dass wir uns hinsichtlich der Vorzüge des Studiums einigen, sondern es geht vor allem darum, in Ihrem Herrn Sohn, der gegenwärtig eine fürchterliche Abneigung gegenüber allem zeigt, was mit Fleiß zu tun hat, den Sinn dafür zu wecken. Doch wage ich zu sagen, dass er die Fortschritte, die er bis jetzt gemacht hat, weder aus Gehorsam noch aus Neigung gemacht hat, sondern einzig aus Gefallen und Freundschaft mir gegenüber – und es ist Ihnen nicht unbekannt, mein Herr, wie sehr die Willfährigkeit der Kinder geneigt ist sich zu erschöpfen. Gewalt darf dabei jedoch nicht im Spiel sein, den Grund dafür habe ich weiter vorne genannt. Doch damit die Willfährigkeit auf natürliche Weise wiederkommt, muss man zur Quelle dieser Abneigung zurückgehen. Diese Quelle ist eine ausgeprägte Neigung zur Zerstreuung, die er angenommen hat, weil er mit seinen Brüdern und Schwestern herumtändelt. Dies hat zur Folge, dass er es nicht ertragen kann, wenn man ihn davon einen Augenblick lang abhält, und dass er gegen alles einen Hass hat, was diese Wirkung zeigt; denn im Übrigen habe ich mich davon überzeugt, dass er keinerlei Abscheu gegenüber dem Lernen an sich zeigt und dass er sogar sehr vielversprechende Veranlagungen hat. Um dieses Übel zu heilen, müssten wir ihm andere Unterhaltungen verschaffen, die ihn von den Unsinnigkeiten, mit denen er sich beschäftigt, lösen und ihn dafür ein wenig von seinen Brüdern und seiner Schwester getrennt halten. Dies ist jedoch kaum möglich in einer Wohnung wie der meinen, die zu klein ist für die Lebhaftigkeit eines so regen Kindes – und wo sogar die Gefahr bestünde, seiner Gesundheit zu schaden, wenn man es zwingen wollte, dort eingeschlossen zu bleiben. Mein Herr, es wäre wichtiger, als Sie womöglich denken, ein vernünftiges Zimmer zu haben, damit Ihr Herr Sohn dort seinen Studien nachgeht und sich für gewöhnlich aufhält. Ich würde versuchen, es ihm angenehm zu machen durch alles, was ich ihm an unterhaltsamsten Dingen präsentieren könnte, und es wäre schon viel gewonnen, wenn man bewirkte, dass es ihm an dem Ort, an dem er lernen soll, gefiele. Um ihn also unmerklich von diesem kindischen Getändel zu lösen, würde ich ihm die Hälfte seiner Vergnügungen abnehmen, und ich würde für ihn passendere schaffen, die ihm am ehesten gefallen und seine Neugier wecken könnten: Ausschneidearbeiten, ein wenig Zeichnen, Musik, Instrumente, ein Prisma, ein Mikroskop, ein Brennglas, ein Barometer, ein Heronsball, ein Siphon, ein Heronsbrunnen, ein Magnet und tausend andere kleine Raritäten würden mir fortdauernde Anlässe geben, ihn zu zerstreuen und ihn nach und nach an seine Wohnung zu binden – bis zu dem Punkt, dass es ihm dort besser als irgendwo anders gefiele. Andererseits würde man Sorge tragen, ihn zu mir zu schicken, sobald er aufgestanden wäre, ohne dass ihn irgendein anderer Vorwand davon abhalten könnte; man würde keinesfalls gestatten, dass er im Hause herumtändelte, noch dass er während seiner Arbeitsstunden bei Ihnen oder bei seiner Frau Mutter Zuflucht suchte. Damit er das Lernen als eine so wichtige Sache betrachtet, die nichts aufwiegen könnte, sollte man vermeiden, diese Zeit dafür zu verwenden, ihn zu kämmen, zu frisieren oder in anderer Weise zu umsorgen. In meinem Fall würde ich es folgendermaßen anstellen, um ihn unmerklich zum Studium aus eigenem Antrieb zu bringen: In den Stunden, in denen ich ihn beschäftigen möchte, würde ich ihm jede Art von Unterhaltung untersagen und würde ihm eine bestimmte Arbeit für diese eine Stunde vorschlagen. Wenn er sich dieser nicht bereitwillig widmete, würde ich vorgeben, dies nicht zu bemerken, und ich würde ihn allein und ohne Unterhaltung sich tödlich langweilen lassen – so lange, bis der Verdruss darüber, gar nichts zu tun zu haben, ihn zu dem zurückgebracht hätte, was ich von ihm forderte. Als Nächstes würde ich versuchen, Munterkeit und Fröhlichkeit über seine Arbeit zu verbreiten, was ihn den Unterschied fühlen ließe, den es selbst im Vergnügen gibt: nämlich den zwischen Nichtstuerei und einer redlichen Beschäftigung. Würde dieses Mittel nicht fruchten, dann würde ich ihn keinesfalls misshandeln; doch ich würde ihm an jenem Tag all seine Zerstreuungen verbieten. Dabei würde ich ihm kühl sagen, dass ich keineswegs anstrebte, ihn mit Gewalt zur Arbeit zu bringen, doch dass Zerstreuung nur dann legitim sei, wenn sie der Erholung von der Arbeit diene, und dass diejenigen, welche nichts tun, kein Recht hätten, daraus einen Vorteil zu ziehen. Im Übrigen würde ich mich hüten, ihm das in einem Ton der Verstimmung zu sagen – im Gegenteil, ich würde mich sogar bemühen, ihm gegenüber wie üblich aufzutreten. Dabei würde ich ihm gegenüber sogar bezeugen, ich sei darüber betrübt, dass es nicht angemessen wäre, ihm seine täglichen Vergnügungen zurückzugeben; ich glaube, dass diese Gleichheit in Wort und Auftreten ein unverletzlicher Grundsatz gegenüber Kindern sein muss. Wenn man ihnen gegenüber Wut zeigt, denken sie gern, dass man sie mehr aus Laune denn aus Gerechtigkeit bestraft. Mein Ziel mit diesem Verhalten wäre, ihn daran zu gewöhnen, einerseits die Vorstellung von Studium und Vergnügen, andererseits die des Müßiggangs und der Langeweile so gut miteinander zu verknüpfen, dass er schließlich dahin gelangt, sie wie von Natur aus untrennbar zu betrachten: Ich bin überzeugt, dass das der einfachste und sicherste Weg ist, damit Kinder Gefallen am Studium finden. Denn, was auch immer man tut, die Vorstellung von Zwang und Fleiß, die das Studium mit sich bringt, wird ihnen niemals angenehm sein – es sei denn, man präsentiert ihnen einen zugleich fremden und fröhlichen Einfall.

Damit Ihr Herr Sohn seine Studien ernst nimmt, glaube ich, mein Herr, müssen Sie bezeugen, dass Sie einen großen Anteil daran haben: Dafür werden Sie die Güte haben, ihn bisweilen nach seinen Fortschritten zu befragen – doch nur über Epochen und Fächer, in denen er besonders gut abgeschnitten hat. So können Sie ihm Zufriedenheit und Genugtuung signalisieren und ihm auf diesem Wege noch mehr Wetteifer geben. Manchmal auch, doch seltener, sollte Ihre Befragung auch auf die Fächer gerichtet sein, die er vernachlässigt hat; dann sollten Sie sich – mit Zeichen einer Besorgnis, die sich daraufhin auf ihn übertragen wird – über seine Gesundheit und über die Gründe für sein Nachlassen informieren.

Was die Anordnung seiner Studien anlangt, so wird sie während der ersten zwei oder drei Jahre sehr einfach sein. Die Grundkenntnisse in Latein, Geschichte und Geographie werden seine Zeit in Anspruch nehmen. Im Hinblick auf Latein habe ich nicht die Absicht, sein Studium zu stark methodisch auszurichten – und noch weniger auf die Anfertigung von Übersetzungen. Übersetzungen in die Fremdsprache sind, Herrn Rollin zufolge, ein Kreuz für Kinder, und da ich die Absicht habe, ihm seine Studien angenehm zu gestalten, werde ich mich wohl hüten, ihm dieses Kreuz aufzuerlegen und ihm die schlechten Gallizismen meines Lateins anstelle des Lateins von Titus Livius, Caesar oder Cicero in den Kopf zu setzen. Im Übrigen studiert ein junger Mann – vor allem, wenn er für das Militär bestimmt ist – Latein, um es zu verstehen und nicht um es zu schreiben, denn das wird er nicht ein einziges Mal in seinem Leben benötigen. Er soll also die antiken Autoren übersetzen und über deren Lektüre Gefallen an gutem Latein und der schönen Literatur finden – das ist alles, was ich von ihm in dieser Hinsicht fordere.

Ich weiß, dass es vielen Leuten wegen der bestehenden Notwendigkeit, Französisch methodisch und nicht nur durch den Sprachgebrauch zu erlernen – zumindest, wenn man schreiben können möchte –, lieber ist, Kinder mit der französischen Grammatik beginnen zu lassen, als Folge einer natürlichen Ordnung. Ich hingegen wäre nicht ganz dieser Ansicht, weil mir scheint, dass ihnen so eine doppelte Arbeit auferlegt wird: Denn im Anschluss an die französische Grammatik muss man immer auf die lateinische zurückkommen, das heißt auf die Grundlagen. Wenn sie hingegen mit der lateinischen Grammatik beginnen, lernen sie zugleich die Grundlagen der einen und der anderen Sprache. Dies hat zudem den Vorteil, dass sie ihren Verstand besser festigen können als durch die französische Grammatik, von der sie nicht viel Nutzen fühlen. Nach diesen ersten Grundlagen würde ich Herrn de Sainte-Marie den kleinen *Abrégé* von Restaut zur Hand geben und versuchen, ihn unmerklich dazu zu bringen, den Unterschied im Wesen und dem Aufbau beider Sprachen zu erkennen. Danach käme die Zeit, ihn das lesen zu lassen, was Vaugelas, Desmarais und Père Bouhours über die Grammatik und die französische Sprache geschrieben haben.

In Geschichte und Geographie muss man ihm nur eine leichte, allgemeine Übersicht geben, aus welcher ich alles verbannen würde, was zu sehr nach Trockenheit und Studium riecht; somit würde ich die Schwierigkeiten der Zeitbestimmung und des Himmelsglobus für ein fortgeschritteneres Alter aufheben. Im Übrigen, und damit entferne ich mich ein bisschen vom normalen Lehrplan, werde ich mich mehr an die moderne Geschichte halten als an die alte, weil ich sie als viel wichtiger für einen Offizier erachte. Außerdem bin ich hinsichtlich der modernen Geschichte überzeugt von dem, was Herr Abbé von M. über die Geschichte Frankreichs im Besonderen sagt, dass sie nicht weniger große Züge trage als alte Geschichte, und dass es nur an besseren Historikern gefehlt habe, um sie in ein ebenso schönes Licht zu setzen.

Ich bin der Meinung, dass bei Herrn de Sainte-Marie alle Arten von Studien zu streichen seien, mit denen man ohne solide Anwendung die Jugend über viele Jahre langweilt. Rhetorik, Logik und Scholastik sind meines Erachtens allesamt sehr überflüssige Gegenstände für ihn: Nur wenn Zeit dafür ist, werde ich ihn die *Logik* von Port-Royal und die *Kunst zu reden* von P. Lamy lesen lassen. Meiner Ansicht nach ist es nicht nötig, ihn mit den Einzelheiten von Tropen und rhetorischen Figuren bei Laune zu halten, ebenso wenig mit den Regeln der

Syllogismen oder den eitlen Spitzfindigkeiten der Dialektik. Es genügt, ihn in Präzision und Reinheit seines Stils, in der Ordnung und Methode seiner Argumentation zu üben, damit er sich einen urteilsfähigen Verstand erarbeiten kann, welcher ihm dazu dient, das Falsche und die Spitzfindigkeiten von der Wahrheit zu unterscheiden.

Anstelle eines förmlichen Rhetorikkurses werde ich Herrn de Sainte-Marie, wenn er in der Lage sein wird, die Werke von Cicero und Vergil zu erklären, Quintilian zur Hand geben, in der von Herrn Rollin gekürzten Fassung, die er auswendig lernen muss, den *Traité des Études* von ebendemselben Herrn Rollin und die *Manière de bien penser* von Pater Bouhours. Dann werde ich beginnen, ihn Werke von Titus Livius übersetzen zu lassen, von Sallust, wenig von Tacitus, aber viel von Caesar – sofern es mir gestattet ist, wenigstens etwas nach meinem eigenen Geschmack hinzuzufügen. Ich bewundere Caesars vornehme Schlichtheit, die Reinheit des Stils und seine Klarheit, und ebenso hege ich eine Abneigung gegen Tacitus, bei dem man als Leser die Dunkelheit – oft vergeblich – nur mit Mühe zu durchdringen sucht. Ich kann weder diese übertriebene Verfeinerung noch die spitzfindige Art leiden, bei der in allem nach subtilen und geheimnisvollen Motiven gesucht wird, die oft so wenig stichhaltig sind wie die eines Arruntius, der sich aus politischen Gründen umbrachte. Im Gegenteil erscheint mir Caesar bewundernswert mit seiner Einfachheit und Gleichgültigkeit und mit seiner Leichtigkeit: Diese Offenheit und Aufrichtigkeit, mit welcher der größte Mann der Erde von sich selbst spricht, ist eine sehr kraftvolle Lektion für junge Leute, die einen Hang zur Eitelkeit haben. Vielleicht wäre es für Caesars Ruhm zu wünschen, dass er Fehler gemacht hätte – seine Unbefangenheit, uns diese zu erzählen, hätte ihn in unseren Augen noch größer gemacht.

Die Naturgeschichte kann heute durch die Art, wie man sie

betreibt, als die interessanteste aller von den Menschen gepflegten Wissenschaften gelten – und als diejenige, die uns am natürlichsten von der Bewunderung der Werke zur Liebe ihres Schöpfers zurückführt. Ich werde nicht versäumen, ihn auf die Themen neugierig zu machen, die damit in Zusammenhang stehen. Ich nehme mir vor, ihn in zwei oder drei Jahren darin einzuführen durch die Lektüre des *Spectacle de la Nature*, auf welche das Werk von Nieuwentyt folgen wird. Im Allgemeinen ist es in dieser Wissenschaft besser, zu betrachten und über das Betrachtete zu diskutieren, als zu lesen; daher werde ich die Physik aus der Reihe unserer regelhaften Studien herausnehmen, um aus ihr einen Gegenstand für Pause und Spaziergänge zu machen. Damit werden wir für unsere Studien Zeit gewinnen, und unsere Unterhaltungen werden vernünftiger, ohne jedoch weniger angenehm zu sein.

Es gibt Systeme in der Physik, das heißt Hypothesen, nach denen man alle Phänomene unter der Annahme erklärt, dass die Welt geordnet sei; ich werde ihm die beiden hauptsächlichen erklären, die heute in Mode sind, eher damit er sie kennt als damit er sie übernimmt. Ich konnte niemals verstehen, wie sich ein Philosoph ernsthaft ein System der Physik vorstellen konnte. Die Cartesianer scheinen mir lächerlich, wenn sie versuchen, alle natürlichen Wirkungen durch ihre Annahmen zu erklären, und die Newtonianer noch lächerlicher, wenn sie ihre Annahmen als Tatsachen ausgeben: Begnügen wir uns also damit zu wissen, was ist, ohne erforschen zu wollen, wie die Dinge zu erklären sind, denn dieses Wissen liegt außerhalb unserer Reichweite.

In der Physik kommt man ohne etwas Mathematik nicht weit; ich werde ihn darüber ein Jahr absolvieren lassen, was ferner dazu dienen wird, ihn zu lehren, konsequent zu denken und sich mit ein wenig Aufmerksamkeit zu beschäftigen – eine Übung, die er dringend brauchen wird. Dies wird ihm auch für den Stand, den Sie für ihn vorgesehen haben, von Vorteil sein. Auch dann wird man ihn wieder Caesar lesen lassen, doch nicht mehr wie einen Schüler, sondern wie einen Kriegsmann: Wir werden dem die Lektüre von Polybios mit den Bemerkungen des Chevalier Follard hinzufügen – ein Werk, dem man, wie ich von Leuten vom Fach gehört habe, nicht genug Recht erweist.

Wenn es schließlich dazu kommt, dass mein Schüler lange genug in meiner Obhut bleibt, werde ich wagen, ihm durch die Lektüre von Pufendorf und Grotius eine etwas vernünftigere Kenntnis von Moral und Naturrecht zu vermitteln; denn es ist eines untadeligen und geistvollen Mannes würdig, die Prinzipien von Gut und Böse und die Grundlagen zu kennen, auf denen die Gesellschaft, deren Teil er ist, beruht.

Wenn ich so die Wissenschaften aufeinander folgen lasse, werde ich die Geschichte nicht aus dem Blick verlieren, zumal sie der Hauptteil seiner Studien ist und am weitesten in die anderen Wissenschaften hineinreicht. Ich werde ihn nach Ablauf einiger Jahre methodischer und mit mehr Ausführlichkeit zu seinen ersten Anfängen zurückführen. Dann werde ich versuchen, ihm den gesamten Nutzen zu vermitteln, den man sich von diesem Studium erhoffen kann. Er soll lernen, den Geist und die Sitten der verschiedenen Nationen zu unterscheiden, ihre Laster und Tugenden, die Gründe ihres Fortschritts und ihres Niedergangs, die großen Männer, die sie hervorgebracht haben und die Charaktere der unterschiedlichen Historiker. Ich gebe keineswegs vor, mir durch all diese Einzelheiten einen gelehrten Anstrich geben zu wollen. Ich gebe ehrlich zu: Auch wenn wenige Menschen meines Alters so viel gelesen haben wie ich, gibt es sicher viele, deren Gedächtnis reicher ist als meines, da ich nie die Gelegenheit hatte, es im Gespräch zu üben. Dennoch sind mir von all meinen Lektüren allgemeine Ideen geblieben, die deutlich genug sind, um womöglich zur

Bildung des Geschmacks eines jungen Mannes beizutragen – zumal mir die Methode einfach erscheint: Ich glaube, sie besteht nur darin, die Freude der Lektüre zu unterbrechen, um über die Kunst des Autors nachzudenken, über die Zuverlässigkeit seiner Gedanken und über die Wahl, die Kraft und die Eleganz seines Ausdrucks. Die Vergleiche, die man dann mit den unterschiedlichen Ergebnissen anstellt, bestimmen die Urteile, die man über die verschiedenen Autoren fällt. Diese abgewogenen Urteile sind im Allgemeinen recht zutreffend, wenn man sie nicht zu hastig gefällt hat.

Ich nehme mir auch vor, ihm eine unterhaltsame Pause zu geben durch das, was man eigentlich Schöne Literatur nennt, wie die Kenntnis von Büchern und Autoren, von Poesie, Stilistik, Theater, Zeitungen – in einem Wort: von allem, was dazu beitragen kann, seinen Geschmack zu formen und ihm das Studium von einer freundlichen Seite zu zeigen.

Ich habe nichts zu den gymnastischen Übungen gesagt – dies ist selten der Gegenstand, den man zu vernachlässigen wagt. Sie sind in mehrfacher Hinsicht vorteilhaft. Erstens, weil man sie unbedingt können muss. Zweitens, weil sie dem Körper Bewegung verschaffen, was für junge Leute angemessen ist und zu ihrer Gesundheit beiträgt. Drittens, weil sie der Entspannung dienen und der Erfrischung nach den Arbeiten des Geistes. Und schließlich, weil sie die Kinder von kleinen Spielereien und anderem Unfug ablenken, der nur ihren Geist verengt und allerwenigstens einen reinen Zeitverlust bedeutet.

Nachdem ich nun eine leise Vorstellung vom Weg gegeben habe, dem hinsichtlich der Studien meines Schülers zu folgen ich mir vorgenommen habe, hoffe ich, dass Ihr Herr Bruder das Ihnen gegebene Versprechen wohl halten möchte – nämlich: einen Plan zu entwerfen, der mir als Richtlinie auf einem für mich so neuen Weg dienen kann. Ich bitte ihn, versichert zu sein, dass ich mich daran mit einer Genauigkeit und einer Sorge gebunden fühle, die ihn im Innersten von meinem Respekt und meiner Achtung überzeugen wird, die ich für alles habe, was von ihm kommt. Ich bin davon überzeugt, dass ich mit so guter Unterstützung und den schönen Anlagen von Herrn de Sainte-Marie die Freude haben werde, zu sehen, wie er ein tadelloser Mann wird, ein höflicher Kavalier, ein kühner Offizier und ein guter Bürger; der Gipfel meines Glücks wird sein, dazu beigetragen zu haben.

Abhandlung über die Wissenschaften und Künste

(1750, Auszüge)

»Sobald ich diese Zeile gelesen, sah ich rings um mich eine andere Welt und ward ein anderer Mensch«[1], schreibt Rousseau über den Moment, als er an einem Oktobertag des Jahres 1749 zu Fuß unterwegs war von Paris nach Vincennes und im *Mercure de France* die Preisfrage der Akademie von Dijon las, ob der Wiederaufstieg der Wissenschaften und Künste dazu beigetragen habe, die Sitten zu verbessern. Mehrfach hat Rousseau diesen Moment später geschildert, wie er zu der Einsicht gelangte, »daß der Mensch von Natur aus gut ist und daß es lediglich von ihren Einrichtungen herrührt, wenn die Menschen böse werden.«[2] Bei der Schilderung dieses Ereignisses, das an die Bekehrung Augustinus' im Garten von Mailand erinnert,[3] handelt es sich gewiss um eine nachträgliche Stilisierung, wenn nicht sogar um eine literarische Erfindung. Gleichwohl liegt in Rousseaus vermeintlichem Geistesblitz, den er in den 1750er Jahren beginnt systematisch auszuarbeiten, ein zentrales Motiv seines Denkens.

Anders als viele Aufklärer argumentiert Rousseau in seinem *Discours sur les sciences et les arts*, dass die Vermehrung wissenschaftlich-technischer Errungenschaften, die Verbreitung wissenschaftlicher Erkenntnisse sowie die Pflege der schönen Künste dazu beigetragen habe, die Menschen eitel, feige und deshalb unfrei gemacht zu haben. Im ersten Teil seiner Abhandlung, der im Folgenden abgedruckt ist, tadelt Rousseau

1 Rousseau (1985), S. 493.
2 Rousseau (1978c), S. 483.
3 Vgl. Ladenthin (1999).

die eitlen Gesten der Gelehrsamkeit, lobt die Unwissenheit und illustriert sein Argument an historischen Beispielen zivilisatorischer Dekadenz.

Welch großartiges und herrliches Schauspiel ist es doch zu sehen, wie der Mensch aus eigener Kraft gleichsam aus dem Nichts hervorkommt, mit Hilfe des Lichtes seiner Vernunft die Finsternis zerstreut, in die ihn die Natur gebettet hatte, über sich selbst hinauswächst, sich mit Hilfe des Geistes in himmlische Gefilde emporschwingt, sonnengleich mit Riesenschritten die weiten Räume des Universums durchmisst und, was weit gewaltiger und schwieriger ist, in sich selbst zurückkehrt, um den Menschen zu ergründen und seine Natur, seine Aufgaben und seine Bestimmung zu erkennen. All dies Wunderbare ist seit wenigen Generationen wieder an den Tag gekommen.

Europa war in die Barbarei der Frühzeit zurückgefallen. Die Völker dieses heute so aufgeklärten Erdteils lebten noch vor wenigen Jahrhunderten in einem Stande, schlimmer als Unwissenheit. Ich weiß nicht, welcher wissenschaftliche Jargon, verachtenswerter noch als die Unwissenheit, sich den Namen »Wissen« angemaßt und seiner Wiederkehr ein schier unüberwindliches Hindernis in den Weg gelegt hat. Es bedurfte einer Revolution, um den gesunden Verstand unter den Menschen wieder heimisch zu machen; diese ereilte uns schließlich von einer Seite, von der man es am wenigsten erwartet hätte. Der dumme Muselmann, diese ewige Geißel des Gelehrten, ließ ihn unter uns wiederaufleben. Der Sturz des Konstantinischen Thrones trug die Überreste des antiken Griechenlands bis nach Italien hinein. Hernach bereicherte sich Frankreich an dieser wertvollen Hinterlassenschaft. Bald folgten die Wissenschaften der Natur auf die Wissenschaft des Geistes; zur Kunst des Schreibens gesellte sich die Kunst des Denkens, eine Stufung die, mag sie auch seltsam erscheinen, vielleicht nur allzu natürlich ist; und man begann, den wesentlichen Vorzug des Umgangs mit den Musen zu begreifen, nämlich den, die Menschen geselliger zu machen, insofern diese ihnen das Verlangen eingaben, einander durch Werke zu gefallen, die ihres gegenseitigen Beifalls würdig sind.

Ebenso wie der Körper hat auch der Geist seine Bedürfnisse. Erstere bilden die Fundamente der Gesellschaft, die anderen deren Zierde. Während Regierung und Gesetze für Sicherheit und Wohlergehen der versammelten Menschen sorgen, breiten Wissenschaften, Literatur und Künste, weniger despotisch, vielleicht aber mächtiger, ihre Blumenkränze über die ehernen Ketten, an die diese gelegt sind, ersticken in ihnen jedwedes Gespür für die ursprüngliche Freiheit, für die sie geboren zu sein schienen, lassen sie ihre Sklaverei lieben und zu dem werden, was man zivilisierte Völker nennt. Die Notwendigkeit hat die Throne geschaffen, die Wissenschaften und Künste haben sie anschließend gefestigt. Ihr Mächte der Erde, liebt die Talente und schützt diejenigen, die sie pflegen.* Ihr zi-

* Die Fürsten sehen stets mit Wohlgefallen, wie sich der Sinn für die angenehmen Künste und das Überflüssige unter ihren Untertanen verbreitet, sofern dafür aus dem Lande kein Geld abfließt. Sie unterhalten diese nicht nur in dieser der Knechtschaft eigenen Kleinmütigkeit, wissen sie doch sehr wohl, dass all die Bedürfnisse, die das Volk entwickelt, ebenso viele Ketten sind, die es sich selbst anlegt. Alexander, der die Ichthyophagen in Abhängigkeit von sich halten wollte, zwang sie, den Fischfang aufzugeben und sich von den bei anderen Völkern üblichen Lebensmitteln zu ernähren. Die Wilden Amerikas, die nackt umherlaufen und nur vom Ertrag ihrer Jagd leben, konnten niemals unterworfen werden. Denn unter welches Joch könnte man Menschen spannen, die nichts brauchen?

vilisierten Völker, hegt und pflegt sie! Denn ihnen, Ihr glücklichen Sklaven, verdankt Ihr diesen erlesenen und raffinierten Geschmack, dessen Ihr Euch rühmt, diese charakterliche Sanftmut und diese gewandten Umgangsformen, die den Verkehr unter Euch so verbindlich und so einfach machen, in einem Wort: diesen Anschein aller Tugenden, ohne auch nur eine einzige wirklich zu besitzen.

In dieser Art von Höflichkeit, die umso liebenswerter ist, je weniger sie zur Schau getragen wird, zeichneten sich einst Athen und Rom in den viel gepriesenen Tagen ihrer Herrlichkeit und ihres Glanzes aus: Und eben durch sie werden auch unser Jahrhundert und unsere Nation ohne Zweifel allen Zeiten und Völkern überlegen sein. Ein philosophischer Umgangston ohne Pedanterie, natürliche und dennoch zuvorkommende Manieren, ebenso weit entfernt von teutscher Ungeschliffenheit wie von ultramontaner Theatralik: Dies sind die Früchte des in ernsthaftem Studium erworbenen Geschmacks, der sich im Umgang mit der Gesellschaft vervollkommnet.

Wie beschaulich lebte es sich unter uns, wäre die äußere Haltung stets Abbild der Herzensregungen, Schicklichkeit gleichbedeutend mit Tugend, dienten unsere Maximen uns als Richtschnur, wäre die wahre Philosophie untrennbar mit dem Titel des Philosophen verbunden! Aber so viele treffliche Eigenschaften findet man selten gepaart, und die Tugend kommt kaum in so großem Gepränge daher. Üppiger Schmuck lässt auf einen vermögenden Mann schließen, Eleganz auf einen Mann mit Geschmack; doch einen gesunden, kraftvollen Mann erkennt man anhand anderer Merkmale: Unter dem groben Gewand eines Bauern und nicht unter dem goldbetressten Kleid eines Höflings findet man körperliche Kraft und Vitalität. Der Tugend, die der Seele Kraft und Vitalität darstellt, ist äußerer Schmuck eher fremd. Ein guter Mann ist ein Athlet, der sich darin gefällt, nackt zu kämpfen: Er verschmäht all den nichtswürdigen Zierrat, der dem Gebrauch seiner Kräfte nur hinderlich wäre und größtenteils nur dazu erfunden wurde, etwaige Missbildungen zu verbergen.

Ehe die Kunst unsere Manieren geformt und unseren Leidenschaften die diesen angemessene Sprache gelehrt hatte, waren unsere Sitten rau, aber natürlich. Und die unterschiedlichen Verhaltensweisen ließen auf den ersten Blick den jeweiligen Charakter erkennen. Die menschliche Natur war im Grunde nicht besser. Aber den Menschen gab es Sicherheit, sich ohne Mühe wechselseitig zu durchschauen, und dieser Vorzug, dessen Preis wir nicht mehr zu schätzen wissen, ersparte ihnen manche Laster.

Heute, da erlesener Feinsinn und ein raffinierterer Geschmack die Kunst zu gefallen auf Prinzipien reduziert haben, herrscht in unseren Sitten eine schändliche und trügerische Gleichförmigkeit, ja alle Geister scheinen geradezu nach demselben Muster zugeschnitten zu sein: Unaufhörlich fordert die Höflichkeit und gebietet der Anstand. Unaufhörlich folgt man Gepflogenheiten und niemals der eigenen Eingebung. Man traut sich nicht mehr, als der zu erscheinen, der man ist; und unter diesem ständigen Zwang tun die Menschen, aus denen diese Herde besteht, die man Gesellschaft nennt, wenn sie sich in der nämlichen Lage befinden, alle das Gleiche, sofern nicht gewichtigere Beweggründe sie davon abhalten. So weiß man letztendlich nie, mit wem man es zu tun hat: Um seinen Freund wahrhaft kennenzulernen, muss man also jene besonderen Gelegenheiten abwarten, das heißt, warten, bis es zu spät ist, denn gerade für diese Gelegenheiten wäre es unerlässlich gewesen, ihn zu kennen.

Welche Laster hat diese Ungewissheit nicht in ihrem Gefolge! Keine ehrlichen Freundschaften mehr, keine aufrichtige Wertschätzung, kein eigentliches Vertrauen. Verdächtigungen, Argwohn, Befürchtungen, Gefühlskälte, Zurückhaltung, Hass,

Verrat werden sich unablässig hinter diesem gleichförmigen und trügerischen Deckmantel der Höflichkeit verstecken, hinter dieser viel gepriesenen Urbanität, die wir unserem aufgeklärten Jahrhundert verdanken. Zwar wird man den Namen des Herrn über das Universum nicht mehr durch Flüche entweihen, wohl aber durch Gotteslästerungen schmähen, ohne dass unsere sonst so empfindlichen Ohren daran Anstoß nähmen. Man wird zwar nicht mehr sein eigenes Verdienst rühmen, wohl aber das der anderen herabsetzen. Man wird zwar seinen Feind nicht grob beleidigen, wohl aber ihn raffiniert verleumden. Der Hass zwischen den Völkern wird erlöschen, mit ihm aber auch die Liebe zum Vaterland. Die bislang verachtete Unwissenheit wird durch einen gefährlichen Pyrrhonismus ersetzt. Etliche Ausschweifungen werden geächtet, manche Laster geschmäht, andere aber mit dem Namen von Tugenden dekoriert. Diese wird man entweder haben müssen oder sie eben vortäuschen. Soll doch, wer da will, die Mäßigung unserer zeitgenössischen Weisen rühmen, ich sehe darin nur eine raffinierte Maßlosigkeit, die meines Lobes ebenso unwürdig ist wie deren trügerische Einfalt.*

So ist es um die Lauterkeit bestellt, die unsere Sitten erlangt haben. Auf diese Weise wurden wir zu ehrenhaften Menschen. Mögen sich doch Philosophie, Wissenschaften und Künste zu ihrem Anteil an diesem ach so segensreichen Werk bekennen! Nur einen Gedanken möchte ich hier noch anmerken: Sollte der Bewohner eines entlegenen Landstrichs versuchen, sich von den europäischen Sitten ein Bild zu machen, vom Stand

* *Mir gefällt es,* sagt Montaigne, *zu streiten und zu diskutieren, aber nur mit wenigen Menschen und für mich. Denn vor den Großen eine Schau abzugeben und um die Wette mit seinem Witz und seinem Geschwätz zu paradieren, ist, wie ich finde, ein Gewerk, das sich für einen Ehrenmann nicht schickt.* Doch tun dies alle unsere Schöngeister – außer einem.

unserer Wissenschaft, der Vollkommenheit unserer Künste, der Schicklichkeit unserer Schauspiele, der Geschliffenheit unserer Manieren, der Leutseligkeit unseres Redens, von unseren ständigen Bezeugungen gegenseitiger Gewogenheit und diesem lärmenden Wetteifern von Menschen jeden Alters und Standes, die von der Morgenröte bis zum Sonnenuntergang beflissen zu sein scheinen, einander gefällig zu sein; dann so meine ich, würde dieser Fremde, von unseren Sitten genau den gegenteiligen Eindruck gewinnen von dem, was sie tatsächlich sind.

Wo keine Wirkung ist, braucht man keine Ursache zu suchen: Hier jedoch ist die Wirkung gewiss, der Sittenverfall erwiesen und unsere Seelen im selben Maße dem Verderben ausgeliefert, wie unsere Wissenschaften und Künste ihrer Vollendung entgegenstrebten. Lässt sich etwa behaupten, dass dieses Unglück für unser Zeitalter typisch ist? Nein, meine Herren; die Übel, die unsere fruchtlose Wissbegierde hervorbringt, sind ebenso alt wie die Welt. Das tägliche Steigen und Fallen des Meeresspiegels ist vom Lauf des Gestirns, das uns die Nacht erhellt, nicht weniger abhängig als die Geschicke der Sitten und der Redlichkeit vom Fortschritt der Wissenschaften und Künste. Je höher deren aufklärendes Licht an unserem Horizont aufgestiegen ist, umso mehr ist die Tugend dahingeschwunden, und diese Erscheinung war zu allen Zeiten und allerorten zu beobachten.

Nehmen wir Ägypten, die erste Schule des Universums, mit ihrer bei stählernem Himmel doch so fruchtbaren Erde, diesen berühmten Landstrich, aus dem Sesostris einst auszog, die Welt zu erobern. Es ward zur Mutter der Philosophie und der Schönen Künste, und bald darauf wurde es von Kambyses, dann von den Griechen, Römern, Arabern und schließlich von den Türken erobert.

Nehmen wir Griechenland, einst von Heroen bevölkert, die

Asien zweimal besiegten, das eine Mal vor Troja, das andere Mal auf eigenem Boden. Die aufkommende Philosophie hatte die Verderbnis noch nicht in die Herzen ihrer Bewohner gepflanzt; aber der Fortschritt der Künste, der Sittenverfall und das Joch des Mazedoniers folgten dicht aufeinander, und dennoch empfand das noch immer gelehrte, noch immer sinnenfrohe und noch immer versklavte Griechenland bei all diesen Umwälzungen nichts als einen Wechsel der Herrscher. Trotz all seiner Beredsamkeit vermochte Demosthenes nicht, diesen Leib, den Luxus und Künste ausgezehrt hatten, wieder zum Leben zu erwecken.

Rom, einst von einem Hirten gegründet und durch Bauern zu Ruhm gelangt, beginnt zu Zeiten von Ennius und Terenz zu entarten. Jedoch nach Ovid, Catull und Martial und jener weiteren Schar obszöner Schriftsteller, deren Namen allein einem schon die Schamröte ins Gesicht treibt, wird Rom, vormals Tempel der Tugend, nunmehr Schauplatz des Verbrechens, Schandfleck der Völker und Spielzeug der Barbaren. Diese Weltstadt fällt letztlich selber unter das Joch, unter das sie zuvor so viele Völker gezwungen, und am Tag nach ihrem Fall wird einem ihrer Bürger der Titel eines Schiedsrichters des feinen Geschmacks (*arbiter elegantiae*) verliehen.

Und was soll ich erst von der Metropole des oströmischen Imperiums sagen, die aufgrund ihrer Lage dazu bestimmt zu sein schien, die der ganzen Welt zu werden, von diesem Asyl der aus dem übrigen Europa vielleicht mehr aus Weisheit denn aus Barbarei verbannten Wissenschaften und Künste. Schändlichste Ausschweifungen und Verderbnis, Verrat, Meuchelmord, Gift finsterster Art, dieser Ausbund abscheulichster Verbrechen ist der Stoff, aus dem die Geschichte Konstantinopels gewebt ist. Dies ist die lautere Quelle, aus der das Licht der Aufklärung aufstrahlt, dessen unser Jahrhundert sich rühmt.

Warum aber suchen wir in so fernen Zeiten Beweise für jene

Wahrheit, für die wir belastbare Zeugnisse vor Augen haben. In Asien gibt es einen unendlich weiten Landstrich, in dem philosophische Bildung so sehr gewürdigt wird, dass sie zu den höchsten Staatsämtern führt. Würden die Wissenschaften die Sitten läutern, lehrten sie die Menschen, ihr Blut für das Vaterland zu vergießen, und förderten sie die Tapferkeit, so müssten die Völker Chinas weise, frei und unbezwingbar sein. Wenn es kein Laster gibt, von dem sie nicht beherrscht, kein Verbrechen, das ihnen fremd wäre, wenn weder die aufgeklärten Einsichten ihrer Minister noch die vermeintliche Weisheit der Gesetze noch die Vielzahl seiner Bewohner dieses unermessliche Reich vor dem Joch des unwissenden und ungehobelten Tartaren bewahren konnten, wozu nützten ihnen dann ihre ganzen Gelehrten? Welche Frucht hat dem Land die Ehren gebracht, mit denen jene überhäuft wurden? Etwa die, von Sklaven und Bösewichten bevölkert zu sein?

Lasst uns all dem die Darstellung der Sitten der wenigen von der Ansteckung durch dieses nutzlose Wissen verschonten Völker gegenüberstellen, die kraft ihrer Tugenden ihr eigenes Glück schufen und damit anderen Völkern zum Vorbild wurden. So die ersten Perser, jenes außergewöhnliche Volk, bei dem man die Tugend erlernte wie bei uns die Wissenschaft; das Asien so mühelos unterwarf und dem als einzigem das rühmliche Verdienst zukommt, dass die Geschichte seiner Institutionen für einen philosophischen Roman gehalten werden konnte. So die Skythen, über die uns herrlichste Lobpreisungen überliefert wurden. Ebenso die Germanen: eine Feder, die es leid ist, Verbrechen und Niedertracht jenes gebildeten, sinnenfrohen und wollüstigen Volkes zu schildern, zeichnete mit Erleichterung dessen Einfalt, Unschuld und Tugenden nach. So auch Rom, selbst in den Zeiten seiner Armut und Unwissenheit. So hat sich auch jenes Volk von Ackerbauern bis zum heutigen Tage gezeigt, das für seinen Mut, den kein Schicksalsschlag zu Fall bringen konnte, gepriesen wird sowie für seine Treue, die kein schlechtes Beispiel zu verderben vermochte.*

Nicht etwa aus Dummheit haben sie andere Übungen denen des Geistes vorgezogen. Ihnen war durchaus bekannt, dass in anderen Landstrichen müßige Menschen ihr Leben damit zubrachten, sich über das höchste Gut, über Laster und Tugend auseinanderzusetzen, dass eitle Klugschwätzer, die sich selbst in den höchsten Tönen lobten, alle anderen Völker verächtlich als Barbaren verunglimpften; sie aber haben deren Sitten beobachtet und daraus gelernt, deren Lehre zu verwerfen.**

Könnte ich je vergessen, dass im Schoße Griechenlands jene Stadt emporwuchs, jene Republik, ebenso berühmt für ihre glückliche Unwissenheit wie für die Weisheit ihrer Gesetze, mehr Halbgötter denn Menschen, so sehr schienen ihre Tugen-

* Ich wage nicht, von jenen glücklichen Völkern zu sprechen, die die Laster, die wir nur mit Mühe unterdrücken können, nicht einmal dem Namen nach kennen, von jenen Wilden Amerikas, deren einfaches und natürliches Benehmen Montaigne ohne Zögern nicht nur den Platonischen Gesetzen, sondern sogar allem, was die Philosophie an Vollkommenstem ersinnen könnte, um die Menschen zu regieren, vorgezogen hat. Er führt noch eine Vielzahl verblüffender Beispiele an, für die, die sie zu bewundern verstehen. Allein, was soll's, sagt er, sie tragen keine Beinkleider!

** Man sage mir aufrichtig, welche Meinung die Athener selbst von der Beredsamkeit haben mussten, als sie diese sorgfältig von diesem integren Gericht fernhielten, gegen dessen Sentenzen selbst die Götter keinen Einspruch einlegten? Was hielten die Römer wohl von der Medizin, als sie sie aus ihrer Republik verbannten? Und als ein Rest an Menschlichkeit die Spanier dazu veranlasste, ihren Rechtsgelehrten den Zugang nach Amerika zu verwehren, welche Vorstellung mussten sie da wohl von der Rechtsprechung haben? Könnte man nicht auf den Gedanken kommen, dass sie durch diese eine Verordnung alle Übel wiedergutzumachen glaubten, die sie den unglückseligen Indianern angetan haben?

den denen der Menschheit überlegen. Oh Sparta! Ewige Schande in den Augen jener unnützen Doktrin! Während unter dem Geleit der schönen Künste sämtliche Laster nach Athen eindrangen, während dort ein Tyrann mit dem größten Eifer die Werke des Dichterfürsten sammelte, verjagtest du Künste und Künstler, Wissenschaften und Gelehrte aus deinen Mauern.

Das Geschehene hat diesen Unterschied veranschaulicht. Athen wurde die Heimstatt der Höflichkeit und des guten Geschmacks, das Land der Redner und Philosophen. Die Eleganz seiner Bauwerke entsprach der seiner Sprache. Überall waren Marmor und Leinwand, durch die Hände der geschicktesten Meister zum Leben erweckt, zu erblicken. Aus Athen sind jene erstaunlichen Werke hervorgegangen, die allen verderbten Zeitaltern als Modell dienten. Unser Bild von Lakedämonien hingegen ist weniger glanzvoll. *Dort sind die Menschen,* wie andere Völker sagen, *tugendhaft von Geburt, und es ist, als atme man dort mit der Luft die Tugend ein.* Von seinen Bewohnern ist uns nichts als das Andenken an ihre Heldentaten geblieben. Sollten wir solche Denkmäler etwa geringer schätzen als die eigentümlichen Marmorbilder, die uns Athen hinterlassen hat?

Freilich, einige Weise haben sich von der allgemeinen Flut nicht mitreißen lassen und sich selbst in der Heimstatt der Musen gegen das Laster geschützt. Man höre aber das Urteil, das der bedeutendste und unglücklichste unter ihnen über die Gelehrten und Künstler seiner Zeit gesprochen hat.

»Ich habe«, so sagt er, »die Dichter genau in Augenschein genommen und ich halte sie für Leute, die sich selbst und andere mit ihrem Talent beeindrucken, sich für weise ausgeben und auch dafür gehalten werden und dies doch am allerwenigsten sind.«

»Nach den Dichtern«, fährt Sokrates fort, »habe ich mich den Künstlern zugewandt. Von den Künsten verstand niemand weniger als ich und niemand war fester davon überzeugt,

Künstler müssten wunderbare Geheimnisse besitzen. Gleichwohl musste ich feststellen, dass es um sie nicht besser bestellt ist als um die Dichter, und dass die einen wie die anderen im selben Vorurteil befangen sind. Da die tüchtigsten unter ihnen in ihrem Fach zu glänzen wissen, betrachten sie sich als die weisesten aller Menschen. Dieser Dünkel hat den Glanz ihres Wissens in meinen Augen getrübt. So dass, als ich mich an die Stelle des Orakels setzte und mich selbst befragte, ob es mir lieber wäre, das zu sein, was ich bin, oder das, was sie sind; über das Wissen zu verfügen, das sie erlernt haben, oder zu wissen, dass ich nichts weiß, mir selbst und Gott geantwortet habe: Ich will bleiben, was ich bin.

Niemand von uns weiß, weder die Sophisten, die Dichter, die Redner, die Künstler noch ich, was das Wahre, Gute und Schöne ist, jedoch mit dem Unterschied, dass sie alle, obgleich sie nichts wissen, etwas zu wissen glauben, ich hingegen, wenn ich schon nichts weiß, zumindest nicht im Zweifel bin. So beschränkt sich die höchste Stufe an Weisheit, die mir das Orakel zuerkannte, auf die feste Überzeugung, dass ich nicht weiß, was ich nicht weiß.«

Hier also hören wir den nach dem Urteil der Götter weisesten Menschen, den nach Auffassung ganz Griechenlands gelehrtesten Athener, Sokrates, die Unwissenheit lobpreisen! Glaubt denn irgendjemand, dass unsere Gelehrten und Künstler, lebte er wieder unter uns, ihn von seiner Überzeugung abbringen könnten? Nein, meine Herren: Dieser gerechte Mann würde unsere nutzlosen Wissenschaften weiterhin verachten. Mitnichten würde er jene Menge an Büchern vergrößern helfen, mit denen man uns allenthalben überschwemmt. Er würde, so wie er es getan hat, seinen Schülern und unseren Jüngsten als einzige Lehre das Beispiel und Andenken seiner Tugend hinterlassen. Wahrlich, dies ist die trefflichste Art, Menschen zu unterrichten.

Sokrates hatte in Athen damit begonnen, und der alte Cato fuhr in Rom damit fort, gegen jene arglistigen und spitzfindigen Griechen zu wettern, die die Tugend verführten und die Charakterfestigkeit ihrer Mitbürger verweichlichten. Doch auch hier setzten sich Wissenschaften und Künste und die Dialektik durch. Rom füllte sich mit Philosophen und Rednern; man vernachlässigte das Militärwesen, verachtete den Ackerbau, schloss sich Sekten an und vergaß darüber das Vaterland. Auf die heiligen Namen Freiheit, Uneigennützigkeit, Gesetzestreue folgten die Namen Epikur, Zenon, Arkesilaos. »Mit dem Auftauchen von Gelehrten«, so sagten ihre eigenen Philosophen, »verschwanden die rechtschaffenen Leute.« Bis dahin waren die Römer damit zufrieden, die Tugend zu praktizieren; alles war verloren, als sie begannen, selbige zu studieren.

O Fabricius! Was hätte deine großmütige Seele gedacht, hättest du, zu deinem Unglück wieder zum Leben erweckt, das selbstgefällige Angesicht jenes Roms erblickt, das durch deinen Arm gerettet und durch deinen ehrenwerten Namen mehr als durch alle seine Eroberungen verherrlicht worden ist? »O Götter«, hättest du gesagt, »wo sind die Strohhütten und schlichten Heimstätten geblieben, die einst Mäßigung und Tugend beherbergten? Welch unheilvolles Gepränge folgte doch auf die alte römische Einfalt? Was ist das für eine fremde Sprache? Was für verweichlichte Sitten? Was sollen hier all diese Statuen, diese Bilder, diese Bauwerke bedeuten? O Ihr Narren, was habt Ihr nur getan? Ihr, die Herrscher über die Völker, habt Ihr Euch denn zu Sklaven der niederen Leute gemacht, die Ihr bezwungen habt? Regieren Euch Schönredner? Habt Ihr, um Baumeister, Maler, Bildhauer und Possenreißer reich zu machen, Griechenland und Asien mit Eurem Blut getränkt? Ist denn, was von Karthago geblieben ist, zur Beute eines Flötenspielers geworden? Römer, reißt eiligst die Amphitheater nieder, zertrümmert die Marmorbilder, verbrennt die Gemälde, verjagt diese Sklaven, die Euch beherrschen und deren unheilvolle Künste Euch verderben. Mögen doch anderer Hände sich mit eitlen Talenten hervortun. Rom hat nur ein Talent, das seiner würdig ist, nämlich das, die Welt zu erobern und dort der Tugend zur Herrschaft zu verhelfen. Als Kineas unseren Senat für eine Versammlung von Königen hielt, ließ er sich weder durch eitlen Prunk blenden noch durch erlesene Eleganz. Ihn berührten nicht jene seichte Beredsamkeit, das erlernte Wissen und der Zauber unbedarfter Menschen. Was erblickte denn Kineas an so Majestätischem? O Ihr Bürger! Er sah ein Schauspiel, das all Eure Reichtümer und Künste nicht zu geben vermögen, das schönste Schauspiel, das jemals unter dem Himmel zu sehen war: eine Versammlung von zweihundert tugendhaften Männern, würdig, Rom zu gebieten und die Erde zu regieren.«

Doch überwinden wir die örtliche und zeitliche Distanz und schauen, was sich in unseren Landstrichen und vor unseren Augen abgespielt hat; oder besser noch: Lassen wir die abscheulichen Bilder beiseite, die unser Empfinden nur verletzen würden, und ersparen wir uns die Mühe, dasselbe mit anderen Namen zu wiederholen. Nicht umsonst habe ich die Manen des Fabricius erwähnt und diesen großen Mann sagen lassen, was ich nicht auch Ludwig XII. oder Heinrich IV. hätte in den Mund legen können. Freilich, bei uns hätte Sokrates nicht den Schierlingsbecher leeren müssen, nein, er hätte einen viel bittereren Kelch getrunken, voll beleidigenden Spotts und einer Verachtung, hundertmal schlimmer als der Tod.

So sind Luxus, Sittenverfall und Versklavung zu allen Zeiten die Strafe für die hochmütigen Versuche gewesen, die wir angestrengt haben, um aus der ach so glücklichen Unwissenheit herauszukommen, in die uns die ewige Weisheit gebettet hatte. Der dichte Schleier, mit dem sie all ihr Wirken bedeckt hat, schien uns hinreichend zu warnen, dass sie uns mitnichten zu unnützen Forschungen bestimmt hat. Aber gibt es denn irgendeine Botschaft, die wir beherzigt oder die wir ungestraft missachtet hätten? Ihr Völker, lasst Euch gesagt sein: Die Natur wollte Euch vor der Wissenschaft bewahren, ebenso wie eine Mutter ihrem Kind eine gefährliche Waffe aus den Händen reißt. All die Geheimnisse, die sie vor Euch verbirgt, sind ebenso viele Übel, vor denen sie Euch schützt, und die Mühe, die es Euch kostet, Wissen zu erlangen, ist nicht die geringste ihrer Wohltaten. Die Menschen sind widernatürlich; sie wären noch schlimmer, wäre ihnen das Unglück widerfahren, gelehrt auf die Welt zu kommen.

Wie demütigend sind dergleichen Überlegungen doch für die Menschheit! Wie sehr müssen sie uns in unserem Hochmut kränken! Was, wäre die Redlichkeit der Unwissenheit Tochter? Wären Wissenschaft und Tugend unvereinbar? Welche Folgerungen würde man nicht alle aus diesen Vorurteilen ziehen! Doch um diese scheinbaren Widersprüche miteinander zu versöhnen, braucht man sich nur die Eitelkeit und Nichtigkeit jener stolzen Titel vor Augen zu führen, die uns blenden und die wir menschlichem Wissen so bedenkenlos zuschreiben. Betrachten wir doch die Wissenschaften und Künste an sich. Schauen wir, was sich aus ihrem Fortschritt ergeben soll, und zögern wir nicht noch mehr, uns über alle jene Punkte zu einigen, in denen unsere Vernunftschlüsse mit historischen Herleitungen in Einklang sind.

Abhandlung über den Ursprung und die Grundlagen der Ungleichheit unter den Menschen

(1755, Auszüge)

Nachdem Voltaire Rousseaus *Discours sur l'origine et les fondements de l'inégalité parmi les hommes* gelesen hatte, konnte er sich den spöttischen Kommentar nicht verkneifen, dass er die Lust verspüre, wieder »auf vier Füßen zu gehen«[1]. Er glaubte, Rousseaus Entwurf eines menschlichen Naturzustands jenseits der Geschichte und der Zivilisation sei eine Aufforderung, zivilisatorische Errungenschaften wieder umzukehren, Menschen »wieder zu Eseln zu machen.«[2] Doch Rousseau wollte keineswegs dazu aufrufen, »zurück in die Wälder [zu] gehen und mit den Bären [zu] leben«[3]. Der Naturzustand, den Rousseau in seinem Gedankenexperiment annimmt, ist weder durch Naturforscher empirisch zu erfassen, noch ein rückwärtsgewandtes Ziel der Geschichte, sondern eine hypothetische Konstruktion. Immanuel Kant brachte die kritische Funktion dieser Konstruktion auf den Punkt: »Rousseau will nicht«, notiert er, »daß man in den Naturzustand zurück gehen, sondern dahin zurück sehen soll«.[4] Seine hypothetische Konstruktion dient als Kontrastfolie, um den Blick auf die korrumpierenden und pervertierenden Bedingungen des Lebens in der Gesellschaft zu lenken.

Im Folgenden sind einige Passagen aus dem ersten Teil der Abhandlung abgedruckt, in denen Rousseau erläutert, wie er in

1 Voltaire (1995), S. 303.
2 Ebd.
3 Rousseau (2003), S. 133.
4 Kant (1923), S. 890.

seinem Gedankenexperiment zu den anthropologischen Grundannahmen gelangt, dass der Mensch von Natur aus an seinem Wohlergehen interessiert sei, andere Lebewesen nicht leiden sehen mag, unbestimmt lernfähig sei und über einen freien Willen verfüge. Auf die Wiedergabe von Rousseaus sehr ausführlichen Fußnoten hierzu wird verzichtet.

[Einleitung]

Vom Menschen habe ich zu sprechen, und die Frage, die ich untersuche, lehrt mich, dass ich zu Menschen sprechen werde; denn man wirft nicht derartige Fragen auf, wenn man sich fürchtet, die Wahrheit in Ehren zu halten. Ich werde also die Sache der Menschheit zuversichtlich vor den Weisen vertreten, die mich dazu einladen, und ich werde nicht unzufrieden mit mir selbst sein, wenn ich mich meines Themas und meiner Richter würdig erweise.

Ich erkenne in der menschlichen Gattung zwei Arten von Ungleichheit [*inégalité*]: die eine, welche ich die natürliche [*naturelle*] oder physische [*physique*] nenne, weil sie von der Natur eingerichtet ist, und die im Unterschied des Alters, der Gesundheit, der Kräfte und der Eigenschaften des Geistes oder der Seele besteht; die andere, die man die gesellschaftliche [*morale*] oder politische [*politique*] Ungleichheit nennen kann, weil sie von einer Art Übereinkunft abhängt und durch die Zustimmung der Menschen eingerichtet oder wenigstens gebilligt wird. Die letztere besteht in verschiedenen Privilegien, die einige auf Kosten der anderen genießen, wie reicher, geehrter, mächtiger zu sein als diese oder sich sogar bei ihnen Gehorsam zu verschaffen.

Man kann nicht danach fragen, was die Quelle der natürlichen Ungleichheit ist, weil sich die Antwort in der einfachen Definition des Wortes ausgesprochen fände. Noch weniger kann man danach suchen, ob es nicht eine wesenhafte Verbindung zwischen den beiden Ungleichheiten geben könnte. Denn das hieße mit anderen Worten fragen, ob diejenigen, die befehlen, notwendigerweise mehr wert sind als diejenigen, die gehorchen, und ob die Stärke des Körpers oder des Geistes, die Weisheit oder die Tugend sich stets in denselben Individuen und in direktem Verhältnis zu deren Macht und zu deren Reichtum befinden: eine Frage, die vielleicht gut dazu ist, unter Sklaven diskutiert zu werden, die von ihren Herren gehört werden, die aber nicht vernünftigen und freien Menschen geziemt, welche die Wahrheit suchen.

Worum handelt es sich also, genau genommen, in dieser Abhandlung? Darum, im Fortgang der Dinge den Augenblick zu bezeichnen, in dem das Recht an die Stelle der Gewalt trat und damit die Natur dem Gesetz unterworfen wurde; darum, zu erklären, durch welches Ineinandergreifen von Wundern der Starke sich entschließen konnte, dem Schwachen zu dienen, und das Volk sich entschließen konnte, eine bloß vorgestellte Ruhe um den Preis wirklicher Glückseligkeit zu erkaufen.

Die Philosophen, welche die Grundlagen der Gesellschaft untersuchten, haben alle die Notwendigkeit empfunden, bis auf den Naturzustand zurückzugehen, aber keiner von ihnen ist dort angelangt. Die einen haben nicht gezögert, dem Menschen in diesem Zustand den Begriff von Recht und Unrecht zu unterstellen, ohne sich um den Nachweis dafür, dass er diesen Begriff gehabt haben müsse, ja nicht einmal dafür, dass er ihm nützlich gewesen sei, zu kümmern. Andere haben von dem Naturrecht geredet, das jeden befugt, zu behalten, was ihm gehört, ohne dass sie erklärten, was sie unter »gehören« verstehen. Wieder andere, die von vornherein dem Stärkeren die Macht [*autorité*] über den Schwächeren einräumten, haben sogleich die Regierung [*gouvernement*] entstehen lassen, ohne die Zeit zu bedenken, die vergehen musste, ehe der Sinn der Wörter »Macht« und »Regierung« unter den Menschen vorhanden sein konnte. Alle schließlich haben sie, unaufhörlich von Bedürfnis, Habsucht, Unterdrückung, Begierden und Stolz redend, Begriffe auf den Naturzustand [*état de nature*] übertragen, die sie der Gesellschaft entnommen haben. Sie sprachen vom wilden Menschen [*homme sauvage*] und beschrieben den zivilisiert-bürgerlichen Menschen [*homme civil*]. Den meisten unserer Philosophen ist es nicht einmal in den Sinn gekommen, daran zu zweifeln, ob es den Naturzustand je gegeben hat, während es doch aus der Lektüre der heiligen Bücher offenkundig ist, dass der erste Mensch, da er von Gott Denkvermögen und Gebote empfangen hatte, selbst keineswegs in diesem Zustand war; und dass, wenn man den Büchern des Moses den Glauben schenkt, den ihnen jeder christliche Philosoph schuldet, man es verneinen muss, dass sich die Menschen, selbst vor der Sintflut, jemals im reinen Naturzustand befunden hätten, es sei denn, sie wären durch irgendein außergewöhnliches Ereignis wieder in ihn zurückgefallen: ein Paradox, das sehr schwer zu verteidigen und ganz unmöglich zu beweisen ist.

Beginnen wir also damit, alle Tatsachen beiseite zu lassen, denn sie berühren nicht unsere Frage. Man darf nicht die Untersuchungen, in die man über dieses Thema eintreten kann, für historische Wahrheiten halten, sondern nur für hypothetische und bedingte Überlegungen, die mehr dazu geeignet sind, die Natur der Dinge zu erhellen, als ihren wirklichen Ursprung aufzuzeigen, und die denen ähnlich sind, die unsere Naturforscher alle Tage über die Entstehung der Welt anstellen. Die Religion befiehlt uns zu glauben, dass die Menschen, nachdem Gott selbst sie unmittelbar nach ihrer Erschaffung aus dem Naturzustand herausgeführt hat, ungleich sind, weil er gewollt hat, dass sie es seien; aber sie verbietet uns nicht, Vermutungen, die allein aus der Natur des Menschen und der ihn umgebenden Wesen abgeleitet sind, darüber anzustellen, was aus dem Menschengeschlecht hätte werden können, wenn es sich selbst überlassen geblieben wäre. Das ist es, was man mich fragt und was ich mir in dieser Abhandlung zu untersuchen vornehme. Da mein Thema den Menschen ganz allgemein betrifft, werde ich mich bemühen, eine Sprache zu verwenden, die allen Völkern angemessen ist; oder vielmehr, indem ich Zeit und Ort vergesse und nur an die Menschen denke, zu denen ich spreche, werde ich mir vorstellen, ich sei im Gymnasium von Athen, und während ich die Lektionen meiner Lehrer wiederholte, hätte ich Männer wie Platon und Xenokrates zu Richtern und das ganze Menschengeschlecht zum Zuhörer.

O Mensch, aus welcher Weltgegend du auch seist, wie deine Meinungen auch immer sein mögen, so höre! Dies ist deine Geschichte, wie ich sie zu lesen glaubte, nicht in den Büchern von deinesgleichen, die Lügner sind, sondern in der Natur, die niemals lügt. Alles, was da von ihr sein wird, wird wahr sein; es wird nichts Falsches geben außer dem, was ich vielleicht vom Meinigen hineingemischt habe, ohne es zu wollen. Die Zeiten, von denen ich reden werde, liegen weit zurück: Wie sehr hast du dich doch verändert gegenüber dem, was du warst! Es ist sozusagen das Leben deiner Gattung, das ich dir nun beschreiben werde, gemäß den Eigenschaften, die du einst empfangen hast und die deine Erziehung und deine Gewohnheiten zwar haben verderben, aber nicht zerstören können. Es gibt – ich fühle es – ein Alter, in dem der individuelle Mensch gern stehenbleiben möchte: Du wirst nach dem Alter suchen, von dem du dir wünschtest, dass deine Gattung darin stehengeblieben wäre. Unzufrieden mit deinem gegenwärtigen Zustand – aus Gründen, die deiner unglücklichen Nachkommenschaft noch größere Unzufriedenheit ankündigen –, möchtest du vielleicht zurückgehen können; und dieses Gefühl muss sich äußern im Lob auf deine ersten Vorfahren, in der Kritik an deinen Zeitgenossen und im Schrecken derjenigen, die das Unglück haben, nach dir zu leben.

Erster Teil

Wie wichtig es, um den Naturzustand des Menschen richtig zu beurteilen, auch sein mag, ihn von seinem Ursprung an zu betrachten und ihn sozusagen im ersten Embryo der Gattung zu untersuchen, so werde ich doch nicht seine organische Beschaffenheit in ihren aufeinanderfolgenden Entwicklungsphasen verfolgen. Ich werde mich nicht dabei aufhalten, im System der Tiere danach zu suchen, was er am Anfang gewesen sein könnte, um schließlich das zu werden, was er ist. Ich werde nicht untersuchen, ob seine langen Nägel, wie Aristoteles sich denkt, zuerst krumme Krallen waren; ob er wie ein Bär behaart war; und ob, falls er auf allen Vieren ging, sein auf den Boden gerichteter und nur wenige Schritte im Umkreis umfassender Blick nicht gleichermaßen Art und Grenzen seiner Vorstellungen bestimmte. Ich könnte über dieses Thema nur vage und fast frei erfundene Vermutungen anstellen. Die vergleichende Anatomie hat noch zu wenige Fortschritte gemacht, die Beobachtungen der Naturforscher sind noch zu unsicher, um auf solchen Fundamenten den Sockel einer soliden Erörterung anzulegen. Ohne auf die übernatürlichen Kenntnisse zurückzugreifen, die wir über diesen Punkt haben, und ohne die Veränderungen zu berücksichtigen, die ebenso in der inneren wie in der äußeren Gestalt des Menschen eingetreten sein müssen in dem Maße, in dem er seine Glieder zu neuen Gebrauchsweisen benutzte und sich von neuen Nahrungsmitteln ernährte, werde ich also annehmen, dass er zu allen Zeiten so gestaltet war, wie ich ihn heute sehe: auf zwei Füßen gehend, sich seiner Hände bedienend, wie wir es mit den unseren tun, seine Blicke auf die gesamte Natur richtend und mit den Augen die weite Ausdehnung des Himmels ermessend.

Indem ich dieses so beschaffene Wesen von allen übernatürlichen Gaben, die es vielleicht empfangen hat, und von allen künstlichen Fähigkeiten, die es nur durch langwierige Fortschritte erwerben konnte, entblöße; indem ich es, mit einem Wort, so betrachte, wie es aus den Händen der Natur hervorgegangen sein muss, sehe ich ein Tier, das weniger stark ist als die einen, weniger flink als die anderen, alles in allem genommen aber am vorteilhaftesten von allen ausgestattet. Ich sehe es, wie es sich unter einer Eiche sättigt, am erstbesten Bach seinen Durst stillt und sein Lager am Fuß desselben Baumes findet, der ihm sein Mahl gespendet hat; und damit sind seine Bedürfnisse befriedigt. Die Erde, die ihrer natürlichen Fruchtbarkeit überlassen und von ungeheuren Wäldern bedeckt ist, welche niemals die Axt verstümmelt hat, bietet den Tieren jeder Art auf Schritt und Tritt Vorratslager und Zufluchtsorte. Die unter ihnen verstreut lebenden Menschen beobachten ihre Geschicklichkeit, ahmen sie nach und erheben sich so bis zum Instinkt der Tiere, mit dem Vorteil jedoch, dass jede andere Art nur ihren eigenen Instinkt hat, während der Mensch, der vielleicht gar keinen ihm eigentümlichen hat, sie sich alle aneignet, sich auf die gleiche Weise von den meisten der verschiedenen Nahrungsmittel ernährt, welche die anderen Tiere unter sich teilen, und der folglich sein Auskommen leichter findet, als irgendeines von ihnen dies kann.

Von Kind auf an die Unbilden der Witterung und an die Härte der Jahreszeiten gewöhnt, geübt im Ertragen von Erschöpfung und gezwungen, nackt und ohne Waffen ihr Leben und ihre Beute gegen die anderen wilden Tiere zu verteidigen oder ihnen durch die Flucht zu entkommen, bilden die Menschen eine robuste und fast unverwüstliche Körperbeschaffenheit aus. Die Kinder, welche die vorzügliche Konstitution ihrer Väter mit auf die Welt bringen und sie durch dieselben Übungen stärken, die diese Konstitution hervorgebracht haben, erwerben so die ganze Stärke, zu der die menschliche Gattung fähig ist. Die Natur behandelt sie ganz genau so, wie das Gesetz Spartas die Kinder der Bürger behandelt hat: sie macht diejenigen stark und robust, die eine gute Konstitution haben, und lässt alle anderen umkommen; sie unterscheidet sich hierin von unseren Gesellschaften, in denen der Staat dadurch, dass er die Kinder den Vätern als Last aufbürdet, sie unterschiedslos vor ihrer Geburt tötet.

Da der Körper des Wilden das einzige Werkzeug ist, das er kennt, gebraucht er ihn zu verschiedenen Tätigkeiten, zu denen unsere Körper aus Mangel an Übung nicht mehr fähig sind; unser Erfindungsgeist nämlich raubt uns die Stärke und die Behändigkeit, die zu erwerben ihn die Not zwingt. Würde sein Arm so starke Äste brechen können, wenn er eine Axt gehabt hätte? Würde seine Hand einen Stein mit solcher Wucht werfen, wenn er eine Schleuder gehabt hätte? Würde er so leicht auf einen Baum klettern, wenn er eine Leiter gehabt hätte? Wäre er so schnell im Laufen, wenn er ein Pferd gehabt hätte? Lasst dem zivilisierten Menschen die Zeit, alle seine Maschinen um sich zu versammeln, so wird er zweifellos den wilden Menschen überwinden. Wenn ihr aber einen noch ungleicheren Kampf sehen wollt, so stellt sie nackt und unbewaffnet einander gegenüber, und ihr werdet bald erkennen, welchen Vorteil es hat, alle seine Kräfte unaufhörlich zur Verfügung zu haben, stets auf jedes Ereignis vorbereitet zu sein und sich sozusagen selbst immer ganz mit sich zu führen.

Hobbes behauptet, der Mensch sei von Natur aus unerschrocken und trachte nur danach, anzugreifen und zu kämpfen. Ein berühmter Philosoph denkt hingegen, und Cumberland und

Pufendorf versichern es ebenfalls, nichts sei so schüchtern wie der Mensch im Naturzustand, er zittere immerzu und er sei bei dem geringsten Geräusch, das er hört, bei der geringsten Bewegung, die er wahrnimmt, bereit zu fliehen. Dies kann wohl hinsichtlich der Dinge, die er nicht kennt, so sein; und ich zweifele nicht, dass er durch alle neuen Anblicke, die sich ihm bieten, jedes Mal erschreckt wird, wenn er nicht das körperliche Wohl oder Leid zu unterscheiden vermag, das er von ihnen zu erwarten hat, noch seine Kräfte gegenüber den Gefahren abschätzen kann, die er eingehen muss: Umstände, die jedoch im Naturzustand selten sind, in dem alle Dinge ihren gleichförmigen Gang gehen und in dem das Antlitz der Erde nicht diesen jähen und fortwährenden Veränderungen ausgesetzt ist, welche die Leidenschaften und die Unbeständigkeit der Völker zusammen bewirken. Doch der Wilde, der unter den Tieren verstreut lebt und sich frühzeitig in der Situation befindet, sich mit ihnen messen zu müssen, zieht bald den Vergleich mit ihnen; und indem er fühlt, dass er sie an Geschicklichkeit mehr übertrifft, als sie ihn an Stärke übertreffen, lernt er, sie nicht mehr zu fürchten. Lasst einen Bären oder einen Wolf mit einem Wilden kämpfen, der robust, behänd und mutig ist, wie sie es alle sind, und der sich mit Steinen und einem ordentlichen Stock bewaffnet hat, so werdet ihr sehen, dass die Gefahr zumindest wechselseitig ist und dass nach einigen ähnlichen Erfahrungen die wilden Tiere, die sich nicht gern gegenseitig angreifen, auch den Menschen keineswegs bereitwillig angreifen werden, den sie als ebenso grausam kennengelernt haben, wie sie es selbst sind. Was die Tiere betrifft, die wirklich mehr Stärke besitzen, als der Mensch Geschicklichkeit hat, so ist er ihnen gegenüber in der Situation der anderen schwächeren Arten, die freilich nicht aufhören weiterzubestehen. Hierbei hat der Mensch, der zum Laufen nicht weniger befähigt ist als sie und auf den Bäumen eine fast sichere Zuflucht findet, noch den

Vorteil, dass er überall das Treffen annehmen oder ausschlagen kann und dass er die Wahl zwischen Flucht und Kampf hat. Fügen wir hinzu, dass es nicht den Anschein hat, als führte irgendein Tier von Natur aus Krieg gegen den Menschen – außer im Fall seiner eigenen Verteidigung oder bei äußerstem Hunger –, oder als bezeugte irgendeines jene heftigen Antipathien gegen ihn, die anzudeuten scheinen, dass die eine Art von der Natur dazu bestimmt ist, der anderen als Nahrung zu dienen.

Dies sind zweifellos die Gründe, weswegen die Neger und die Wilden sich so wenig über die wilden Tiere beunruhigen, denen sie in den Wäldern begegnen können. Die Kariben von Venezuela, unter anderen, leben diesbezüglich in der größten Sicherheit und ohne die geringste Beeinträchtigung. Obgleich sie fast nackt sind, sagt François Coréal, unterlassen sie es nicht, sich kühn, nur mit Pfeil und Bogen bewaffnet, in die Wälder zu wagen; aber man hat niemals sagen hören, dass irgendjemand unter ihnen von den wilden Tieren verschlungen worden wäre.

Andere, furchtbarere Feinde, gegen die der Mensch nicht die gleichen Mittel hat, sich zu verteidigen, sind die natürlichen Gebrechen, die Kindheit, das Alter und die Krankheiten jeglicher Art: traurige Zeichen unserer Schwäche, von denen die beiden ersten allen Tieren gemeinsam sind, während das letztere hauptsächlich dem in Gesellschaft lebenden Menschen eigen ist. Hinsichtlich der Kindheit beobachte ich sogar, dass es der Mutter, die ihr Kind überall mit sich trägt, sehr viel leichter fällt, es zu ernähren, als den Weibchen der meisten Tiere, die gezwungen sind, unaufhörlich mit großer Mühe hin und her zu wechseln, um an der einen Stelle ihre Nahrung zu suchen und an der anderen ihre Jungen zu säugen oder zu füttern. Es ist wohl wahr, dass, falls die Frau sterben sollte, das Kind in hohem Maße Gefahr läuft, mit ihr zu sterben; aber diese Gefahr ist auch hundert anderen Arten gemeinsam, deren Junge lange Zeit nicht imstande sind, selber ihre Nahrung suchen zu gehen; und wenn die Kindheit bei uns länger dauert, so ist doch, insofern auch das Leben länger währt, alles in diesem Punkt ungefähr gleich, obschon es bezüglich der Dauer des ersten Lebensalters und hinsichtlich der Jungen andere Regeln gibt, die nicht zu meinem Thema gehören. Bei den Greisen, die wenig tätig sind und wenig schwitzen, nimmt der Bedarf an Nahrung mit der Fähigkeit ab, sie zu beschaffen; und da das Leben in der Wildnis von ihnen die Gicht und das Rheuma fernhält und das Alter von allen Übeln dasjenige ist, welches die menschlichen Hilfeleistungen am wenigsten erleichtern können, verlöschen sie schließlich, ohne dass man bemerkt, dass sie aufhören zu sein, und beinah ohne dass sie selbst es bemerken.

Bezüglich der Krankheiten werde ich nicht die nutzlosen und falschen Deklamationen wiederholen, welche die meisten gesunden Leute gegen die Medizin vorbringen; aber ich werde fragen, ob es irgendeine zuverlässige Beobachtung gibt, aus der man schließen könnte, dass in den Ländern, in denen diese Kunst am meisten vernachlässigt wird, die durchschnittliche Lebensdauer des Menschen kürzer ist als in solchen, in denen sie mit der größten Sorgfalt gepflegt wird. Und wie könnte das auch sein, wenn wir uns selbst mehr Leiden zufügen, als die Medizin uns an Heilmitteln zu liefern vermag? Die äußerste Ungleichheit in der Lebensweise, das Übermaß an Müßiggang bei den einen, das Übermaß an Arbeit bei den anderen; die Leichtigkeit, unsere Begierden und unsere Sinnlichkeit zu erregen und zu befriedigen; die allzu gekünstelten Speisen der Reichen, die sie mit erhitzenden Säften nähren und mit Verdauungsstörungen belasten; die schlechte Nahrung der Armen, die ihnen sogar zumeist noch fehlt und deren Mangel sie dazu verleitet, ihren Magen bei entsprechender Gelegenheit gierig zu überladen; die durchwachten Nächte, die Ausschweifungen jeder Art, die unmäßigen Ausbrüche aller Leidenschaften, die Ermüdungen und Erschöpfungen des Geistes; die Sorgen und Nöte ohne Zahl, die man in allen Ständen erdulden muss und von denen die Seelen fortwährend angenagt werden: das sind die unheilvollen Beweise dafür, dass die meisten unserer Leiden unser eigenes Werk sind und dass wir sie fast alle hätten vermeiden können, wenn wir die Lebensweise – einfach, gleichförmig und allein zu leben – beibehalten hätten, die uns von der Natur verordnet wurde. Wenn sie uns dazu bestimmt hat, gesund zu sein, dann wage ich fast zu versichern, dass der Zustand der Reflexion ein Zustand wider die Natur ist und dass der Mensch, der nachdenkt, ein entartetes Tier ist. Wenn man an die gute körperliche Verfassung der Wilden denkt – zumindest derjenigen, die wir nicht mit unseren starken Spirituosen zugrunde gerichtet haben –, wenn man weiß, dass sie fast keine anderen Krankheiten als die Verwundungen und das Alter kennen, dann ist man sehr geneigt zu glauben, dass man leicht die Geschichte der menschlichen Krankheiten schreiben könnte, indem man der Geschichte der zivilen Gesellschaften folgt. Das zumindest ist die Meinung Platons, der hinsichtlich bestimmter Heilmittel, die von Podaleirios und Machaon bei der Belagerung Trojas angewandt und für gut befunden wurden, urteilt, verschiedene Krankheiten, welche diese Heilmittel hervorrufen mussten, seien damals noch nicht unter den Menschen bekannt gewesen; und Celsus berichtet, die heute so notwendige Diät sei erst von Hippokrates erfunden worden.

Bei so wenigen Quellen für Erkrankungen hat also der Mensch im Naturzustand kaum Heilmittel und noch weniger Ärzte nötig; die menschliche Gattung befindet sich auch in diesem Hinblick in keiner schlechteren Lage als alle anderen; und von den Jägern ist leicht zu erfahren, ob sie auf ihren Pirschgängen viele kränkliche Tiere finden. Sie finden etliche, die beträchtliche, doch sehr gut vernarbte Wunden erhalten haben; solche, die Knochen und sogar Glieder gebrochen hatten und ohne einen anderen Chirurgen als die Zeit, ohne eine andere Diät als ihr übliches Leben wiederhergestellt wurden, und die, obgleich sie nicht mit Inzisionen gequält, mit Drogen vergiftet und durch Fasten entkräftet wurden, dennoch nicht weniger vollkommen gesundet sind. Und schließlich: wie nützlich auch immer die gut ausgeübte Medizin bei uns sein mag, so steht doch fest, dass der kranke Wilde, der sich selbst überlassen ist und daher allein von der Natur etwas zu erhoffen hat, dafür auch bloß von seiner Erkrankung etwas zu befürchten hat, weswegen seine Lage oft der unseren vorzuziehen ist.

Hüten wir uns also, den wilden Menschen mit den Menschen zu verwechseln, die wir vor unseren Augen haben. Die Natur behandelt alle Tiere, die ihrer Fürsorge überlassen sind, mit einer Vorliebe, die zu zeigen scheint, wie eifersüchtig sie auf dieses Recht bedacht ist. Das Pferd, die Katze, der Stier, sogar der Esel haben in den Wäldern meistens einen höheren Wuchs und allgemein eine robustere Verfassung, mehr Kraft, Stärke und Mut als in unseren Gehöften; sie verlieren die Hälfte dieser Vorzüge, indem sie zu Haustieren werden, und man könnte sagen, alle unsere Sorgfalt, diese Tiere gut zu behandeln und zu ernähren, führe nur dazu, dass sie entarten. Ebenso steht es mit dem Menschen selbst: indem er vergesellschaftet und zum Sklaven wird, wird er schwach, furchtsam, kriecherisch, und seine verweichlichte und weibische Lebensweise schwächt schließlich zugleich seine Kraft und seinen Mut. Fügen wir hinzu, dass der Unterschied zwischen dem wilden und dem gezähmten Zustand beim Menschen noch viel größer sein muss als beim Tier; denn da das Tier und der Mensch von der Natur gleich behandelt worden sind, sind alle die Bequemlichkeiten, mit denen der Mensch sich selbst gegenüber den Tieren, die er zähmt, zusätzlich noch versorgt, ebenso viele besondere Ursachen, die ihn noch merklicher degenerieren lassen.

Kein so großes Unglück für diese ersten Menschen, und vor allem auch kein so großes Hindernis für ihre Erhaltung, sind also die Nacktheit, die Wohnungslosigkeit und die Entbehrung aller jener nutzlosen Dinge, die wir für so nötig halten. Wenn sie keine dichtbehaarte Haut haben, so brauchen sie diese in den warmen Ländern auch nicht; und in den kalten Ländern verstehen sie es bald, sich die der erlegten Tiere anzueignen. Wenn sie nur zwei Füße zum Laufen haben, so haben sie doch zwei Arme, um für ihre Verteidigung und ihre Bedürfnisse zu sorgen. Ihre Kinder lernen vielleicht erst spät und mit Mühe laufen, aber die Mütter können sie mit Leichtigkeit tragen: ein Vorteil, der den anderen Arten fehlt, bei denen die Mutter, wenn sie verfolgt wird, sich gezwungen sieht, ihre Jungen im Stich zu lassen oder ihren Schritt nach dem der Jungen zu richten.*

Es ist zweifellos dasselbe Tier, das man in Mexiko Tlaquatzin nennt und dessen Weibchen Laët einen ähnlichen Beutel für denselben Gebrauch zuschreibt. Und schließlich: wenn man nicht jene einzelnen und zufälligen Formen des Zusammentreffens von Umständen annimmt, über die ich im Folgenden noch sprechen werde und die sehr wohl niemals eingetreten sein können, so ist jedenfalls klar, dass der Erste, der sich Kleider machte oder eine Wohnung baute, sich damit wenig nötige Dinge zulegte, da er bis dahin ohne sie ausgekommen war und man nicht einsieht, warum er als erwachsener Mensch nicht eine Lebensweise hätte ertragen können, die er seit seiner Kindheit ertragen hatte.

* Es mag hier einige Ausnahmen geben. Zum Beispiel die jenes Tieres in der Provinz Nicaragua, das einem Fuchs ähnlich sieht, das Füße hat wie die Hände eines Menschen und das, nach Coréal, unter dem Bauch einen Beutel besitzt, in den die Mutter ihre Jungen steckt, wenn sie gezwungen ist zu fliehen.

Da der Wilde allein, müßig und stets der Gefahr nahe lebt, muss er gerne schlafen und einen leichten Schlaf haben wie die Tiere, die wenig denken und daher sozusagen die ganze Zeit über schlafen, während der sie nicht denken. Insofern seine eigene Erhaltung fast seine einzige Sorge ausmacht, müssen seine am besten ausgebildeten Fähigkeiten diejenigen sein, die zum hauptsächlichen Zweck den Angriff und die Verteidigung haben, sei es, um die Beute zu bezwingen, sei es, um sich davor zu schützen, selbst zur Beute eines anderen Tieres zu werden. Hingegen müssen diejenigen Organe, die sich nur durch Verweichlichung und Sinnlichkeit vervollkommnen, in einem Zustand der Rohheit bleiben, der jede Art von Verfeinerung ausschließt; und da seine Sinne in diesem Punkt geteilt sind, wird er einen Tastsinn und einen Geschmackssinn von äußerster Derbheit haben, doch einen Gesichtssinn, ein Gehör und einen Geruchssinn von der größten Feinheit. Dieses ist der tierische Zustand ganz allgemein, und nach den Berichten der Reisenden ist es auch derjenige der meisten wilden Völker. Daher braucht man sich nicht zu wundern, dass die Hottentotten vom Kap der Guten Hoffnung mit bloßem Auge Schiffe auf offener See in solcher Entfernung ausmachen wie die Holländer mit ihren Fernrohren; oder dass die amerikanischen Wilden die Spanier aufgrund ihrer Fährten wittern, wie es die besten Hunde hätten tun können; oder auch dass alle diese barbarischen Völker unschwer ihre Nacktheit ertragen, ihren Geschmackssinn mit Pfeffer schärfen und die europäischen Spirituosen wie Wasser trinken.

Bis jetzt habe ich nur den physischen Menschen betrachtet; versuchen wir, ihn nunmehr von der metaphysischen und gesellschaftlich-moralischen Seite [*côté moral*] anzusehen. Ich sehe in jedem Tier nur eine kunstvolle Maschine, der die Natur Sinne gegeben hat, um sich selbst wieder aufzuziehen und sich bis zu einem bestimmten Grad gegen alles zu schützen, was danach strebt, sie zu zerstören oder in Unordnung zu bringen. Genau dieselben Dinge nehme ich in der menschlichen Maschine wahr, mit dem Unterschied, dass bei den Verhaltensweisen der Tiere die Natur allein alles tut, während der Mensch bei den seinen als frei Handelnder mitwirkt. Jenes wählt oder verwirft aus Instinkt, dieser durch einen Akt der Freiheit, was mit sich bringt, dass das Tier nicht von der Regel abweichen kann, die ihm vorgeschrieben ist, selbst wenn es vorteilhaft für es wäre, dies zu tun, und dass der Mensch oft zu seinem Schaden davon abweicht. So würde eine Taube neben einer mit bestem Fleisch gefüllten Schüssel verhungern und eine Katze auf Haufen von Früchten oder Korn, obgleich sich beide sehr wohl von dem Futter, das sie verschmähen, ernähren könnten, wenn sie auf den Gedanken kämen, davon zu kosten. So überlassen sich die ausschweifenden Menschen Exzessen, die bei ihnen Fieber und Tod verursachen, weil der Geist die Sinne verdirbt und der Wille noch spricht, wenn die Natur schweigt.

Jedes Tier hat Vorstellungen, da es ja Sinne hat; es verbindet sogar seine Vorstellungen bis zu einem bestimmten Punkt, und der Mensch unterscheidet sich in diesem Hinblick vom Tier nur dem Grade nach. Einige Philosophen haben sogar behauptet, dass der Unterschied zwischen diesem und jenem Menschen größer sei als der Unterschied zwischen manch einem Menschen und manchem Tier. Es ist also nicht so sehr der Verstand, der den spezifischen Unterschied des Menschen gegenüber den anderen Tieren bildet, als vielmehr seine Eigenschaft der Handlungsfreiheit. Die Natur befiehlt jedem Lebewesen, und das Tier gehorcht. Der Mensch verspürt denselben Drang, doch er erkennt sich als frei, ihm nachzugeben oder zu widerstehen; und vor allem in dem Bewusstsein dieser Freiheit zeigt sich die Geistigkeit seiner Seele; denn die Physik erklärt auf gewisse Weise den Mechanismus der Sinne und die Bildung der Vorstellungen, aber in dem Vermögen des Wollens oder vielmehr des Wählens und in dem Gefühl dieses Vermögens trifft man nur auf rein geistige Akte, von denen man nichts mit den Gesetzen der Mechanik erklären kann.

Wenn aber die Schwierigkeiten, die alle diese Fragen umgeben, auch einigen Raum lassen mögen, über diesen Unterschied zwischen Mensch und Tier zu streiten, so gibt es doch eine andere sehr spezifische Eigenschaft, die beide unterscheidet und über die es keinen Streit geben kann: dies ist die Fähigkeit, sich zu vervollkommnen, eine Fähigkeit, die mit Hilfe der Umstände nacheinander alle anderen Fähigkeiten entwickelt und die uns ebenso als Gattung wie als Individuen innewohnt; wohingegen ein Tier nach einigen Monaten das ist, was es sein ganzes Leben lang sein wird, und seine Gattung nach tausend Jahren das, was sie im ersten dieser tausend Jahre war. Warum kann allein der Mensch geistesschwach werden? Liegt es nicht daran, dass er so zu seinem anfänglichen Zustand zurückkehrt und dass – während das Tier, das nichts erworben hat und auch nichts zu verlieren hat, immer mit seinem Instinkt verbunden bleibt – der Mensch, wenn er durch das Alter oder andere Umstände alles verliert, was seine *Perfektibilität* ihn erwerben ließ, noch tiefer fällt als selbst das Tier? Es wäre traurig für uns, müssten wir zugeben, dass diese charakteristische und fast unbegrenzte Fähigkeit die Quelle allen Unglücks des Menschen ist; dass eben sie ihn, kraft der Zeit, aus dem ursprünglichen Zustand reißt, in welchem er ruhige und unschuldige Tage verleben würde; dass gerade sie – indem sie im Lauf der Jahrhunderte seine Kenntnisse und seine Irrtümer, seine Laster und seine Tugenden zur Entfaltung bringt – ihn auf die Dauer zum Tyrannen seiner selbst und der Natur macht. Es wäre furchtbar, denjenigen als wohltätiges Wesen preisen zu müssen, der als erster den Anwohner der Ufer des Orinoko zum Gebrauch jener Bretter verleitet hat, welche dieser auf die Schläfen seiner Kinder presst und die ihnen zumindest einen Teil ihrer Geistesschwäche und ihres ursprünglichen Glücks sichern.

Der Wilde, der von der Natur dem bloßen Instinkt überlassen ist oder vielmehr für den ihm vielleicht fehlenden Instinkt entschädigt worden ist mit Fähigkeiten, die geeignet sind, ihm zunächst den Instinkt zu ersetzen und ihn dann weit über die Natur zu erheben, wird also anfangs mit rein tierischen Reaktionen leben. Wahrnehmen und Empfinden wird sein erster Zustand sein, der ihm mit allen Tieren gemeinsam ist; Wollen und Nichtwollen, Begehren und Fürchten werden die ersten und fast einzigen Regungen seiner Seele sein, bis neue Umstände neue Entwicklungen in ihr hervorrufen.

Was auch immer die Moralisten darüber sagen, der menschliche Verstand verdankt vieles den Leidenschaften, die nach allgemeiner Ansicht auch ihm viel verdanken. Durch ihre Aktivität gerade vervollkommnet sich unsere Vernunft; wir suchen zu erkennen, nur weil wir zu genießen begehren; und es ist nicht möglich, sich vorzustellen, warum einer, der weder Begierden noch Ängste hätte, sich die Mühe machen sollte, nachzudenken. Die Leidenschaften ihrerseits gewinnen ihren Ursprung aus unseren Bedürfnissen und ihren Fortschritt aus unseren Kenntnissen; denn man kann die Dinge nur aufgrund der Vorstellungen begehren oder fürchten, die man von ihnen haben kann, oder durch den einfachen Trieb der Natur; und der Wilde, der jeder Art von Erkenntnisvermögen beraubt ist, empfindet nur die Leidenschaften dieser letzteren Art. Seine Begierden gehen nicht über seine physischen Bedürfnisse hinaus. Die einzigen Güter, die er auf der Welt kennt, sind die Nahrung, ein Weibchen und das Ausruhen; die einzigen Übel, die er fürchtet, sind der Schmerz und der Hunger. Ich sage: der Schmerz, und nicht: der Tod; denn niemals wird das Tier wissen, was Sterben ist; und die Kenntnis des Todes und seiner Schrecken ist eine der ersten Errungenschaften, die der

Mensch gemacht hat, als er sich von dem tierischen Zustand entfernte.

Es würde mir leichtfallen, diese Auffassung, wenn nötig, durch Tatsachen abzustützen und zu zeigen, dass bei allen Völkern der Welt die Fortschritte des Geistes genau im Verhältnis zu den Bedürfnissen stehen, welche die Völker von der Natur empfangen oder denen die Umstände sie unterworfen haben, und folglich auch zu den Leidenschaften, die sie dazu getrieben haben, diese Bedürfnisse zu befriedigen. Ich würde zeigen, wie in Ägypten die Künste entstanden sind und sich mit den Überschwemmungen des Nils ausgebreitet haben, ich würde ihren Fortgang bei den Griechen verfolgen, wo man sie im Sand und auf den Felsen Attikas sprießen, wachsen und bis in den Himmel sich erheben sah, ohne dass sie an den fruchtbaren Ufern des Eurotas hätten Wurzeln schlagen können; ich würde bemerken, dass im Allgemeinen die Völker des Nordens fleißiger sind als die des Südens, weil sie weniger darauf verzichten können, es zu sein; als ob die Natur die Dinge dadurch ausgleichen wollte, dass sie den Geisteskräften die Fruchtbarkeit gibt, die sie dem Boden verweigert.

[...]

Es scheint zunächst, dass die Menschen in diesem Zustand, da sie untereinander keinerlei Art moralisch-gesellschaftlicher Beziehung oder bewusster Pflichten hatten, weder gut noch böse sein konnten und weder Laster noch Tugenden hatten; es sei denn, man versteht diese Wörter in einem nur auf das Körperliche bezogenen Sinn und nennt Laster diejenigen Eigenschaften im Individuum, die seiner Selbsterhaltung schaden können, und Tugenden diejenigen, die dazu beitragen; in welchem Fall man denjenigen den Tugendhaftesten nennen müsste, der dem reinen Naturtrieb am wenigsten widersteht. Es ist aber, wenn wir uns von dem gewöhnlichen Wortsinn nicht entfernen wollen, ratsam, das Urteil, das wir über eine solche

Situation fällen könnten, zurückzuhalten und unseren Vorurteilen zu misstrauen, bis man mit der Waage in der Hand geprüft hat, ob es unter den zivilisierten Menschen mehr Tugenden als Laster gibt; oder ob ihre Tugenden vorteilhafter sind als ihre Laster unheilbringend; oder ob der Fortschritt ihrer Kenntnisse eine ausreichende Entschädigung für die Übel ist, die sie sich gegenseitig in dem Maße zufügen, in dem sie sich über das Gute unterrichten, das sie einander erweisen sollten; oder ob sie nicht, alles in allem genommen, in einer glücklicheren Lage wären, wenn sie weder von jemand Übles zu fürchten noch Gutes zu erhoffen hätten, anstatt sich einer allgemeinen Abhängigkeit zu unterwerfen und sich zu verpflichten, alles von denjenigen zu empfangen, die sich nicht verpflichten, ihnen etwas zu geben.

Ziehen wir vor allem nicht mit Hobbes den Schluss, dass der Mensch von Natur aus böse sei, weil er keine Vorstellung von Güte hat; dass er lasterhaft sei, weil er die Tugend nicht kennt; dass er seinen Mitmenschen stets die Dienste verweigere, die er ihnen nicht zu schulden glaubt; noch dass er sich aufgrund des Rechts, welches er sich mit gutem Grund hinsichtlich der von ihm benötigten Dinge zuspricht, närrischerweise einbilde, der alleinige Eigentümer des gesamten Weltalls zu sein. Hobbes hat sehr gut den Fehler aller modernen Definitionen des Naturrechts gesehen; aber die Folgerungen, die er aus seiner Definition zieht, zeigen, dass er sie in einem Sinn versteht, der nicht weniger falsch ist. Beim Nachdenken über die Prinzipien, die er festlegt, hätte dieser Autor sagen müssen, dass der Naturzustand, insofern er derjenige Zustand ist, in dem die Sorge um unsere Erhaltung am wenigsten die anderer beeinträchtigt, folglich dem Frieden am zuträglichsten und dem Menschengeschlecht am angemessensten ist. Er aber sagt genau das Gegenteil, weil er in die Sorge des wilden Menschen um seine Erhaltung unpassenderweise das Bedürfnis hineingelegt hat, eine Menge von Leidenschaften zu befriedigen, die das Werk der Gesellschaft sind und die die Gesetze nötig gemacht haben. Der Böse, sagt er, ist ein kräftiges Kind. Es ist noch die Frage, ob der Wilde ein kräftiges Kind ist. Wollte man Hobbes dies einräumen, was würde er daraus folgern? Dass es, wenn dieser Mensch stark ist und ebenso abhängig von anderen, wie wenn er schwach wäre, keine Art von Ausschreitungen gäbe, zu der er sich nicht hinreißen ließe: dass er seine Mutter schlagen würde, wenn sie ihm nicht schnell genug die Brust gibt; dass er seinen jüngeren Bruder erwürgen würde, wenn er sich von ihm belästigt fühlt; dass er dem anderen ins Bein beißen würde, wenn er von ihm gestoßen oder gestört wird. Doch sind dies zwei einander widersprechende Annahmen über den Menschen im Naturzustand: er sei kräftig und er sei abhängig. Der Mensch ist schwach, wenn er abhängig ist, und er ist frei, bevor er kräftig ist. Hobbes hat nicht gesehen, dass dieselbe Ursache, welche die Wilden hindert, ihre Vernunft zu gebrauchen, wie es unsere Rechtsgelehrten behaupten, sie zugleich daran hindert, ihre Fähigkeiten zu missbrauchen, wie er es selbst behauptet. Somit könnte man sagen, dass die Wilden nicht böse sind, gerade weil sie nicht wissen, was gut sein heißt; denn weder die Entwicklung des Denkvermögens noch der Zügel des Gesetzes, sondern vielmehr der Schlummer der Leidenschaften und die Unkenntnis des Lasters hindern sie, Böses zu tun: *Tanto plus in illis proficit vitiorum ignoratio quam in his cognitio virtutis*. Es gibt überdies noch ein anderes Prinzip, das Hobbes nicht bemerkt hat und das – insofern es dem Menschen gegeben worden ist, um unter gewissen Umständen die Grausamkeit seiner Eigenliebe [*amour-propre*] oder das Verlangen nach Selbsterhaltung vor der Entstehung dieser Liebe zu mildern – den Eifer, den er für sein Wohlbefinden aufbringt, durch einen angeborenen Widerwillen mäßigt, seinesgleichen leiden zu sehen. Ich glaube nicht, irgendeinen Widerspruch fürchten zu müssen, wenn ich dem Menschen die einzige natürliche Tugend zugestehe, die selbst der verstiegenste Verleumder der menschlichen Tugenden anzuerkennen gezwungen war. Ich spreche vom Mitleid, einer Anlage, die so schwachen und so vielen Übeln unterworfenen Wesen, wie wir es sind, angemessen ist: eine um so allgemeinere und dem Menschen um so nützlichere Tugend, als sie bei ihm jedem Gebrauch der Reflexion vorangeht, und eine so natürliche, dass sogar die Tiere mitunter deutliche Zeichen davon geben. Ohne von der Zärtlichkeit der Mütter für ihre Jungen und von den Gefahren zu reden, denen sie trotzen, um jene davor zu beschützen, beobachtet man doch alle Tage den Widerwillen der Pferde, mit den Füßen auf einen lebenden Körper zu treten. Ein Tier geht nicht ohne Unruhe an einem toten Tier seiner Art vorbei. Es gibt sogar welche, die ihnen eine Art Begräbnis geben; und das traurige Brüllen des Viehs, wenn es in ein Schlachthaus kommt, zeugt von dem Eindruck, den es von dem schrecklichen Schauspiel empfängt, das über es kommt. Man sieht mit Vergnügen, dass der Autor der *Bienenfabel* unter dem Zwang, den Menschen als ein mitleidvolles und empfindsames Wesen anzuerkennen, bei dem Beispiel, das er dafür gibt, von seinem kalten und spitzfindigen Stil abweicht, um uns das pathetische Bild eines eingesperrten Menschen darzubieten, der draußen wahrnimmt, wie ein wildes Tier ein Kind von der Brust seiner Mutter reißt, mit seinen mörderischen Zähnen dessen schwache Glieder zerbricht und mit seinen Krallen die zuckenden Eingeweide zerreißt. Welche entsetzliche Gemütsbewegung muss nicht dieser Zeuge eines Geschehens erleiden, mit dem ihn kein persönliches Interesse verbindet! Welche Beklemmungen muss er nicht bei diesem Anblick ausstehen, dass er weder der in Ohnmacht gefallenen Mutter noch dem sterbenden Kind irgendwie Hilfe zu leisten vermag!

Solcher Art ist die reine Regung der Natur, die jeder Reflexion vorangeht; so groß ist die Stärke des natürlichen Mitleids, das die verderbtesten Sitten noch Mühe haben zu zerstören, da man doch alle Tage in unseren Schauspielen sieht, wie jemand von den Leiden eines Unglücklichen zu Tränen gerührt wird, der, wenn er selbst an der Stelle des Tyrannen wäre, die Qualen seines Feindes noch vergrößern würde – ähnlich dem blutrünstigen Sulla, der gegenüber Leiden, die er nicht verursacht hatte, so feinfühlig war, oder jenem Alexander von Pherai, der es nicht wagte, der Aufführung irgendeiner Tragödie beizuwohnen, aus Furcht, man könne ihn mit Andromache oder Priamus seufzen sehen, wohingegen er unbewegt die Schreie so vieler Bürger mitanhörte, die man tagtäglich auf seine Befehle hin ermordete.

Mollissima corda
Humano generi dare se natura fatetur,
Quae lacrimas dedit.

Mandeville hat sehr wohl empfunden, dass die Menschen mit aller ihrer Moral stets nur Ungeheuer gewesen wären, wenn die Natur ihnen nicht das Mitleid zur Stütze der Vernunft gegeben hätte; aber er hat nicht gesehen, dass von dieser Eigenschaft allein sich alle sozialen Tugenden herleiten, die er den Menschen absprechen will. Was ist denn die Großmut, die Milde, die Menschlichkeit, wenn nicht das auf die Schwachen, die Schuldigen oder die menschliche Gattung im Allgemeinen bezogene Mitleid? Das Wohlwollen und sogar die Freundschaft sind, recht verstanden, Hervorbringungen eines fortwährenden Mitleids, das auf einen besonderen Gegenstand gerichtet ist; denn zu wünschen, dass jemand nicht leide, was ist dies anderes als zu wünschen, dass er glücklich sei? Auch wenn es wahr wäre, dass das Mitleid nur ein Gefühl ist, das uns an die

Stelle des Leidenden versetzt – ein Gefühl, das im Wilden dunkel und lebhaft, im bürgerlichen Menschen entfaltet, aber schwach ist –, was würde diese Vorstellung für die Wahrheit des von mir Gesagten anderes bedeuten, als sie noch zu verstärken? In der Tat wird doch das Mitleid um so heftiger sein, je inniger sich das zusehende Tier mit dem leidenden Tier identifiziert. Nun ist aber offenkundig, dass diese Identifikation unendlich viel enger im Naturzustand gewesen sein muss als im Zustand des Vernunftgebrauchs. Die Vernunft erzeugt die Eigenliebe, und die Reflexion macht sie stark; sie lässt den Menschen sich auf sich selbst zurückziehen; sie schneidet ihn von allem ab, was ihn stört und ihn betrübt. Es ist die Philosophie, die ihn vereinzelt; sie bewirkt, dass er beim Anblick eines leidenden Menschen insgeheim sagt: »Stirb, wenn du willst; ich bin in Sicherheit.« Nur noch die Gefahren für die gesamte Gesellschaft können den ruhigen Schlaf des Philosophen stören und ihn aus seinem Bett reißen. Man kann unter seinem Fenster ungestraft einen Mitmenschen hinmorden: er braucht sich nur die Ohren zuzuhalten und sich einige Argumente auszudenken, um die Natur, die in ihm aufbegehrt, daran zu hindern, sich mit demjenigen zu identifizieren, den man umbringt. Der Wilde hat diese bewundernswerte Gabe nicht; und, mangels Weisheit und Vernunft, sieht man ihn immerzu sich unbedacht dem ersten Gefühl der Menschlichkeit überlassen. Bei Aufständen, bei Straßenkämpfen läuft der Pöbel zusammen, der kluge Mensch entfernt sich. Es ist das Gesindel, es sind die Weiber aus den Markthallen, welche die Kämpfenden trennen und die ehrbaren Leute daran hindern, sich gegenseitig umzubringen.

Mithin steht wohl fest, dass das Mitleid ein natürliches Gefühl ist, das in jedem Individuum die Wirksamkeit der Selbstliebe mäßigt und daher zur gegenseitigen Erhaltung der gesamten Gattung beiträgt. Das Mitleid veranlasst uns, ohne zu überlegen denjenigen Hilfe zu leisten, die wir leiden sehen; es vertritt im Naturzustand die Stelle der Gesetze, der Sitten und der Tugend, mit dem Vorteil, dass niemand versucht ist, seiner süßen Stimme den Gehorsam zu verweigern; es wird jeden kräftigen Wilden davon abbringen, einem schwachen Kind oder einem gebrechlichen Greis seine mühsam erworbene Nahrung wegzunehmen, wenn er selbst hoffen kann, die seinige anderswo zu finden. Das Mitleid gibt allen Menschen anstelle jener erhabenen Maxime der durch die Vernunft gestifteten Gerechtigkeit: »Handele anderen gegenüber so, wie du willst, dass man dir gegenüber handele«, diese andere Maxime der natürlichen Güte ein, die viel weniger vollkommen, aber vielleicht nützlicher als die vorangehende ist: »Sorge für dein Wohl mit so wenig Schaden für andere wie möglich.« Mit einem Wort: eher in diesem natürlichen Gefühl als in spitzfindigen Argumenten muss man die Ursache für den Widerwillen suchen, den jeder Mensch, sogar unabhängig von den Maximen seiner Erziehung, dagegen empfindet, Übles zu tun. Obwohl es Sokrates und den Geistern seines Schlages zustehen mag, durch Vernunft Tugend zu erwerben, würde das Menschengeschlecht schon lange nicht mehr bestehen, wenn seine Erhaltung nur von den Vernunftäußerungen derjenigen abhängig gewesen wäre, aus denen es sich zusammensetzt.

[…]

Nachdem ich bewiesen habe, dass die Ungleichheit im Naturzustand kaum spürbar ist und dass sie dort fast keinen Einfluss hat, bleibt mir noch, ihren Ursprung und ihre Ausbreitung in den aufeinander folgenden Entwicklungsstadien des menschlichen Geistes zu zeigen. Nachdem ich gezeigt habe, dass die *Perfektibilität*, die sozialen Tugenden und die anderen Fähigkeiten, die der Naturmensch der Möglichkeit nach erhalten hatte, sich niemals von selbst hätten entwickeln können, sondern dass sie dafür das zufällige Zusammenwirken mehrerer äußerer Ursachen benötigten, die ebensowohl niemals hätten eintreten können und ohne die er ewig in seinem ursprünglichen Zustand geblieben wäre, habe ich noch die verschiedenen Zufälle zu betrachten und zusammenzustellen, welche die menschliche Vernunft vervollkommnen konnten, indem sie die Gattung verdarben, die ein Wesen böse werden lassen konnten, indem sie es gesellig machten, und die den Menschen und die Welt von einem so weit entfernten Zustand schließlich bis zu dem Punkt führen konnten, an dem wir sie sehen.

Ich gestehe zu, dass – insofern die Ereignisse, die ich zu beschreiben habe, auf verschiedene Weise eingetreten sein können – ich mich nur mit Hilfe von Vermutungen für eine Wahl entscheiden kann. Aber abgesehen davon, dass diese Vermutungen zu Vernunftgründen werden, wenn sie die wahrscheinlichsten sind, die man aus der Natur der Dinge ableiten kann, und die einzigen Mittel sind, die man haben kann, um die Wahrheit zu entdecken, werden doch die Folgerungen, die ich aus meinen Vermutungen ziehen will, deswegen nicht bloße Mutmaßungen sein; denn auf den Prinzipien, die ich aufgestellt habe, könnte man kein anderes System errichten, das mir nicht dieselben Ergebnisse lieferte und aus dem ich nicht dieselben Folgerungen ziehen könnte.

Abhandlung über die politische Ökonomie

(1758, Auszüge)

Unter dem Stichwort *Économie politique* (›politische Ökonomie‹) schrieb Rousseau im Jahr 1755 einen Beitrag für den fünften Band der *Encyclopédie* von Diderot und d'Alembert. Wenig später erschien sein beinah identischer *Discours sur l'économie politique* (›Abhandlung über die politische Ökonomie‹, 1758) bei Villard in Genf. Rousseau schreibt hier über die Unterschiede zwischen häuslicher/familiärer und staatlicher/öffentlicher Ordnung bzw. zwischen Privatwirtschaft und Volkswirtschaft und entfaltet erstmals die Idee eines allgemeinen Willens politischer Körperschaften. Für Rousseau ist der allgemeine Wille eines politischen Gemeinwesens stets auf die Aufrechterhaltung und das Wohlergehen des Ganzen und eines jeden Teils ausgerichtet. Der allgemeine Wille steht daher nicht selten im Widerspruch zu privaten Einzelinteressen. Zudem zeigt er sich nicht notwendigerweise in Abstimmungen. Um ihm politisch Ausdruck zu verleihen, müssen, so Rousseau, erstens die Gesetze eines politischen Gemeinwesens mit dem allgemeinen Willen übereinstimmen. Zweitens müssen die Bürger eines politischen Gemeinwesens freiwillig und leidenschaftlich für das Gemeinwohl eintreten. Rousseau nennt das etwas pathetisch: Vaterlandsliebe. Und drittens müssen die Bürger materiell zum Unterhalt des politischen Gemeinwesens beitragen. Um aber aus Menschen am Gemeinwohl interessierte, also tugendhafte Bürger zu machen, sei es unzureichend, ihnen bloß zu befehlen: seid gut. Man müsse es sie vielmehr lehren. Im folgenden Auszug befasst sich Rousseau mit der Notwendigkeit einer staatsbürgerlichen Erziehung der Kinder in einem republikanischen Gemeinwesen.

Es kann kein Vaterland ohne Freiheit, keine Freiheit ohne Tugend und keine Tugend ohne Staatsbürger geben. Man hat also alles, wenn man Staatsbürger heranbildet, andernfalls aber nur böse Sklaven, angefangen bei den Staatschefs selbst. Staatsbürger heranzubilden, ist nun aber nicht das Werk eines Tages; sollen die Männer gute Staatsbürger sein, muss man die Kinder dazu erziehen. Wenn mir jemand sagt: Wer Menschen zu regieren hat, darf nicht außerhalb ihrer Natur eine Vollkommenheit suchen, deren sie nicht fähig sind, er darf die Leidenschaften nicht in ihnen zu zerstören suchen, denn ein solches Vorhaben durchzusetzen, wäre weder wünschenswert noch möglich – so gebe ich ihm umso lieber recht, als ein Mensch ohne Leidenschaften zweifellos ein sehr schlechter Staatsbürger wäre. Aber man muss andererseits auch Folgendes zugeben: Wenn man die Menschen auch nicht lehren kann, nichts zu lieben, ist es doch nicht unmöglich, sie zu lehren, einen Gegenstand mehr als einen anderen und etwas wirklich Schönes mehr als etwas Hässliches zu lieben. Gewöhnt man sie beispielsweise rechtzeitig daran, ihre Person stets nur im Zusammenhang mit dem Staatskörper zu betrachten und ihr eigenes Dasein sozusagen nur als Teil des seinen anzusehen, können sie schließlich dahin gelangen, sich in gewisser Weise mit dem größeren Ganzen zu identifizieren, sich als Glieder des Vaterlandes zu fühlen und ihm gegenüber eine so außergewöhnliche Liebe aufzubringen, wie sie jeder isolierte Mensch nur für sich selbst empfindet; sie werden ihre Seele beständig zu dieser großen Sache erheben und so jene gefährliche Anlage, aus der alle unsere Laster erwachsen, in eine hehre Tugend verwandeln. Die Philosophie beweist nicht allein die Möglichkeit dieser Richtungsänderung, sondern die Geschichte bietet auch tausend glänzende Beispiele dafür. Wenn diese hingegen bei uns selten sind, so deshalb, weil niemand sich darum kümmert, ob wir Staatsbürger haben, und erst recht niemand auf den Gedanken kommt, sich möglichst zeitig um die Heranbildung von Staatsbürgern zu bemühen. Es ist zu spät, unsere natürlichen Neigungen von ihrem Weg abzubringen, wenn sie ihn bereits eingeschlagen haben und sich die Gewohnheit zur Eigenliebe gesellt hat; es ist zu spät, uns von uns selbst zu befreien, wenn erst einmal das in unserem Herzen zusammengeballte *menschliche Ich* jene schändliche Aktivität an den Tag gelegt hat, die jede Tugend aufzehrt und das Leben kleiner Geister ausmacht. Wie könnte die Vaterlandsliebe inmitten so vieler anderer Leidenschaften, die es ersticken, gedeihen? Und was bleibt von einem schon zwischen Habsucht, einer Mätresse und Eitelkeit hin und her gerissenen Herzen für die Mitbürger übrig?

Vom ersten Augenblick des Lebens an muss man lernen, das Leben zu verdienen; und so wie man durch seine Geburt an den Bürgerrechten teilhat, muss der Moment der Geburt auch der Beginn für die Wahrnehmung unserer Pflichten sein. Wenn es für die Zeit des reifen Alters Gesetze gibt, muss es auch für die Kindheit welche geben, die lehren, den anderen zu gehorchen; und so wie man nicht der Vernunft eines jeden Menschen das alleinige Richteramt über seine Pflichten überträgt, darf man erst recht nicht den Einsichten und den Vorurteilen der Väter die Erziehung ihrer Kinder überlassen, weil dem Staat an ihr noch mehr liegt als den Vätern; denn es geschieht oft, dass der Vater durch seinen Tod um die Früchte dieser Erziehung gebracht wird – das ist der Lauf der Dinge –, das Vaterland jedoch bekommt ihr Ergebnis früher oder später zu spüren; der Staat bleibt bestehen, die Familie löst sich auf. Wenn die öffentliche Autorität, die an die Stelle der Väter tritt und diese wichtige Aufgabe auf sich nimmt, mit den Pflichten auch ihre Rechte erwirbt, so haben die Väter umso weniger Grund, sich zu beklagen, als sie in dieser Hinsicht nur den Namen wechseln und in der Gemeinschaft, als *Staatsbürger*, die gleiche Autorität gegenüber ihren Kindern genießen, wie sie jeder für sich als *Vater* ausübte, auch wird ihnen nicht weniger Gehorsam entgegengebracht werden, wenn sie im Namen des Gesetzes sprechen, als vorher, wenn sie im Namen der Natur gesprochen haben. Die öffentliche Erziehung durch Beamte, die der Souverän einsetzt, und nach Richtlinien, die die Regierung vorschreibt, ist also eines der Grundprinzipien der Volks- oder rechtmäßigen Regierung. Wenn die Kinder im Schoß der Gleichheit gemeinsam erzogen werden, wenn sie von den Gesetzen des Staates und den Prinzipien des Gemeinwillens erfüllt sind und angehalten werden, sie über alles zu verehren, wenn es in ihrer Umgebung Vorbilder und Gegenstände gibt, die ihnen unablässig von der zärtlichen Mutter sprechen, die sie ernährt, von ihrer Liebe für sie, den unschätzbaren Wohltaten, die sie ihnen erweist und der Gegenliebe, die sie ihr schulden, dann brauchen wir nicht zu bezweifeln, dass sie lernen, sich wie Geschwister zu lieben, stets nur zu wollen, was die Gesellschaft will, das frucht- und nutzlose Geschwätz der Sophisten durch Taten zu ersetzen, die eines Menschen und Staatsbürgers würdig sind, und eines Tages zu Verteidigern und Vätern des Vaterlands, dessen Kinder sie so lange gewesen, zu werden.

Ich spreche nicht von den Beamten, die dazu bestimmt sind, diese Erziehung, gewiss die bedeutendste Aufgabe des Staates, zu übernehmen. Wenn diese Beweise des allgemeinen Vertrauens leichtfertig vergeben würden, wenn diese hohe Funktion nicht denen, die alle anderen würdig ausgefüllt haben, als Lohn für ihre Mühe, als ehrenvolles sanftes Ruhekissen ihres Alters und höchste Ehrenbezeigung zugesprochen würde, wäre begreiflicherweise das ganze Unternehmen unnütz und die Erziehung erfolglos, denn überall, wo der Unterricht nicht von der Autorität und die Regel nicht vom Beispiel gestützt wird, trägt die Unterweisung keine Früchte; die Tugend selbst verliert ihr Ansehen im Munde dessen, der sie nicht übt. Berühmte, unter der Last ihrer Würde gebeugte Krieger mögen zur Tapferkeit mahnen; moralisch einwandfreie, in der Richterrobe ergraute Magistratspersonen mögen die Gerechtigkeit lehren. So werden sich die einen wie die andern tugendhafte Nachfolger heranbilden und die Erfahrungen und Fähigkeiten der Regierenden, den Mut und die Tugend der Staatsbürger und den Eifer aller, für das Vaterland zu leben und zu sterben, in die folgenden Generationen weitertragen.

Ich kenne nur drei Völker, die vorzeiten die Jugend in der Gemeinschaft erzogen, und zwar die Kreter, die Lakedämonier und die alten Perser; bei allen dreien hatte sie größten Erfolg, und bei den beiden letzten wirkte sie Wunder. Als die Welt in Völkergruppen auseinanderfiel, die zu groß waren, um gut regiert werden zu können, war dieser Weg nicht mehr gangbar; und noch andere Gründe, die sich der Leser gut vorstellen kann, haben ähnliche Versuche bei allen modernen Völkern vereitelt. Dass die Römer auf die Gemeinschaftserziehung verzichten konnten, ist sehr merkwürdig; doch war Rom fünf Jahrhunderte lang ein fortwährendes Wunder, und die Welt darf nicht hoffen, so etwas ein zweites Mal zu erleben. Die Tugend der Römer, die auf dem Abscheu vor der Tyrannei und vor den Verbrechen der Tyrannen sowie auf ihrer angeborenen Vaterlandsliebe beruhte, machte ihre Häuser zu Staatsbürgerschulen; und die unumschränkte Macht der Väter über ihre Kinder machte das private Gericht so streng, dass der Vater, mehr gefürchtet als der Richter, in seinem häuslichen Tribunal der Zensor der Sitten und der Rächer der Gesetze war.

Auf diese Art und Weise kann eine wachsame, wohlwollende Regierung, die im Volk die Vaterlandsliebe und die guten Sitten unablässig aufrechtzuerhalten oder wachzurufen sucht, den Übeln vorbeugen, die früher oder später aus der Gleichgültigkeit der Staatsbürger gegenüber dem Geschick des Staates erwachsen, und sie hält das persönliche Interesse in engen Schranken, das die einzelnen so vom Staat trennt, dass er durch ihre Macht geschwächt wird und von ihrem guten Willen nichts zu erwarten hat. Überall, wo das Volk sein Vaterland liebt, die Gesetze achtet und einfach lebt, bleibt wenig zu tun, um es glücklich zu machen; und bei der öffentlichen Verwaltung, an der der Zufall weniger teilhat als am Los des Einzelnen, liegt die Klugheit so nahe beim Glück, dass sie miteinander verschmelzen.

Julie oder Die neue Heloise

(1761, Auszüge)

Der deutsche Schriftsteller Jakob Reinhold Lenz (1751–1792) nannte Rousseaus Roman *Julie ou La nouvelle Héloïse* (1761) »das beste Buch, das jemals mit französischen Lettern ist abgedruckt worden.«[1] Der Roman ist eine Bearbeitung der mittelalterlichen Liebesgeschichte von Abaelard und Heloisa.[2] In Anlehnung an die zeitgenössischen Briefromane *Pamela* (1740) und *Clarissa* (1748) des Engländers Samuel Richardson (1689–1761) arbeitete Rousseau den Stoff um und erzählte eine für die französische Öffentlichkeit im 18. Jahrhundert noch unübliche, Standesgrenzen überwindende Liebesgeschichte in Form von Briefwechseln. Der Roman gehört zu den erfolgreichsten Büchern des 18. Jahrhunderts und diente Johann Wolfgang Goethe als Vorlage für sein Buch *Die Leiden des jungen Werther*.[3]

In Rousseaus Roman verlieben sich der bürgerliche Hauslehrer Saint-Preux und seine aristokratische Schülerin Julie – die neue Heloisa – ineinander. Da Julies Vater, der Baron d'Étange, dieser nicht standesgemäßen Verbindung niemals zustimmen würde, entsagen Saint-Preux und Julie nach langem Ringen einander. Julie heiratet daraufhin den weniger leidenschaftlichen, aber anständigen Herrn von Wolmar. Nachdem Saint-Preux von einer Weltumsegelung zurückkehrt, ist Julie Mutter geworden. Ein tragisches Ende findet diese Dreiecksbeziehung, als Julie, nachdem sie, um ihren jüngsten Sohn vor dem Ertrinken zu retten, ins Wasser springt und sich eine todbringende Lungenentzündung zuzieht.

1 Lenz (1992), S. 391.
2 Vgl. Abaelard (2001).
3 Vgl. Jauß (1982).

Neben den etlichen Landschaftsbeschreibungen enthält Rousseaus *Julie* eine Vielzahl von Exkursen: Die Figuren diskutieren über eine autarke Wirtschaftsführung am Beispiel eines Schweizer Weinguts, über einen nicht-konfessionellen Glauben, die Legitimität des Selbstmords, eine am Gemeinwohl und der Tugend orientierte Moral und Politik sowie nicht zuletzt über eine naturgemäße Kindererziehung. Im Folgenden ist der dritte Brief des fünften Buches abgedruckt, in dem Saint-Preux von einem morgendlichen Gespräch berichtet, in dem er, Julie und Wolmar über die Erziehung der Kinder diskutieren.

[…] Während sie mir ihre Grundsätze in aller Ruhe erklärte, ließ sie mich unter dem Anschein mangelnder Sorgfalt die wachsamste Aufmerksamkeit erkennen, die mütterliche Zärtlichkeit je hätte schenken können. »Lange Zeit«, sagte sie zu mir, »habe ich hinsichtlich verfrühter Lehranweisungen wie Sie gedacht, und während meiner ersten Schwangerschaft, als mir all die bald zu erfüllenden Pflichten und Obliegenheiten Angst machten, sprach ich darüber oft voller Unruhe mit Herrn von Wolmar. Welch besseren Mentor könnte ich in dieser Sache auswählen als einen freisinnigen Beobachter, der die Hingabe eines Vaters mit dem kühlen Verstand eines Philosophen vereinigt? Er erfüllte und übertraf meine Erwartung; er zerstreute meine Vorurteile und lehrte mich, mir mit weniger Mühe einen weit umfangreicheren Erfolg zu sichern. Er ließ mich begreifen, dass die erste und wichtigste Erziehung genau die ist, die alle Welt vergisst*, nämlich ein Kind auf die Erzie-

* Selbst Locke, der kluge Locke, hat dies vergessen; er spricht viel mehr von dem, was man von Kindern fordern muss, als von dem, was man tun muss, um es von ihnen zu bekommen.

hung vorzubereiten. Ein Irrtum, den alle Eltern begehen, die sich für klug halten, liegt in der Annahme, dass ihre Kinder von Geburt an vernünftig seien und daher mit ihnen wie mit erwachsenen Menschen zu sprechen sei, noch bevor sie selbst sprechen können. Die Vernunft ist das Werkzeug, das man für ihre Unterweisung gebrauchen möchte, wo doch andere Werkzeuge zunächst dazu dienen sollen, genau dieses herauszubilden, und wo doch von allen den Menschen vorbehaltenen Unterweisungen die Vernunft am spätesten und am schwersten zu erlangen ist. Indem man mit den Kindern von ihrem frühesten Alter an eine Sprache spricht, die sie kaum verstehen, gewöhnt man sie daran, sich mit schönen Worten abspeisen zu lassen und auch andere damit abzuspeisen; alles nachzuprüfen, was man ihnen sagt; sich für ebenso klug wie ihre Lehrer zu halten und zu Streithähnen und Aufwieglern zu werden. Alles, was man von ihnen mittels Vernunft zu erlangen meint, erhält man tatsächlich nur aus Furcht oder Eitelkeit, die man bei ihnen stets unweigerlich antrifft.

Es gibt keine Geduld, die das Kind, welches man derart erziehen möchte, nicht schließlich ermüdet. Und so zeigt sich, wie die Eltern, verärgert, entmutigt und erschöpft von der ewigen Belästigung, die sie ihnen doch selbst vorgelebt haben, die schlechten Launen der Kinder nicht mehr ertragen können und keinen anderen Weg sehen, als Abstand von ihnen zu gewinnen, indem sie sie zu Lehrmeistern weggeben – als ob man jemals von einem Hauslehrer mehr Geduld und Sanftheit erwarten könnte als von einem Vater.

Die Natur«, fuhr Julie fort, »möchte, dass die Kinder Kinder sind, bevor sie zu erwachsenen Menschen werden. Wenn wir diese Ordnung umwerfen wollen, werden wir frühreife Früchte hervorbringen, die weder Reife noch Geschmack haben und nicht lange brauchen, bis sie verderben: Wir werden junge Doktoren und alte Kinder vorfinden. Die Kindheit hat ihre eigene Weise zu sehen, zu denken und zu fühlen. Nichts ist weniger vernünftig, als ihnen stattdessen die unsere aufzuerlegen, und ich könnte ebenso gut verlangen, dass ein zehnjähriges Kind fünf Fuß groß sein sollte, als dass es Urteilskraft hätte.

Die Vernunft bildet sich erst nach einigen Jahren heraus, nämlich dann, wenn der Körper eine gewisse Festigkeit erreicht hat. Die Absicht der Natur ist also, dass der Körper sich stärkt, bevor der Geist sich übt. Kinder sind immer in Bewegung; Ruhe und Nachdenken passen nicht zu ihrem Alter; ein arbeitsames Dasein im Sitzen hindert sie daran zu wachsen und sich zu entfalten: Weder ihr Geist noch ihr Körper können Zwang ertragen. Ohne Unterlass in einem Zimmer mit Büchern eingeschlossen, verlieren sie all ihre Stärke; sie werden empfindlich, schwach, ungesund, eher stumpfsinnig als vernünftig; und die Seele spürt ihr Leben lang dieses Siechtum des Körpers.

Wenn all diese verfrühten Unterweisungen ihrer Urteilskraft ebenso zuträglich wären wie sie ihr schadeten, so wäre es doch immer noch ein großer Nachteil, ihnen diese unterschiedslos und ohne Betrachtung dessen zu erteilen, was zu der Begabung eines jeden Kindes vorzugsweise passt. Abgesehen von der allgemeinen Verfassung der Spezies Mensch bringt jeder bei seiner Geburt ein besonderes Temperament mit, das seine Begabung und seinen Charakter bestimmt, und das weder verändert noch erzwungen, sondern geformt und vervollkommnet werden soll. Herrn von Wolmar zufolge sind alle in sich selbst gut und gesund. Es gibt, so sagt er, keine Irrtümer der Natur*. Alle Laster, die man dem Naturgegebenen zurechnet, beruhen auf der Wirkung schlechter Erziehung. Es gibt

* Diese so wahre Lehre überrascht mich bei Herrn von Wolmar; wir werden bald sehen, weshalb.

keinen Schurken, bei dem besser gelenkte Neigungen nicht große Tugenden hervorgebracht hätten. Es gibt keinen bösen Geist, aus dem man nicht schließlich doch nützliche Begabungen herausgeholt hätte, wenn man ihn nur in gewisser Weise zu nehmen wüsste, so wie jene ungestalten und monströsen Figuren schön und wohl proportioniert werden, indem man sie aus ihrem Blickwinkel betrachtet. Alles läuft im universellen System zu einem guten Gemeinwesen zusammen. Jeder Mensch hat den ihm zugewiesenen Platz in der besten Ordnung der Dinge – es geht nur darum, diesen Platz zu finden und die Ordnung nicht durcheinanderzubringen. Was geschieht mit einer in der Wiege begonnenen und immer nach dem gleichen Muster erfolgenden Erziehung, wenn die wunderbare Vielfalt der Geister keine Berücksichtigung findet? Man gibt der Mehrheit schädliche oder unpassende Anweisungen und enthält ihnen jene vor, die für sie eigentlich angemessen wären. Man steht, ganz egal wo, der Natur im Wege und löscht die großen Vorzüge der Seele aus, um sie durch kleine und offensichtliche zu ersetzen, die in Wirklichkeit aber gar keine sind. Man übt auf diese Weise viele verschiedene Fähigkeiten unterschiedslos, treibt so die einen mit den anderen aus und vermischt sie schließlich alle. Nachdem man viel Sorgfalt darauf verschwendet hat, in den Kindern die wahren Gaben der Natur zu verderben, verliert sich bald der flüchtige und eitle Glanz, den man ihnen vorzieht, ohne dass das erstickte Natürliche jemals wiederkäme. Man verliert sowohl das, was man zerstört, als auch das, was man geschaffen hat: Schließlich werden diese kleinen Wunderkinder durch so viel plumpe Mühe zu Denkern ohne Kraft und zu Menschen ohne Verdienst, die einzig aufgrund ihrer Schwäche und ihrer Nutzlosigkeit bemerkenswert sind.«

»Ich verstehe diese Grundsätze«, sagte ich zu Julie; »doch ich habe Mühe, sie in Einklang zu bringen mit Ihren eigenen Empfindungen hinsichtlich des geringen Vorteils, die Anlagen und natürlichen Talente eines Individuums zu entwickeln – sei es für sein eigenes Glück, sei es für das tatsächliche Wohl der Gesellschaft. Ist es nicht unendlich viel mehr wert, ein vollkommenes Modell des vernünftigen und ehrbaren Menschen zu formen? Dann sollte man jedem Kind dieses Modell durch die Macht der Erziehung nahebringen, indem man das eine anregt und das andere bremst, indem man Leidenschaften hemmt, indem man die Vernunft vervollkommnet und die Natur berichtigt …« »Die Natur berichtigen!«, unterbrach mich Wolmar; »das ist schön gesagt; doch bevor Sie das aussprachen, hätten Sie auf das antworten sollen, was Julie Ihnen gerade erzählte.«

Es schien mir, als bestünde eine entschiedene Antwort darin, dem Prinzip zu widersprechen – und das habe ich auch getan. »Sie nehmen immerzu an, dass diese Vielfalt des Geistes und der Anlagen, durch die sich die Individuen unterscheiden, das Werk der Natur sei. Das ist nur zu offensichtlich. Denn wenn die Geister nun einmal verschieden sind, sind sie auch ungleich, und wenn die Natur sie ungleich geschaffen hat, dann hat sie die einen bevorzugt begabt mit etwas mehr Sinnesschärfe, mehr Gedächtnisleistung oder einer größeren Fähigkeit zur Aufmerksamkeit. Doch was die Sinne und das Gedächtnis anlangt, so weiß man aus Erfahrung, dass ihr unterschiedlicher Ausdehnungs- und Vollkommenheitsgrad keineswegs die Richtschnur für den Geist der Menschen bildet. Und was die Fähigkeit zur Aufmerksamkeit betrifft, so hängt diese einzig von der uns belebenden Kraft der Leidenschaften ab, und es ist weiterhin bewiesen, dass alle Menschen durch ihre Natur für recht starke Leidenschaften empfänglich sind, die ihnen so jenes Maß an Aufmerksamkeit mitgeben, das mit der Überlegenheit des Geistes einhergeht.

Wenn die Vielfalt des Geistes, anstatt von der Natur herzukommen, ein Effekt der Erziehung wäre, also von verschiedenen

Ideen und von verschiedenen Gefühlen, die von Kindheit an die uns betreffenden Ereignisse in uns auslösen; und wenn diese Vielfalt außerdem auf die Umstände, in denen wir uns befinden, und auf alle Eindrücke, die wir empfangen, zurückzuführen wäre, dann müsste man, statt mit dem Großziehen der Kinder zu warten, bis man den Charakter ihres Geistes erkannt hat, sich im Gegenteil beeilen, diesen Charakter entsprechend zu prägen durch eine Erziehung, die zu dem jeweiligen Kind passt.«

Darauf antwortete er mir, dass es nicht seinem Vorgehen entspräche, das zu leugnen, was er sähe, sofern er es nicht erklären könne. »Schauen Sie«, sagte er zu mir, »diese beiden Hunde im Hof an. Sie sind aus demselben Wurf; sie wurden gleichermaßen gefüttert und behandelt; sie wurden nie voneinander getrennt; dennoch ist einer der beiden lebhaft, fröhlich, liebevoll und voller Intelligenz; der andere schwerfällig, behäbig, bissig und völlig ungelehrig. Der bloße Unterschied im Temperament hat bei ihnen diesen Unterschied im Charakter hervorgebracht, so wie der bloße Unterschied der inneren Organisation in uns den Unterschied im Geiste hervorbringt. Alles Übrige ist gleich gewesen ...« »Gleich?«, unterbrach ich; »welcher Unterschied? Wie viele kleine Dinge haben auf den einen eingewirkt, auf den anderen aber nicht! Wie viele kleine Umstände haben sie unterschiedlich beeinflusst, ohne dass Sie es bemerkt hätten!« »Gut«, fuhr er fort; »hier argumentieren Sie wie die Astrologen. Wenn man ihnen entgegenhielte, dass zwei unter demselben Sternzeichen geborene Menschen so unterschiedliche Schicksale hätten, würden sie diese Übereinstimmung weit von sich weisen. Sie würden behaupten, dass es angesichts der Schnelligkeit der Gestirne eine immense Distanz zwischen der Sternkonstellation des einen und des anderen Menschen gebe, und dass, wenn man die beiden Zeitpunkte ihrer Geburt genau hätte vermerken können, sich der Einwand in einen Beweis umgewandelt hätte.

Lassen wir, so bitte ich Sie, all diese Spitzfindigkeiten beiseite und halten uns nur an die Beobachtung. Sie lehrt uns, dass es Charaktere gibt, die sich schon fast bei der Geburt ankündigen, und Kinder, die man am Busen ihrer Amme studieren kann. Diese bilden eine eigene Klasse und werden erzogen, sobald sie zu leben beginnen. Doch im Hinblick auf die anderen, die sich weniger schnell entwickeln, geht man bei der Bildung ihres Geistes das Risiko ein, das Gute zu verderben, das die Natur getan hat, und dafür das Schlechte an seine Stelle zu setzen, bevor man diesen Geist überhaupt kennt. Hat Ihr Meister Platon nicht darauf hingewiesen, alles menschliche Wissen, die gesamte Philosophie, könne aus einer menschlichen Seele nur das ziehen, was die Natur in sie hineingegeben habe; so wie all diese chemischen Operationen aus keinem Gemisch je mehr Gold gewonnen haben, als dort nicht schon enthalten gewesen wäre? Das trifft weder auf unsere Gefühle noch auf unsere Vorstellungen zu, wohl aber auf die Veranlagung, diese zu erwerben. Um einen Geist zu ändern, müsste man die innere Organisation ändern, und um einen Charakter zu ändern, müsste man das Temperament ändern, von dem er abhängt. Haben Sie jemals sagen hören, dass ein Hitzkopf träge geworden sei und ein methodischer und kühler Denker Phantasie erlangt hätte? Ich für meinen Teil finde, es wäre ebenso leicht, aus einem Blonden einen Braunhaarigen, und aus einem Dummkopf einen geistvollen Menschen zu machen. Es wäre also ein vergebliches Unterfangen, verschiedene Geister nach einem gemeinsamen Modell umzuarbeiten. Man kann sie zwingen, aber sie nicht ändern: Man kann die Menschen hindern, sich so wie sie sind zu zeigen, aber man kann sie nicht zu anderen Menschen werden lassen. Und wenn sie sich im alltäglichen Lauf ihres Lebens verstellen, werden Sie sehen, dass sie bei allen wichtigen Gelegenheiten ihren ursprünglichen Charakter wieder annehmen und sich ihm dabei mit umso weniger Ordnung, die sie nicht mehr kennen, hingeben. Noch einmal, es geht überhaupt nicht darum, ihren Charakter zu ändern und das Natürliche zu unterwerfen, sondern im Gegenteil, diesen so weit wie möglich anzutreiben, ihn zu kultivieren und seine Degeneration zu verhindern. Denn so kommt es, dass ein Mensch zu dem wird, was er zu sein vermag, und sich das Werk der Natur bei ihm durch Erziehung vollendet. Doch bevor man den Charakter kultivieren kann, muss man ihn studieren, ruhig abwarten, dass er sich zeigt, ihm Gelegenheiten geben, sich zu zeigen, und stets lieber nichts tun als etwas Falsches. Einem Geist muss man Flügel verleihen, einem anderen Fesseln anlegen; der eine möchte getrieben, der andere zurückgehalten werden; der eine möchte, dass man ihn umschmeichelt, und der andere, dass man ihn einschüchtert; mal muss man ihn erhellen, mal dumm machen. Ein Mensch ist dafür geschaffen, menschliche Erkenntnis bis zu ihrem Endpunkt zu verfolgen; für einen anderen ist es sogar verhängnisvoll, lesen zu können. Warten wir auf den ersten Funken der Vernunft, denn sie ist es, die den Charakter offenbart und ihm seine wahre Gestalt verleiht. Sie ist es, die ihn kultiviert – vor der Vernunft gibt es keine wirkliche Erziehung für den Menschen.

Was die Grundsätze von Julie anlangt, die für Sie in einem Gegensatz zueinander stehen, so weiß ich nicht, was Sie Unvereinbares darin sehen: Für mein Empfinden sind sie absolut zutreffend. Jeder Mensch trägt bei der Geburt einen Charakter, eine Begabung und Talente in sich, die ihn ausmachen. Diejenigen, deren Bestimmung ein Leben in ländlicher Einfachheit ist, haben die Entwicklung ihrer Fähigkeiten nicht nötig, um glücklich zu sein. Ihre verborgenen Talente gleichen den Goldminen des Wallis, deren Abbau das Gemeinwohl nicht gestattet.

Doch im bürgerlichen Stand, in dem man weniger die Arme als den Kopf braucht und wo jeder sich selbst und den anderen

Rechenschaft über seinen Wert schuldet, ist es wichtig zu lernen, das aus den Menschen zu ziehen, was ihnen die Natur gegeben hat, sie in die Richtung zu lenken, in der sie am weitesten voranschreiten können, und vor allem ihre Neigungen mit allem zu nähren, was sie nützlich machen kann. Im ersten Fall beachtet man nur die Spezies Mensch: Jeder tut das, was die anderen tun, das Beispiel ist die einzige Richtschnur, die Gewohnheit das einzige Talent, und niemand übt an seinem Geist mehr als den Teil, der alle betrifft. Im zweiten Fall wendet man sich dem Einzelnen zu: Dem allgemeinen Teil des Menschen fügt man alles hinzu, was er einem anderen voraushaben kann; man folgt ihm so weit, wie die Natur ihn führt, und man wird aus ihm den größten aller Männer machen, wenn er die Voraussetzungen dafür mitbringt. Diese Grundsätze widersprechen sich so wenig, dass ihre Praxis schon für das jüngste Alter gilt. Lehren Sie das Kind des Dorfbewohners nichts, denn es passt nicht zu ihm, etwas zu lernen; lehren sie das Kind des Bürgers nichts, denn Sie wissen noch nicht, welche Lehre zu ihm passt. Lassen Sie in jedem Fall den Körper sich entwickeln, bis die Vernunft zu keimen beginnt: Dann ist der Moment gekommen, diese auszubilden.«

»All das erschiene mir sehr gut«, sagte ich, »wenn ich darin nicht auch eine Beeinträchtigung sähe, welche den Vorteilen stark schadet, die Sie von dieser Methode erwarten: Denn sie bedeutet, Kinder tausend schlechte Angewohnheiten annehmen zu lassen, denen man nur durch ihr gutes Pendant zuvorkommt. Sehen Sie sich jene an, die man sich selbst überlässt: Sie übernehmen bald alle Fehler, deren Beispiel ihre Aufmerksamkeit erregt, weil es bequem ist, diesem Beispiel zu folgen, und sie ahmen nie das Gute nach, welches mühsamer einzuüben ist. Sie sind daran gewöhnt, alles zu bekommen und bei jeder Gelegenheit ihren unbesonnenen Willen durchzusetzen. So werden sie eigensinnig, dickköpfig und unzähmbar …«

»Doch«, fuhr Herr von Wolmar fort, »mir scheint, dass Sie das Gegenteil bei unseren Kindern bemerkt haben, und dass dies den Anlass zu dieser Unterhaltung gab.« »Das gebe ich zu«, sagte ich, »und genau das erstaunt mich. Was hat sie getan, um sie gehorsam zu machen? Wie hat sie das angefangen? Wodurch hat sie das Joch der Zucht ersetzt?« »Durch ein weit unerbittlicheres Joch«, erwiderte er prompt, »das Joch der Notwendigkeit. Doch indem sie ihr Verhalten ausführlich erklärt, wird sie Ihnen ihre Ansichten verständlicher machen.« Daraufhin forderte er sie auf, mir ihre Methode zu erklären, und nach einer kurzen Pause sprach sie ungefähr wie folgt zu mir:

»Glücklich sind die Wohlgeborenen, mein lieber Freund! Ich erwarte von unseren Bemühungen nicht so viel wie Herr von Wolmar. Trotz seiner Grundsätze bezweifle ich, dass man jemals etwas Gutes aus einem schlechten Charakter machen und jedes Naturell zum Guten gewendet werden könne. Doch da ich sonst vom Wert seiner Methode überzeugt bin, versuche ich mein Wirken in der Erziehung der Familie in allen Belangen an sie anzupassen. Meine oberste Hoffnung ist, dass keine bösartigen Kinder meinem Schoß entsprungen sein mögen; die zweite ist, die mir von Gott geschenkten Kinder unter Anleitung ihres Vaters recht gut zu erziehen, damit sie eines Tages das Glück haben, ihm zu ähneln. Dafür habe ich versucht, mir die Regeln anzueignen, die er mir vorgegeben hat, indem ich diesen weniger ein philosophisches Prinzip zur Grundlage mache als vielmehr eines, das auf mütterlicher Liebe beruht: Ich möchte meine Kinder glücklich sehen. Dies war der vordringlichste Wunsch meines Herzens, seit ich den süßen Namen Mutter trage – und sämtliche Fürsorge soll diesem mein Leben lang Rechnung tragen. Als ich meinen ältesten Sohn zum ersten Mal in den Armen hielt, überlegte ich, dass doch die Kindheit fast ein Viertel der längsten Leben umfasst und dass man nur selten die drei anderen Viertel erlebt, weshalb es einer recht grausamen Vorsicht entspricht, diesen ersten Teil unglücklich zu gestalten, nur um das Glück des übrigen Lebens zu sichern, das man vielleicht nie erleben wird. Ich dachte, da die Natur die Kinder während der Schwachheit des frühen Alters auf so viele Arten unterwirft, dass es barbarisch sei, diese Unterwerfung um die Herrschaft unserer Launen zu ergänzen, indem man ihnen eine so begrenzte Freiheit entzieht, die sie ohnehin nur so wenig missbrauchen können. Ich beschloss, meinem Sohn so lange wie möglich jeden Zwang zu ersparen, ihn in sämtlichem Gebrauch seiner geringen Kräfte gewähren zu lassen und in ihm keine Regung der Natur zu beeinträchtigen. Damit habe ich bereits zwei große Vorteile erlangt: Zum einen, dass ich von seinem sich in der Entwicklung begriffenen Geist Lüge, Eitelkeit, Zorn, Neid, kurzum alle Laster fernhalte, die aus der Hörigkeit entstehen und die man gezwungen ist bei Kindern anzufachen, um von ihnen das zu bekommen, was man einfordert. Zum anderen wird sein Körper ungehemmt durch unablässige Übung gestärkt, die ihm der Naturtrieb abverlangt. Wenn er ganz wie die Bauern gewohnt ist, ohne Kopfbedeckung in der Sonne und in der Kälte herumzulaufen, außer Atem und in Schweiß zu geraten, dann härtet er sich wie sie ab gegen das Ungemach des Wetters und wird kräftiger, während er gleichwohl zufriedener lebt. Da denkt man schon einmal an das Erwachsenenalter und die Widrigkeiten des menschlichen Daseins. Ich sagte Ihnen bereits, dass ich die todbringende Kleinmütigkeit fürchte, die ein Kind aufgrund von Verzärtelung und Fürsorge schwächt und weibisch macht, die es durch unaufhörlichen Zwang quält, es durch tausenderlei Behutsamkeiten ankettet, es schließlich für sein ganzes Leben den unvermeidbaren Gefahren aussetzt, vor denen es sie gerade einmal einen Augenblick zu schützen vermag, und die ihm, nur um es vor ein paar Erkältungen in der Kindheit zu bewahren, aus der Ferne Lungen- und Brustfellentzündungen, Sonnenstiche und den Tod verheißt, wenn es erwachsen ist.

Bei sich ihrer selbst überlassenen Kindern werden die meisten der durch Sie angesprochenen Fehler dann begangen, wenn es ihnen nicht ausreicht, dem eigenen Willen zu folgen, sondern diesen auch anderen aufzwingen. Und das ist auf die törichte Nachsicht der Mütter zurückzuführen, denen man nur gefällt, wenn man allen Launen ihrer Kinder nachgibt. Mein Freund, ich schmeichle mir darin, dass sie nichts an den meinen gesehen haben, das nach Herrschsucht und Autorität aussieht, nicht einmal gegenüber dem bescheidensten Hausangestellten, und dass Sie mich auch nicht dabei gesehen haben, wie ich aus falscher Nachsicht ihnen gegenüber heimlich Beifall klatschen würde. Hierin glaube ich einen neuen und sicheren Weg einzuschlagen, um ein Kind zugleich frei, friedlich, liebevoll und gelehrig zu machen, und zwar durch ein überaus einfaches Mittel, nämlich indem man es überzeugt, dass es doch nur ein Kind ist.

Wenn man die Kindheit als solche betrachtet, gibt es denn auf der Welt ein Wesen, das schwächer, elender und mehr auf die anderen angewiesen, das mehr des Mitleids, der Liebe und des Schutzes bedürftig wäre als ein Kind? Scheint es nicht so, dass die ersten Laute, welche die Natur für es vorgesehen hat, in Weinen und Klagen bestehen und dass diese ihm ein so liebliches Gesicht und ein so anrührendes Äußeres gegeben hat, damit sich jeder, der sich ihm nähert, für seine Schwäche interessiert und ihm schnell zu Hilfe eilt? Was entrüstet einen denn mehr und ist der Ordnung stärker entgegengesetzt als ein herrschsüchtiges und störrisches Kind, das seiner Umgebung Befehle erteilt, das frech einen belehrenden Ton annimmt gegenüber allen, die es nur verlassen müssten, damit es zugrunde geht, und blinde Eltern, die diese Kühnheit gutheißen und es dazu erziehen, erst der Tyrann seiner Amme und dann der ihre zu werden.

Was mich anlangt, so habe ich keine Gelegenheit ungenutzt verstreichen lassen, um meinen Sohn vom gefährlichen Bild des Herrschens und Dienens fernzuhalten und ihn nicht auf die Idee zu bringen, man würde sich um ihn mehr aus Pflichtgefühl als aus Mitleid kümmern. Dieser Punkt ist vielleicht der schwierigste und wichtigste der gesamten Erziehung, und es würde zu sehr ins Detail führen, wenn ich Sie über all die Vorsichtsmaßnahmen unterrichtete, welche ich mir auferlegt habe, um bei ihm dem raschen Instinkt zuvorzukommen, die käuflichen Dienste der Hausangestellten von der Zärtlichkeit mütterlicher Fürsorge zu trennen.

Eines der von mir angewandten Hauptmittel war, wie ich Ihnen sagte, ihn gänzlich davon zu überzeugen, dass er in seinem Alter unmöglich ohne unsere Unterstützung leben könnte. Danach hatte ich keine Mühe mehr, ihm zu zeigen, dass alle Hilfe, die man von anderen zu erhalten gezwungen ist, ein Akt der Abhängigkeit ist und dass ihm die Hausangestellten wahrhaft überlegen sind, da er ihrer nicht entbehren könnte, wohingegen er für sie zu nichts nütze ist. Auf diese Weise nimmt er, anstatt sich viel auf ihre Dienste einzubilden, diese als eine Art Erniedrigung, als Zeichen seiner Schwäche an und sehnt sich glühend nach der Zeit, in welcher er groß und stark genug sein wird für die Ehre, sich selbst zu versorgen.«

»Diese Ideen«, sagte ich, »werden schwerlich in den Häusern einzurichten sein, in denen Vater oder Mutter sich wie Kinder bedienen lassen. Doch in diesem hier, wo jeder, mit Ihnen angefangen, seine Aufgaben zu erfüllen hat, und wo die Beziehung zwischen Dienern und Herren nur in einem gegenseitigen Nehmen und Geben von Diensten und Fürsorge besteht, halte ich dieses Vorhaben für nicht unmöglich. Mir leuchtet allerdings noch nicht ein, wie Kinder, die daran gewöhnt sind, dass ihren Bedürfnissen vorgegriffen wird, dieses Anrecht nicht auch auf ihre Launen ausdehnen oder wie sie nicht manchmal unter der Stimmung eines Hausangestellten leiden, der ein echtes Bedürfnis bloß als Laune abtut?«

»Mein Freund«, fuhr Frau von Wolmar fort, »eine wenig einsichtige Mutter sieht überall Monstren. Die wahren Bedürfnisse sind bei Kindern wie Erwachsenen sehr begrenzt, und man muss mehr auf die Dauer des Wohlbefindens achten als auf das Wohlbefinden des Augenblicks. Meinen Sie, dass ein Kind, das man zu nichts zwingt, vor den Augen der Mutter so sehr unter der Laune seiner Erzieherin leiden kann, dass es davon beeinträchtigt würde? Sie gehen von Schwierigkeiten aus, die aus schon angelegten Lastern entstehen, ohne zu bedenken, dass all meine Fürsorge darin besteht, die Entstehung dieser Laster zu verhindern. Frauen lieben Kinder von Natur aus. Das Missverstehen zwischen ihnen bildet sich erst, wenn einer den anderen seinen Launen unterwerfen möchte. Doch das kann hier nicht geschehen, weder bei dem Kind, von dem man nichts fordert, noch bei der Erzieherin, der das Kind nichts vorzuschreiben hat. Ich habe hierbei genau gegenteilig zu anderen Müttern gehandelt, die so tun, als solle das Kind dem Hausangestellten gehorchen, tatsächlich aber wollen, dass der Hausangestellte dem Kind gehorcht. Hier wird weder befohlen noch gehorcht. Doch erlangt das Kind von denen, die sich ihm nähern, nur so viel Zuneigung, wie es für sie empfindet. Dadurch, dass es spürt, gegenüber all dem, was es umgibt, keine andere Autorität als Wohlwollen zu haben, wird es fügsam und freundlich. Indem es danach strebt, die anderen Herzen dem seinen zugetan zu machen, wendet sich seines ebenfalls den anderen zu – denn man liebt, indem man sich lieben lässt. Das ist die zuverlässige Wirkung der Eigenliebe, und aus dieser gegenseitigen Zuneigung, die aus der Gleichheit entsteht, resultieren ohne Anstrengung die guten Eigenschaften, die man allen Kindern unaufhörlich predigt, ohne je eine davon zu erhalten.

Ich dachte, der wesentlichste Teil der Erziehung eines Kindes, von dem auch in der fürsorglichsten Erziehung nie die Rede ist, sei der, es sein Elend fühlen zu lassen, seine Schwäche, seine Abhängigkeit und, wie Ihnen mein Mann sagte, das schwere Joch der Notwendigkeit, welches die Natur dem Menschen auferlegt. Und das nicht nur, damit es empfindsam wäre dem gegenüber, was man getan hat, um ihm dieses Joch zu erleichtern, sondern vor allem auch, damit es frühzeitig erkennt, welchen Platz ihm die Vorsehung zugewiesen hat, so dass es seine eigene Bedeutung nicht zu hoch bewerte und ihm nichts Menschliches fremd sei.

Von Geburt an führen die Laschheit, mit der sie großgezogen werden, die Aufmerksamkeit, die ein jeder ihnen entgegenbringt, und die Leichtigkeit, alles zu bekommen, was sie begehren, zu der Auffassung, man müsse ihren Launen nachgeben – und so treten die jungen Leute in die Welt in dieser frechen Annahme, die sich oft nur durch Erniedrigungen, Angriffe und Unannehmlichkeiten korrigieren lässt. Doch nun möchte ich meinen Sohn gern bewahren vor dieser zweiten und demütigenden Erziehung, weshalb ich ihm durch die erstgenannte Erziehung eine richtigere Auffassung über die Dinge mitgegeben habe. Ich hatte mich zunächst entschlossen, ihm alles zu geben, worum er bitten würde, weil ich überzeugt war, die ersten Regungen der Natur wären für ihn gut und vorteilhaft. Doch musste ich bald erkennen, dass indem die Kinder für sich das Recht beanspruchen, man habe ihnen zu gehorchen, sie den Zustand der Natur schon fast beim Geborenwerden verlassen und unsere Laster durch unser Beispiel und ihre eigenen Laster durch unsere mangelnde Vorsicht annehmen. Ich habe festgestellt, dass seine Wünsche mit meiner Nachsicht wachsen würden, wenn ich sie ihm alle erfüllen wollte, und dass es immer einen Punkt geben würde, an dem man innehalten müsste und an dem die abschlägige Antwort umso spürbarer für ihn wäre, je weniger er daran gewöhnt wäre. Da wir ihm nicht jeden Kummer ersparen können, indem wir darauf warten, dass er vernünftig wird, habe ich den geringsten und am schnellsten vergehenden für ihn ausgesucht. Damit eine Absage für ihn weniger grausam wäre, habe ich ihn zunächst an die Absage gewöhnt; und um ihm lange Verstimmungen, Gejammer und Gemurre zu ersparen, habe ich jede Absage als unwiderruflich dargestellt. Doch mache ich das so selten wie möglich, und ich überlege es mir natürlich zweimal, bevor ich an diesen Punkt komme. Alles, was man ihm gewährt, wird bedingungslos von der ersten Bitte an gewährt, und in diesem Punkt sind wir sehr nachgiebig: Doch erlangt er niemals etwas durch Zudringlichkeit; Tränen und Schmeicheleien sind ebenfalls nutzlos. Davon ist er so überzeugt, dass er aufgehört hat, diese Mittel einzusetzen; vom ersten Wort an fügt er sich und quält sich nicht länger, wenn er sieht, wie eine Tüte voller Bonbons geschlossen wird, die er gern gegessen hätte, wie er einen Vogel wegfliegen sieht, den er gerne in der Hand gehalten hätte; denn er selbst spürt die Unmöglichkeit, das eine wie das andere zu bekommen. Er sieht das, was man ihm wegnimmt, nur als etwas, das er nicht hat behalten können, und das, was man ihm vorenthält, nur als etwas, das er nicht erlangen konnte. Und genauso wenig wie er den Tisch schlagen würde, an dem er sich gestoßen hat, genauso wenig würde er auch die Person schlagen, die sich ihm widersetzt. In allem, was ihn bekümmert, fühlt er die Kraft der Notwendigkeit, die Auswirkung seiner eigenen Schwäche, niemals das Werk des bösen Willens eines anderen … Einen Augenblick noch!«, sagte sie recht lebhaft, als sie sah, dass ich antworten wollte; »ich ahne bereits Ihren Einwand; ich werde sogleich darauf zurückkommen.

Was das Geplärr der Kinder befördert, ist die Aufmerksamkeit, die man ihnen gewährt, sei es, um ihnen nachzugeben, sei es, um sich ihnen zu widersetzen. Manchmal müssen sie nur merken, dass man ihr Weinen nicht möchte, um einen ganzen Tag lang zu weinen. Ob man sie liebkost oder ihnen droht, die Mittel, die man ergreift, um sie zum Schweigen zu bringen, sind alle schädlich und fast immer wirkungslos. So lange man ihre Tränen beachtet, haben sie einen Grund, damit fortzufahren. Doch sie ändern das bald, wenn sie sehen, dass man sie nicht beachtet, denn ob alt oder jung, niemand nimmt gerne vergebliche Mühen auf sich. Genau das widerfuhr mir mit meinem älteren Sohn. Zuerst war er ein kleiner Schreihals, der alle Welt taub machte, und Sie können bezeugen, dass man ihn im Haus nun nicht mehr hört, so als hielten sich darin keine Kinder auf. Er weint, wenn er leidet – das ist die Stimme der Natur, der man nie Gewalt antun soll –, doch er schweigt in dem Augenblick, in dem er nicht mehr leidet. Daher schenke ich seinen Tränen große Aufmerksamkeit, da ich sicher bin, dass er sie nie umsonst vergießt. Ich gewinne damit zur rechten Zeit das Wissen, wann er Schmerz empfindet und wann nicht, wann es ihm gut geht und wann er krank ist; diesen Vorteil verliert man bei denen, die aus einer Laune heraus weinen, und das nur tun, um sich trösten zu lassen. Im Übrigen gebe ich zu, dass dieser Punkt nicht leicht bei Ammen und Gouvernanten durchzusetzen ist: Da nämlich nichts verdrießlicher ist, als ein Kind immer jammern zu hören, und da diese guten Frauen nichts als den gegenwärtigen Augenblick wahrnehmen, denken sie nicht daran, dass das Kind, wenn sie es heute zum Schweigen bringen, morgen umso mehr schreien wird. Das Schlimmste ist, dass die Starrköpfigkeit, die das Kind dadurch annimmt, in einem fortgeschrittenen Alter Folgen haben wird. Derselbe Grund, der ihn mit drei Jahren zum Schreihals macht, macht ihn störrisch mit zwölf, zum Streithahn mit zwanzig, herrschsüchtig mit dreißig und unerträglich sein ganzes Leben lang.

Nun zu Ihrem Einwand«, sagte sie lächelnd zu mir: »Bei allem, was man den Kindern zubilligt, erkennen diese mühelos, dass man ihnen entgegenkommen möchte; bei allem, was man von ihnen fordert oder ihnen verwehrt, müssen sie aber Gründe vermuten, ohne diese zu hinterfragen. Das ist ein weiterer Vorteil, den man gewinnt, wenn man bei Gelegenheiten, die dies erfordern, eher Autorität als Überzeugungskraft anwendet. Denn weil es nicht möglich ist, dass sie niemals den Grund, aus dem wir so handeln, mitbekommen, ist es natürlich, dass sie diesen auch dann noch vermuten, wenn sie eigentlich nicht in der Lage sind, ihn zu erkennen. Sobald man hingegen etwas ihrem Urteil unterwirft, verlangen sie, über alles zu urteilen, werden spitzfindig, kleinlich, unaufrichtig, reichlich zänkisch und versuchen unablässig, die zum Schweigen zu bringen, welche die Charakterlosigkeit haben, sich ihrem mäßigen Verstand auszusetzen. Wenn man gezwungen ist, ihnen Rechenschaft abzulegen über Dinge, die sie nicht im Stande sind zu verstehen, so schreiben sie die klügste Vorsicht einer Laune zu, sobald jene ihren Verstand übersteigt. Kurzum, das einzige Mittel, sie empfänglich für die Vernunft zu machen, besteht darin, nicht mit ihnen zu räsonieren, sondern sie wohl zu überzeugen, dass die Vernunft ihrem Alter nicht entspricht. Denn dann vermuten sie sie auf der Seite, auf der sie sein soll, zumindest solange man ihnen keinen guten Grund gibt, anders zu denken. Sie wissen wohl, dass man sie nicht quälen möchte, wenn sie sicher sind, dass man sie liebt, und darin täuschen sich die Kinder selten. Wenn ich den meinen also etwas abschlage, diskutiere ich überhaupt nicht mit ihnen, ich sage ihnen gar nicht, weshalb ich nicht will, doch lasse ich es sie, so denn möglich, selbst einsehen, und das manchmal auch erst später. So verstehen sie mit der Zeit, dass ich ihnen niemals etwas abschlage, ohne dafür einen guten Grund zu haben, wenngleich sie diesen nicht immer erkennen.

Von demselben Prinzip ausgehend, werde ich auch nicht dulden, dass meine Kinder sich in die Unterhaltung der vernünftigen Leute einmischen, und sich einfältigerweise einbilden, dass sie daran gleichberechtigt teilhaben könnten, wenn man ihr unangebrachtes Geschwätz duldet. Ich möchte, dass sie bescheiden und mit wenigen Worten antworten, wenn man sie fragt, niemals aber aus eigenem Antrieb sprechen, und vor allem sich nicht einmischen, um unschicklich Menschen Fragen zu stellen, die älter als sie selbst sind und denen sie Respekt schulden.«

»Wahrlich, Julie«, unterbrach ich sie, »das ist eine große Strenge für eine so zärtliche Mutter! Pythagoras war nicht strenger mit seinen Schülern als Sie mit den Ihren. Nicht nur, dass Sie sie nicht wie erwachsene Menschen behandeln, man könnte auch meinen, Sie fürchteten, sie hörten zu bald auf, Kinder zu sein. Welches angenehmere und sicherere Mittel könnte es geben, etwas zu lernen, als über Dinge, die sie nicht wissen, Leute zu befragen, die aufgeklärter sind als sie? Was würden die Damen in Paris von Ihren Grundsätzen halten, die finden, dass ihre Kinder niemals früh und lange genug schwatzen, und die den Geist, den diese als Erwachsene haben werden, nach den Dummheiten beurteilen, die sie hersagen, wenn sie jung sind? Wolmar wird mir sagen, dass das gut in einem Land sein möge, wo es das oberste Verdienst ist, gut zu plaudern, und wo man nicht mehr denken müsse, solange man nur spricht. Doch Sie, die Ihren Kindern ein so angenehmes Schicksal bereiten wollen, wie werden Sie so viel Glück mit so viel Zwang in Einklang bringen, und was wird bei all diesem Missbehagen aus der Freiheit, die ihnen zu überlassen Sie vorgeben?«

»Wie das?«, erwiderte sie unverzüglich: »Heißt es, ihre Freiheit einzuschränken, indem wir sie hindern, sich an unserer zu vergreifen? Und wüssten sie nur glücklich zu sein, wenn eine ganze Gesellschaft schweigend ihre Kindereien bewundert? Lassen Sie uns das Entstehen ihrer Eitelkeit verhindern oder bremsen wir wenigstens deren Fortschritte – das heißt wirklich an ihrer Glückseligkeit zu arbeiten. Denn die Eitelkeit des Menschen ist die Quelle seines größten Leids und es gibt keine noch so vollkommene oder gefeierte Person, der sie nicht noch mehr Kummer als Freuden bereitete.*

Was kann ein Kind von sich selbst denken, wenn es einen ganzen Kreis gescheiter Leute um sich herum sieht, die es anhören, nervös machen, bewundern, mit niederträchtiger Emsigkeit die Orakelsprüche erwarten, die aus seinem Mund kommen, und bei jeder Geschmacklosigkeit, die es von sich gibt, Freudenschreie ausstoßen? Schon ein erwachsener Mensch hätte wohl Mühe, bei all den falschen Beifallsbekundungen einen kühlen Kopf zu bewahren – überlegen Sie nur, wie es einem Kind dabei ergehen muss! Es verhält sich mit dem Geschwätz der Kinder wie mit den Vorhersagen der Kalender. Es wäre ein Wunder, wenn bei so vielen unnützen Worten der Zufall nie einen Treffer liefern würde. Stellen Sie sich vor, was diese schmeichelhaften Ausrufe bei einer armen Mutter bewirken, die schon von ihrem eigenen Herzen gar zu sehr geblendet wird, und erst bei einem Kind, das nicht weiß, was es sagt, das aber sieht, wie man es feiert! Denken Sie nicht, dass ich, wo ich den Irrtum aufzeige, davor gefeit wäre. Nein, ich sehe den Fehler und erliege ihm. Doch wenn ich die Entgegnungen meines Sohnes bewundere, dann bewundere ich sie wenigstens im Verborgenen. Er lernt nicht, geschwätzig und eitel zu werden, weil er mich Beifall zollen sieht, und genauso wenig werden die Schmeichler die Freude haben, über meine Schwäche zu lachen, weil ich ihnen nachspräche.

Eines Tages, als wir eine Gesellschaft hatten, war ich hinausgegangen, um einige Anordnungen zu erteilen, und als ich zu-

* Wenn auf der Erde je die Eitelkeit einen Menschen glücklich gemacht hat, so war dieser Glückliche bestimmt nur ein Dummkopf.

rückkam, sah ich vier oder fünf große Einfaltspinsel gerade mit ihm spielen, und sie erzählten mir eilig mit einem Anstrich von Nachdruck ich weiß nicht wie viele Artigkeiten, die sie gerade gehört hatten und über die sie ganz entzückt zu sein schienen. ›Meine Herren‹, sagte ich recht kühl zu Ihnen, ›ich zweifle nicht daran, dass Sie wissen, wie Sie Marionetten recht hübsche Dinge sagen lassen. Doch hoffe ich, dass meine Kinder eines Tages Männer sein werden, dass sie eigenständig handeln und reden werden, und dann werde ich immer noch voller Herzensfreude erfahren, was sie Gutes gesagt und getan haben.‹ Seit man gesehen hat, dass diese Art, einem den Hof zu machen, nichts bewirkt, spielt man mit meinen Kindern wie mit Kindern, nicht wie mit einem Kasperle. Man begegnet ihnen nicht mehr als Kamerad, und sie taugen mehr, seit man sie nicht mehr bewundert.

Was Fragen anlangt, so verbietet man sie ihnen nicht unterschiedslos. Ich bin die Erste, die ihnen sagt, dass sie alles, was sie wissen möchten, insbesondere ihren Vater oder mich, sanft fragen sollen. Doch ertrage ich nicht, dass sie eine ernste Unterhaltung unterbrechen, um alle Welt mit der ersten Gedankenlosigkeit, die ihnen durch den Kopf geht, zu beschäftigen. Die Kunst zu fragen ist nicht so leicht, wie man denkt. Sie ist weit mehr eine Kunst der Lehrer als der Schüler; man muss schon viele Dinge gelernt haben, um zu wissen, wie man das erfragen soll, was man nicht weiß. ›Der Weise weiß und fragt nach‹, besagt ein indisches Sprichwort, doch der Unwissende weiß nicht einmal, wonach er fragen soll*. Mangels dieser Vorkenntnis stellen Kinder in ihrer Freiheit niemals etwas anderes als unpassende Fragen, die zu nichts dienen, oder sie stellen tiefsinnige oder anzügliche Fragen, deren Auflösung ihren Ho-

* Dieses Sprichwort stammt aus Chardin, Duodezausgabe, V. Teil, S. 170.

rizont übersteigt. Und da sie schließlich nicht alles wissen müssen, ist es wichtig, dass sie nicht das Recht haben, alles zu fragen. Das ist also allgemein gesprochen der Grund, weshalb sie besser durch die Fragen lernen, die man ihnen stellt, als durch die, die sie selbst stellen.

Wenn diese Methode für sie so nützlich ist, wie man glaubt, ist nicht die oberste und wichtigste Einsicht, die sich ihnen ziemt, zurückhaltend und bescheiden zu sein? Und gibt es eine andere, die sie auf Kosten dieser lernen müssen? Was also bringt es in den Kindern hervor, wenn man sie ungehemmt reden lässt, bevor sie es überhaupt richtig gelernt haben, und man ihnen dieses Recht gewährt, die erwachsenen Menschen frech ihrem Verhör zu unterwerfen? Kleine geschwätzige Frager, die weniger fragen, um etwas zu lernen, als um zu stören und um alle Welt mit sich zu beschäftigen, und die an diesem Geschwätz noch mehr Gefallen finden durch die Verlegenheit, in die einen manchmal ihre indiskreten Fragen bringen und derer sie dergestalt gewahr werden, dass jeder unruhig wird, sobald sie nur den Mund aufmachen. Das ist weniger ein Mittel, um sie zu unterweisen, sondern viel mehr, um sie unbesonnen und eitel zu machen. Meiner Meinung nach ist der Nachteil größer als der Vorteil nützlich, den sie dadurch erlangen, denn die Unwissenheit verringert sich in Stufen, die Eitelkeit indes nimmt nur weiter zu.

Das Schlimmste, was durch diese zu lange aufgeschobene Zurückhaltung geschehen könnte, wäre, dass mein Sohn im Alter der Vernunft schwerer eine leichtfüßige Unterhaltung führen könnte und sich dabei weniger lebhaft und eloquent ausdrücken würde. Und in Anbetracht dessen, wie sehr diese Gewohnheit, sein Leben mit Nichtigkeiten zu verbringen, den Geist schmälert, würde ich dieses glückliche Unvermögen eher als etwas Gutes als etwas Schlechtes ansehen. Die müßiggängerischen Leute, die stets von sich selbst gelangweilt sind, geben sich große Mühe, der Kunst des Amüsements viel Gewicht beizumessen, und man könnte meinen, dass eine gute Lebensart aus nichts als eitlen Worten und unnützen Geschenken besteht. Doch hat die menschliche Gesellschaft ein edleres Ziel und ihre wahren Freuden haben mehr Bestand. Das Organ der Wahrheit, das würdigste Organ des Menschen, das einzige, dessen Gebrauch es von den Tieren unterscheidet, wurde ihm gewiss nicht gegeben, um daraus am Ende doch keinen besseren Nutzen zu ziehen als die Tiere aus ihrem Gebrüll. Er würdigt sich noch unter sie herab, wenn er spricht und doch nichts sagt – der Mensch muss auch dann Mensch sein, wenn er sich erholt. Wenn es als Höflichkeitsbezeigung gilt, die ganze Welt mit unnützem Gewäsch zu betäuben, dann erkenne ich eine deutlich wahrhaftigere Höflichkeitsbezeigung darin, vorzugsweise die anderen sprechen zu lassen; mehr Gewicht dem zu geben, was sie sagen, als dem, was man selbst sagen möchte; und unter Beweis zu stellen, dass man sie zu sehr schätzt, um sie mit Albernheiten unterhalten zu wollen. Gutes Benehmen in der Gesellschaft, jenes, das uns dort am begehrtesten und beliebtesten macht, besteht nicht so sehr darin, selbst zu glänzen, sondern vielmehr die anderen glänzen zu lassen und mittels Bescheidenheit deren Stolz mehr Raum zu geben. Wir müssen nicht befürchten, dass ein Mensch von Geist, der sich aus Zurückhaltung und Diskretion des Sprechens enthält, je als Dummkopf gelten könne. In keinem Land kann es möglich sein, dass man einen Menschen danach beurteilt, was er nicht gesagt hat, und ihn verachtet, weil er geschwiegen hat. Im Gegenteil, man bemerkt im Allgemeinen, dass die stillen Leute Achtung gebieten, dass man sich vor ihnen selbst zuhört und man ihnen viel Aufmerksamkeit schenkt, wenn sie sprechen. So lässt man ihnen die Freiheit, dann zu reden, wann sie es wollen, wodurch einem nichts des Gesagten entgeht, was den ganzen Vorteil auf ihre Seite bringt.

Es ist selbst für den klügsten Menschen so schwierig, seine Geistesgegenwart in einem langen Redefluss zu bewahren; es ist so selten, dass ihm nicht doch Dinge entschlüpfen, die er nicht mit der Zeit bereut, und dass er lieber das Gute für sich behalten als das Schlechte riskieren möchte. Kurzum, wenn er nicht aus Mangel an Geist schweigt, wenn er nicht spricht, gleich wie verständig er auch sein mag, dann liegt das Unrecht bei denen, die bei ihm sind.

Doch ist es ein langer Weg von sechs bis zu zwanzig Jahren: Mein Sohn wird nicht immer ein Kind sein, und in dem Maße, in dem seine Vernunft erwacht, ist es die Aufgabe seines Vaters, dass sich diese gut in ihm entfalten möge. Was mich anlangt, so geht mein Auftrag nicht so weit. Ich erziehe die Kinder und maße es mir nicht an, Erwachsene zu formen. Ich hoffe«, sagte sie, während sie ihren Mann ansah, »dass sich würdigere Hände dieser edlen Aufgabe annehmen werden. Ich bin Frau und Mutter, ich kann mich mit meiner Stellung zufriedengeben. Noch einmal, meine Funktion ist nicht, meine Söhne zu erziehen, sondern sie darauf vorzubereiten, erzogen zu werden.

Selbst darin befolge ich nur Punkt um Punkt Herrn von Wolmars System, und je weiter ich vorankomme, desto mehr merke ich, wie hervorragend und richtig es ist und wie sehr es zu meinem passt. Betrachten Sie meine Kinder und vor allem den Älteren: Kennen Sie glücklichere, fröhlichere und weniger lästige als diese? Sie sehen sie springen, lachen, den ganzen Tag herumlaufen, ohne jemals jemanden zu stören. Für welche Freuden und für welche Unabhängigkeit wohl ihr Alter empfänglich ist, die sie nicht genießen oder die sie missbrauchen? Sie tun sich sowohl vor mir als auch in meiner Abwesenheit so wenig Zwang an. Im Gegenteil, unter den Augen ihrer Mutter haben sie stets etwas mehr Vertrauen, und obwohl ich die Urheberin aller Strenge bin, die sie spüren, finden sie mich doch am wenigsten streng: Denn ich könnte nicht ertragen, nicht diejenige zu sein, die sie am meisten auf der Welt lieben.

Die einzigen Gesetze, die wir ihnen auferlegen, sind die der Freiheit selbst, nämlich zu wissen, dass sie eine Gesellschaft nicht mehr stören, als diese sie stört und nicht lauter zu schreien, als man zu ihnen spricht. Und da man sie überhaupt nicht verpflichtet, sich um uns zu kümmern, möchte ich auch nicht, dass sie Anspruch darauf erheben, dass wir uns um sie kümmern. Wenn sie so gerechte Gesetze verfehlen, so ist ihre ganze Strafe, unverzüglich zurückgewiesen zu werden, und meine ganze Kunst, sofern sie denn eine ist, besteht darin, dass sie sich nirgends so wohl fühlen wie hier. Abgesehen davon unterdrückt man sie nicht; man zwingt sie nicht, etwas zu lernen, man langweilt sie nicht mit unnützen Berichtigungen und niemals tadelt man sie; die einzigen Lehrstunden, die sie erhalten, sind Praxislehren aus der Einfachheit der Natur. Jeder darüber Unterrichtete unterwirft sich meinen Absichten mit einer Verständigkeit und einer Sorgfalt, die mir nichts zu wünschen übrig lassen. Und wenn ein Fehler zu befürchten ist, dann sieht meine Beharrlichkeit diesen vorher oder berichtigt ihn leicht.

Gestern hat zum Beispiel der Ältere dem Jüngeren eine Trommel weggenommen und ihn damit zum Weinen gebracht. Fanchon sagte nichts, doch eine Stunde später, als der Räuber der Trommel immer noch mit ihr beschäftigt war, nahm sie ihm diese weg; er lief ihr hinterher und wollte sie wiederbekommen, wobei er es nun war, der weinte. Sie sagte zu ihm: ›Sie haben sie mit Gewalt Ihrem Bruder weggenommen, ich nehme sie Ihnen jetzt ebenso weg. Was haben Sie dazu zu sagen? Bin ich nicht die Stärkere?‹ Dann begann sie die Trommel zu schlagen und ihn nachzuahmen, als ob sie großen Gefallen daran gefunden hätte. Bis dahin war alles wundervoll. Doch einige Zeit später wollte sie dem Jüngeren die Trommel wiedergeben. Da hielt ich sie davon ab, denn das war nicht mehr die Lehre der Natur, und daraus konnte ein erster Keim von Neid zwischen den beiden Brüdern entstehen. Durch den Verlust der Trommel hatte der Jüngere das harte Gesetz der Notwendigkeit ertragen, der Ältere bemerkte seine Ungerechtigkeit, beide erkannten ihre Schwäche und beide wurden einen Augenblick später getröstet.«

Ein so neuer und den althergebrachten Vorstellungen so entgegengesetzter Plan hatte mich zunächst erschreckt. Doch ihre Erklärungen ließen mich ihn schließlich bewundern und ich spürte, dass der Gang der Natur stets der beste ist, um den Menschen zu leiten. Den einzigen Nachteil, welchen ich in dieser Methode fand, und dieser Nachteil erschien mir sehr groß, bestand darin, dass in den Kindern die einzige Fähigkeit vernachlässigt wird, die sie vollumfänglich haben und die sich mit fortschreitendem Alter immer weiter abschwächt. Mir schien, dass man nach ihrem eigenen System verfahren müsse: Je schwächer und unzulänglicher die Tätigkeiten des Verstandes wären, desto mehr müsse man das Gedächtnis üben und stärken, da dieses dann die Arbeit unterstützen könne. »Denn das Gedächtnis«, so sagte ich, »muss die Vernunft vertreten, bis diese entstanden ist, und sie, wenn sie entstanden ist, bereichern. Ein Geist, den man in nichts übt, wird durch seine Untätigkeit schwerfällig und dumpf. Der Samen geht nicht auf in einem schlecht vorbereiteten Feld, und ebenso ist es eine seltsame Vorbereitung für das Erlernen von Vernünftigkeit, damit zu beginnen, dumm zu sein.« »Wie, dumm!«, rief sogleich Frau von Wolmar aus. »Würden Sie zwei so unterschiedliche und nahezu entgegengesetzte Eigenschaften wie Gedächtnis und Urteilsvermögen* vermischen? Als ob die Menge an schlecht

* Das scheint mir nicht richtig betrachtet zu sein. Nichts ist so notwendig für das Urteilsvermögen wie das Gedächtnis; das Gedächtnis der Wörter ist damit jedoch nicht gemeint.

verdauten und zusammenhanglosen Dingen, mit denen man einen noch schwachen Kopf füllt, für die Vernunft nicht mehr Schaden als Nutzen bedeuten würde! Ich erkenne an, dass von allen Fähigkeiten des Menschen das Gedächtnis die erste ist, welche sich entwickelt und die bei Kindern am einfachsten auszubilden ist. Doch was ist Ihrer Ansicht nach vorzuziehen: das, was für sie am leichtesten zu lernen, oder das, was für sie am wichtigsten zu wissen ist?

Sehen Sie sich den Gebrauch an, den man bei ihnen von dieser Begabung macht, die Gewalt, die man ihnen antun muss, den ewigen Zwang, dem man sie unterwerfen muss, um ihr Gedächtnis zur Schau zu stellen, und vergleichen Sie den Nutzen, den sie daraus ziehen, mit dem Übel, das man sie dafür erleiden lässt. Wie! Ein Kind zu zwingen, Sprachen zu lernen, die es nie sprechen wird, und das auch noch, bevor es überhaupt die eigene vernünftig erlernt hat; es unaufhörlich Verse wiederholen und bilden zu lassen, die es überhaupt nicht versteht, und deren gesamte Harmonie es bloß an den Fingern abzuzählen braucht; seinen Geist mit Kreisen und Kugeln zu vernebeln, von denen es nicht die geringste Vorstellung hat; es zu überhäufen mit tausend Namen von Städten und Flüssen, die es unaufhörlich verwechselt und die es jeden Tag neu lernt: Bedeutet etwa all das, sein Gedächtnis zum Nutzen seiner Vernunft zu entwickeln, und sind alle diese oberflächlichen Kenntnisse auch nur eine der Tränen wert, die sie das Kind kosten?

Wenn das alles nur nutzlos wäre, würde ich mich weniger beklagen. Doch ist es nichts, ein Kind zu lehren, sich mit Worten zu begnügen und zu glauben, das zu wissen, was es nicht verstehen kann? Könnte es nicht sein, dass eine solche Häufung nur den ersten Ideen schadet, mit denen man einen menschlichen Kopf füllen kann; und wäre es nicht besser, erst gar kein Gedächtnis zu haben, anstatt es mit all dem für die notwendigen Kenntnisse schädlichen Unsinn vollzumachen, welche dieser ersetzt?

Nein, wenn die Natur dem kindlichen Gehirn diese Biegsamkeit gegeben hat, die es dazu befähigt, alle Arten von Eindrücken aufzunehmen, dann gewiss nicht, damit man dort die Namen von Königen eingraviert, von Jahreszahlen, von Begriffen aus der Wappenkunde, Geometrie, Geographie und all diesen Wörtern ohne Sinn für dieses junge Alter und ohne einen Nutzen für welches Alter auch immer, mit denen man ihre traurige und unfruchtbare Kindheit überschüttet – sondern damit all die Ideen, die den Zustand des Menschen beschreiben, all die Ideen, die sein Glück ausmachen und ihn über seine Pflichten aufklären, sich beizeiten in unauslöschlichen Lettern in ihn einschreiben und ihm dazu dienen, sich während seines gesamten Lebens in einer seinem Wesen und seinen Fähigkeiten schicklichen Weise aufzuführen.

Selbst wenn es keine Bücher studiert, bleibt das Gedächtnis eines Kindes nicht untätig: Alles, was es sieht, alles, was es hört, beeindruckt es, und es erinnert sich daran; es führt in sich selbst Buch über die Handlungen und die Gespräche der Menschen. Alles, was es umgibt, wird zu diesem Buch, mit dem es unbewusst und unaufhörlich sein Gedächtnis anreichert, während es darauf wartet, dass sein Verstand davon profitiert. Die wahre Kunst in der Ausbildung seiner ersten Fähigkeiten liegt in der Auswahl der Gegenstände und der Bemühung, dem Kind ohne Unterlass genau die vorzuführen, die es kennen soll, und gleichzeitig jene vor ihm zu verbergen, die es nicht kennen soll. Auf diesem Wege soll man versuchen, einen Vorrat an Kenntnissen für das Kind anzulegen, der in der Jugend seiner Erziehung dienen soll und seinem Benehmen in allen Zeiten. Es mag sein, dass diese Methode keine kleinen Wunderkinder formt und auch die Erzieherinnen und Hauslehrer nicht glänzen lässt. Dafür aber bildet sie urteilsfähige, kräftige und körperlich wie geistig gesunde Menschen, die, ohne dass sie sich in der Kindheit bewundern ließen, sich ehrbar zeigen, sobald sie erwachsen sind.

Denken Sie jedoch nicht«, fuhr Julie fort, »dass wir hier die Bemühungen ganz vernachlässigen, auf die Sie so viel Wert legen. Eine Mutter, die sich auch nur ein bisschen wachsam zeigt, hält die Leidenschaften ihrer Kinder in den Händen. Es gibt Mittel, mit denen man in ihnen den Wunsch erwecken und nähren kann, zu lernen oder dieses und jenes zu tun. Und sofern diese Mittel sich mit der vollkommenen Freiheit des Kindes verbinden können und in ihm keine Saat des Lasters erstehen lassen, verwende ich sie recht gern, ohne aber darauf zu beharren, wenn sich kein Erfolg einstellt. Denn zum Lernen wird immer Zeit bleiben, doch es darf kein Augenblick vergeudet werden, um sein gutes Wesen zu formen. Und Herr von Wolmar hat eine solche Vorstellung von der frühen Herausbildung der Vernunft, dass er den Standpunkt vertritt, dass wenn sein Sohn im Alter von zwölf Jahren nichts wüsste, er doch trotzdem mit fünfzehn genügend unterwiesen wäre; einmal ganz davon abgesehen, dass nichts weniger notwendig ist, als gelehrt zu sein, und nichts notwendiger, als klug und gut zu sein.

Sie wissen, dass unser Ältester schon recht gut liest. Ich erkläre Ihnen, wie bei ihm die Lust zum Lesen entstand. Ich hatte vor, ihm hin und wieder zur Unterhaltung eine Fabel von La Fontaine nachzuerzählen, und hatte gerade damit begonnen, als er mich fragte, ob die Raben sprächen? Sogleich erkannte ich die Schwierigkeit, ihm die Unterscheidung zwischen Lehrfabel und Lüge genau verständlich zu machen, also zog ich mich so gut es eben ging aus der Affäre – und legte La Fontaine in der Überzeugung beiseite, dass Fabeln für Erwachsene gemacht sind, während man Kindern immer die nackte Wahrheit sagen muss. Ich tauschte Lafontaine durch eine Sammlung mit kurzen, interessanten und lehrreichen Geschichten aus, die zumeist aus der Bibel stammten; und als ich dann sah, dass das Kind Gefallen an meinen Erzählungen fand, überlegte ich mir, diese ihm noch nützlicher zu machen, indem ich versuchte, selbst einige möglichst kurzweilige Geschichten zu erfinden und sie immer an die Anforderungen des jeweiligen Moments anzupassen. Ich schrieb sie nach und nach in ein schönes, mit Bildern verziertes Buch, das ich gut verschlossen hielt und woraus ich ihm von Zeit zu Zeit einige Erzählungen vorlas, das aber selten und nicht sehr lange. Dabei wiederholte und erklärte ich oft dieselben Geschichten, bevor ich zu neuen überging. Einem untätigen Kind wird schnell langweilig; die kleinen Geschichten dienten als Mittel zur Zerstreuung. Doch wenn er mir besonders aufmerksam erschien, ermahnte ich mich manchmal dazu, eine Anordnung zu erteilen und legte das Buch einfach bei der spannendsten Stelle achtlos beiseite. Sogleich bat er sein Dienstmädchen oder Fanchon oder jemand anderen darum, dass sie ihm weiter vorlesen sollten. Doch da er keiner Person etwas befehlen darf und wir zuvor Absprachen getroffen hatten, gehorchte man ihm nicht immer: Die eine weigerte sich, die andere hatte etwas zu tun; diese las stockend, langsam und schlecht vor, jene folgte meinem Beispiel und hörte in der Mitte der Geschichte auf. Als man ihn sehr verärgert über so viel Abhängigkeit sah, schlug ihm jemand heimlich vor, selbst lesen zu lernen, um sich aus der Situation zu befreien und das Buch nach eigenem Belieben durchzublättern. Dieses Vorhaben gefiel ihm. Nun galt es, genug willfährige Leute zu finden, die ihm Unterricht erteilen würden; eine neue Schwierigkeit, um die man sich nur so weit kümmerte wie nötig. Trotz aller Behutsamkeit verlor er drei oder vier Mal die Lust, und wir ließen ihn gewähren. Ich habe mich bloß bemüht, die Geschichten noch unterhaltsamer zu gestalten, und so machte er sich wieder mit so viel Begeisterung an die Arbeit, dass er, obwohl er erst vor sechs Monaten wirklich begonnen hat, bald in der Lage sein wird, die Sammlung ganz allein zu lesen.

Ungefähr so werde ich versuchen, seinen Elan und seinen guten Willen anzuregen, damit er seinem Alter entsprechende Kenntnisse erlangt, die Beharrlichkeit und Fleiß erfordern. Doch obwohl er lesen lernt, wird er diese Kenntnisse niemals aus Büchern ziehen. Denn dort finden sie sich kaum; Lesen ist in keiner Weise eine geeignete Tätigkeit für Kinder. Ich möchte ihn auch rechtzeitig daran gewöhnen, seinen Kopf mit Gedanken und nicht mit Worten zu nähren – deshalb lasse ich ihn niemals etwas auswendig lernen.«

»Niemals?«, unterbrach ich: »Das will viel heißen, denn er muss doch wohl schon seinen Katechismus und seine Gebete kennen.« »Darin täuschen Sie sich gerade«, fuhr sie fort. »Was das Gebet anbetrifft, so spreche ich meines jeden Morgen und jeden Abend laut im Zimmer meiner Kinder, und das ist genug, damit sie es erlernen, ohne dass man es für sie zur Pflicht macht. Was den Katechismus anlangt, so wissen sie nicht, was das ist.« »Was, Julie! Ihre Kinder lernen nicht den Katechismus?« »Nein, mein Freund: Meine Kinder lernen ihren Katechismus nicht.« »Wie!«, sagte ich ganz erstaunt, »bei einer so frommen Mutter! ... Ich verstehe Sie überhaupt nicht. Und warum lernen Ihre Kinder den Katechismus nicht?« »Damit sie eines Tages glauben«, sagte sie, »ich möchte eines Tages Christen aus ihnen machen.« »Ach, jetzt habe ich es!«, rief ich aus; »Sie möchten nicht, dass ihr Glaube nur aus Worten besteht, und auch nicht, dass sie nur ihre Religion kennen, sondern dass sie an diese glauben, und Sie denken mit Recht, es sei dem Menschen unmöglich, das zu glauben, was er gar nicht versteht.« »Sie sind recht schwer zufriedenzustellen«, sagte Herr von Wolmar lächelnd zu mir; »Sind Sie etwa zufällig Christ?« »Ich bemühe mich, es zu sein«, antwortete ich mit Festigkeit.

»Ich glaube alles von der Religion, was ich verstehe, und respektiere das Übrige, ohne es zu verwerfen.« Julie gab mir ein Zeichen der Zustimmung, und wir fuhren mit dem Thema unserer Unterhaltung fort.

Nachdem sie auf andere Einzelheiten eingegangen war, welche mir verdeutlichten, wie lebhaft tätig, unermüdlich und vorausschauend mütterlicher Eifer ist, schloss sie mit der Bemerkung, dass sich ihre Methode genau auf die beiden Absichten richte, die sie sich zur Aufgabe gemacht habe: die Entfaltung des kindlichen Naturells und dessen Studium. »Meine werden zu nichts genötigt«, sagte sie, »und sie wüssten nicht, wie sie ihre Freiheit missbrauchen sollten; ihr Charakter kann weder verderben noch sich selbst an die Kette legen; ihr Körper soll sich in Ruhe stärken und ihre Urteilskraft keimen. Keinesfalls entehrt Hörigkeit ihre Seele, die Blicke anderer lassen kaum ihre Eigenliebe gären, sie halten sich weder für mächtige Menschen noch für angekettete Tiere, sondern für glückliche und freie Kinder. Um sie vor den Lastern zu bewahren, die nicht in ihnen sind, haben sie, so scheint mir, einen stärkeren Schutz als Reden, die sie überhaupt nicht verstehen und die sie bald langweilen würden: Das sind zum Beispiel die Sitten, die bei allem vorzufinden sind, was sie umgibt; das sind für sie verständliche Unterhaltungen, die hier für jeden natürlich sind und die man nicht extra für sie zusammenstellen muss; das sind der Friede und die Einigung, die sie aus nächster Nähe sehen; das ist die Übereinstimmung, die sie sowohl im Betragen aller bei Zusammenkünften als auch im Betragen und in den Reden des Einzelnen kontinuierlich herrschen sehen.

Woher, da sie noch in ihrer ursprünglichen Einfachheit aufwachsen, sollten die Laster kommen, deren sie kaum ein Beispiel gesehen haben? Die Leidenschaften, die zu empfinden sie keinerlei Gelegenheit haben? Die Vorurteile, die nichts in ihnen erwecken? Sie sehen, dass kein Irrtum sich ihrer bemächtigt, dass keine schlechte Neigung sich in ihnen zeigt. Ihre Unwissenheit ist nicht eigensinnig, ihre Gelüste sind nicht hartnäckig; Neigungen zum Schlechten wird vorgebeugt, die Natur legitimiert, und alles beweist mir, dass die Fehler, deren wir sie anklagen, nicht das Werk der Natur, sondern unser Werk sind.

So kommt es, dass unsere Kinder, die der Neigung ihres Herzens überlassen sind, ohne dass dieses durch etwas verschleiert oder verfälscht wird, keine äußere und künstliche Gestalt annehmen, sondern genau die ihres ursprünglichen Charakters bewahren. So kommt es, dass ihr Charakter sich täglich unter unseren Augen uneingeschränkt entwickelt, und dass wir die Regungen der Natur bis in ihre geheimsten Bestandteile untersuchen. Da sie sich sicher sind, niemals geschimpft und niemals bestraft zu werden, wissen sie weder, wie man lügt, noch heimlich etwas tut. Und in allem was sie untereinander oder zu uns sagen, lassen sie ohne Zwang all das erkennen, was auf dem Grund ihrer Seele liegt. Mit der Freiheit, den ganzen Tag untereinander zu schwätzen, kommt es ihnen nicht einen Augenblick in den Sinn, vor mir Scham zu empfinden. Ich tadele sie niemals, heiße sie niemals schweigen und gebe auch niemals bloß vor, ihnen zuzuhören. Und auch wenn sie die schändlichsten Dinge der Welt sagten, würde ich nicht vorgeben, davon nichts zu wissen. Doch in der Tat höre ich ihnen mit der größten Aufmerksamkeit zu, ohne dass sie es bemerken; ich führe ein genaues Verzeichnis über das, was sie tun und sagen: Das nämlich sind die natürlichen Erträge des Bodens, der kultiviert werden muss. Ein böses Wort in ihrem Mund ist ein fremdes Kraut, dessen Samen der Wind herbeiträgt; wenn ich es durch einen Tadel abschneide, wird es bald wieder wachsen: Stattdessen suche ich heimlich nach der Wurzel und trage Sorge, sie auszureißen. Ich bin nur«, sagte sie mir lächelnd, »die Dienerin des Gärtners; ich jäte den Garten, rupfe das Unkraut heraus – und er soll das gute Kraut anpflanzen.

Wollen wir uns doch außerdem darauf verständigen, dass bei all der Mühe, die ich mir hätte geben können, eine ordentliche Unterstützung genauso nötig war, um auf Erfolg hoffen zu können; und dass der Erfolg meiner Zuwendungen bald von einem Zusammentreffen von Umständen abhing, das bisher vielleicht nur hier so aufgetreten ist. Es war der Verstand eines aufgeklärten Vaters nötig, um jenseits der bestehenden Vorurteile die wahre Kunst zu durchschauen, wie man Kinder von ihrer Geburt an lenkt. Seine ganze Geduld war nötig, damit man sich an der Verrichtung dieser Kunst beteiligen konnte, ohne dabei aber jemals seinen Lehren durch das eigene Benehmen zu widersprechen. Es brauchte wohlgeborene Kinder, bei denen die Natur bereits so sehr gewirkt hatte, dass man schon allein ihr Werk lieben konnte. Es brauchte rund herum nur verständige und wohlmeinende Hausangestellte, die nicht müde wurden, die Ansichten der Herrschaften nachzuvollziehen – ein einziger grober oder schmeichlerischer Diener hätte genügt, um alles zu verderben. Wirklich, wenn man nur einmal daran denkt, wie viele Einflüsse von außen den besten Absichten schaden und die bestabgestimmten Pläne umwerfen können, muss man dem Schicksal für alles danken, was man Gutes im Leben tut, und zugeben, dass die Weisheit stark vom Glück abhängt.«

»Sagen Sie«, rief ich aus, »dass das Glück noch mehr von der Weisheit abhängt! Sehen Sie nicht, dass dieses Zusammenspiel, über das Sie so glücklich sind, Ihr Werk ist, und dass alles, was sich Ihnen annähert, gezwungen ist, Ihnen ähnlich zu sein? Hausmütter! Wenn ihr euch beklagt, nicht unterstützt zu werden, dann kennt ihr eure Macht schlecht! Seid alles, was ihr sein sollt, denn so werdet ihr alle Hindernisse überwinden; ihr werdet jeden zwingen, seine Pflichten zu erfüllen, wenn ihr nur vernünftig all die euren erfüllt. Sind eure Rechte nicht die der Natur? Trotz aller Grundsätze des Lasters werden sie dem menschlichen Herzen immer viel bedeuten. Ach, seid doch nur Frauen und Mütter, und die sanftmütigste Herrschaft auf Erden wird auch die am meisten geachtete sein!«

Kurz bevor sie unsere Unterhaltung beendete, merkte Julie noch an, dass mit Henriettes Ankunft alles eine neue Leichtigkeit annehme. »Es ist klar«, sagte sie, »dass ich weit weniger Sorgfalt und Geschicklichkeit benötigen würde, wenn ich die beiden Brüder in einen Wettstreit zueinander treten ließe. Doch scheint mir dieses Mittel zu gefährlich. Lieber habe ich mehr Mühen und riskiere dafür nichts. Henriette ist hier eine Ergänzung, da sie ein anderes Geschlecht hat, die Ältere ist, die von den beiden außerdem bis zum Wahnsinn geliebt wird, und ihr Verstand größer ist als ihr Alter. Darum mache ich sie gewissermaßen zu deren ersten Erzieherin und das mit umso mehr Erfolg, als ihnen ihre Lehrstunden weniger verdächtig erscheinen.

Was sie anlangt, so geht mich ihre Erziehung an; doch sind deren Grundsätze so unterschiedlich, dass sie einer eigenen Unterhaltung bedürfen. Wenigstens kann ich bereits sagen, dass es schwierig sein wird, zu den Anlagen der Natur noch etwas hinzuzufügen, und dass sie so viel wert wie ihre Mutter selbst sein wird, wenn irgendjemand auf der Welt so viel wert sein kann.« […]

Emile oder Über die Erziehung

(1762, Auszüge)

»Sie sagen sehr richtig«, gesteht Rousseau am 13. Oktober 1764 in einem Brief an den Genfer Buchhändler Philibert Cramer, »es sei unmöglich, einen Emile hervorzubringen. Doch kann ich nicht glauben, dass Sie das Buch, das diesen Namen trägt, für eine freie Abhandlung über die Erziehung halten. Es ist ein ziemlich philosophisches Buch«.* Der *Émile* ist weder ein Erfahrungsbericht noch ein Erziehungsratgeber. Anschaulich begründet Rousseau wie in einem Gedankenexperiment Prinzipien pädagogischen Handelns, ohne aber den Anspruch zu erheben, dass eine an diesen Grundsätzen ausgerichtete pädagogische Praxis mit den im *Émile* gezeigten Handlungsweisen identisch sein müsse. Denn die von Rousseau entworfene Erziehungs- und Entwicklungsgeschichte des imaginären Zöglings Emile und seines fiktiven Erziehers Jean-Jacques dient der Veranschaulichung, Illustration und Konkretisierung der Möglichkeiten einer Erziehung jenseits gesellschaftlicher Zwänge. Sie fungiert aber nicht als konkrete Anleitung einer solchen Erziehung. In den fünf Büchern unterscheidet Rousseau fünf Entwicklungs- oder Erziehungsphasen – das Säuglings- und Kleinkindalter, die Kindheit, die Vorpubertät, das Jugendalter sowie das frühe Erwachsenenalter –, die jedoch keinen Anspruch auf allgemeine Gültigkeit erheben. Vielmehr geht es darum, zu zeigen, wie sich das erzieherische Handeln stets neu am sich verändernden Verhältnis von Bedürfnissen und Fähig-

* »Vous dites très bien qu'il est impossible de faire un Emile: mais pouvez-vous croire que ç'ait été là mon but et que le livre qui porte ce titre soit un vrai traité d'éducation? C'est un ouvrage assez philosophique […].« Rousseau (1974).

keiten des Heranwachsenden ausrichtet, ohne dieser Entwicklung vorwegzugreifen.

Die folgenden Auszüge befassen sich mit den erziehungstheoretischen Grundlagen (1. Buch), den Bedingungen einer ›glücklichen‹ Kindheit (2. Buch), der Konzeption negativer Erziehung am Beispiel einer Lehr-Lern-Szene über Lichtbrechung (3. Buch) sowie mit der Differenz von Selbst- und Eigenliebe und der moralischen Erziehung im Jugendalter als einer Kultivierung von Mitleid (4. Buch). Der letzte Auszug befasst sich mit Rousseaus Vorstellung von der Natur der Frau und einer ihr korrespondieren Mädchenerziehung, auf die er zu sprechen kommt, als Emile auf seine zukünftige Ehefrau Sophie trifft (5. Buch).

[Aus dem 1. Buch]

Alles, was aus den Händen des Schöpfers kommt, ist gut; alles entartet unter den Händen des Menschen. Er zwingt einen Boden, die Erzeugnisse eines anderen zu züchten, einen Baum, die Früchte eines anderen zu tragen. Er vermischt und verwirrt Klima, Elemente und Jahreszeiten. Er verstümmelt seinen Hund, sein Pferd, seinen Sklaven. Er erschüttert alles, entstellt alles – er liebt die Missbildung, die Monstren. Nichts will er so, wie es die Natur gemacht hat, nicht einmal den Menschen. Er muss ihn dressieren wie ein Zirkuspferd. Er muss ihn seiner Methode anpassen und umbiegen wie einen Baum in seinem Garten.

Ohne das wäre alles noch schlimmer, und unsere Gattung will nicht halb geformt existieren. So, wie es im Augenblick steht, würde ein nach seiner Geburt völlig sich selbst überlassener Mensch das verbildetste aller Wesen sein. Vorurteile, Autorität, Vorschriften, Beispiel – alle die Einrichtungen der Gesellschaft, in denen wir ertrinken, würden seine Natur ersticken und ihm kein Äquivalent dafür geben. Sie müsste, wie ein Bäumchen, das der Zufall mitten auf einem Weg hat wachsen lassen, alsbald zugrunde gehen, weil die Vorübergehenden es von allen Seiten stoßen und in alle Richtungen biegen würden.

An dich wende ich mich, zärtliche und klarblickende Mutter*,

* Die erste Erziehung ist die wichtigste, und diese erste Erziehung ist unbestreitbar Sache der Frauen: wenn der Schöpfer der Natur gewollt hätte, dass es Sache der Männer sei, so hätte er ihnen Milch zum Nähren der Kinder gegeben. Wendet euch also vorzugsweise an die Frauen in euren Abhandlungen über Erziehung, denn abgesehen davon, dass sie die Erziehung unmittelbarer überwachen können als die Männer und ihr Einfluss darauf immer größer wird, ist ihr Erfolg für sie auch viel wichtiger, da die meisten aller Witwen ihren Kindern nahezu ausgeliefert sind und dann heftig zu spüren bekommen, ob sie ihre Kinder schlecht oder gut erzogen haben. Die Gesetze, immer so sehr mit den Gütern des Lebens und so wenig mit den Menschen beschäftigt, da sie in ihren Zielen den Frieden und nicht die Tugend verfolgen, gestehen den Müttern zu wenig Autorität zu. Sie befinden sich dennoch in einer viel sichereren Lage als die Väter, und ihre Aufgaben sind viel mühevoller. Ihre Sorgfalt ist für ein gut geregeltes Familienleben viel wichtiger, und im Allgemeinen sind sie es, die am meisten an den Kindern hängen. Es gibt Fälle, wo ein Sohn, dem es irgendwie an Respekt vor dem Vater fehlt, zu entschuldigen ist. Wenn aber ein Kind, gleichgültig um was es geht, so entmenscht ist, seiner Mutter den Respekt zu verweigern, der, die es in ihrem Schoß getragen hat, die es mit ihrer Milch genährt hat, die sich in jahrelanger Selbstentäußerung nur um es allein gekümmert hat, so müsste man dieses Kind schleunigst strangulieren wie ein Ungeheuer, das nicht würdig ist, das Licht der Welt zu erblicken. Es wird immer gesagt, dass Mütter ihre Kinder verwöhnen. Damit tun sie sicher unrecht, doch vielleicht weniger als ihr, die ihr sie herabwürdigt. Die Mutter will, dass ihr Kind glücklich

die du abseits von der großen Straße zu gehen und das heranwachsende Bäumchen vor dem Schock der menschlichen Irrtümer zu schützen wusstest! Pflege und tränke das junge Gewächs, bevor es stirbt; eines Tages werden seine Früchte deine Wonne sein. Friede beizeiten die Seele deines Kindes ein; ein anderer mag den Umkreis abstecken wollen, aber du allein musst die Schranken setzen*.

Die Pflanze wird durch Pflege aufgezogen, der Mensch durch die Erziehung. Würde der Mensch groß und stark geboren, so wären Körperwuchs und Kraft ihm völlig unnütz, bis er gelernt hätte, sich ihrer zu bedienen. Sie gerieten ihm sogar zum Nachteil, da die anderen nicht auf die Idee kämen, ihm beizustehen**, und, ganz sich selbst überlassen, müsste er vor Elend sterben, ohne je kennengelernt zu haben, was er braucht. Man klagt über den Zustand der Kindheit, aber man sieht nicht, dass die menschliche Rasse zugrunde ginge, wenn nicht jeder Mensch zuerst Kind gewesen wäre.

Wir werden schwach geboren und bedürfen der Kräfte; wir

ist, und zwar sofort. Hierin hat sie recht: täuscht sie sich über die Mittel, muss man sie aufklären. Ehrgeiz, Geiz, Tyrannei, die missverstandene Vorsorge der Väter, ihre Nachlässigkeit und ihre harte Empfindungslosigkeit sind hundertmal verhängnisvoller für die Kinder als die blinde Zärtlichkeit der Mütter. Es bleibt nur noch der Sinn dessen zu erklären, was ich Mutter nenne, und das wird in der Folge geschehen.

* Man hat mich versichert, dass M. Formey meinte, ich wolle hier von meiner Mutter sprechen, und dass er das auch in irgendeinem Buch ausgesprochen habe. Entweder macht man sich damit auf grausame Weise über M. Formey lustig oder über mich.

** Äußerlich ihnen ähnlich ohne die Gabe der Sprache und des Denkens, das sie zum Ausdruck bringt, wäre er nicht in der Lage, ihnen sein Hilfsbedürfnis verständlich zu machen, und nichts an ihm würde es ihnen kundtun.

werden hilflos geboren und bedürfen des Beistands; wir werden dumm geboren und bedürfen des Verstandes. All das, was uns bei der Geburt noch fehlt und dessen wir als Erwachsene bedürfen, wird uns durch die Erziehung zuteil.

Diese Erziehung kommt uns von der Natur oder den Menschen oder den Dingen. Die innere Entwicklung unserer Fähigkeiten und unserer Organe ist die Erziehung durch die Natur. Der Gebrauch, den man uns von dieser Entwicklung zu machen lehrt, ist die Erziehung durch die Menschen, und der Gewinn unserer eigenen Erfahrung mit den Gegenständen, die uns affizieren, ist die Erziehung durch die Dinge.

Jeder von uns wird also durch drei Arten von Lehrmeistern gebildet. Der Schüler, in dem sich ihre verschiedenen Lehren widerstreiten, ist schlecht erzogen und wird immer uneins sein mit sich selbst. Derjenige, bei dem es keine inneren Widersprüche gibt, wo alles auf ein Ziel ausgerichtet ist, ist der einzige, der sein Ziel erreicht und konsequent lebt. Er allein ist richtig erzogen.

Nun hängt von diesen drei Erziehungsarten die erste, die der Natur, keineswegs von uns selbst ab, die durch die Dinge nur in gewisser Hinsicht, wogegen die durch die Menschen die einzige ist, derer wir wirklich Herr sind – wenigstens unter gewissen Voraussetzungen. Denn wer könnte schon hoffen, über alle Reden und Handlungen, denen ein Kind ausgesetzt ist, zu bestimmen?

Sobald also die Erziehung zur Kunst wird, ist es nahezu unmöglich, dass sie gelingt, da das zu ihrem Gelingen notwendige Zusammenwirken nicht in der Hand eines Menschen liegt. Das Einzige, was man durch Bemühungen erreichen kann, ist, dem Ziel mehr oder weniger nahe zu kommen, aber man muss Glück haben, um es zu erreichen.

Was ist dieses Ziel? Es ist das der Natur selbst; das wurde gerade eben bewiesen. Da das Zusammenwirken der drei Erziehungsweisen zu ihrem Erfolg notwendig ist, müssen wir die beiden nach der ausrichten, auf die wir keinerlei Einfluss haben. Aber vielleicht ist der Begriff »Natur« zu vage. Wir wollen versuchen, ihn zu fixieren.

Die Natur, so sagt man, ist nur Gewohnheit*. Was bedeutet das? Gibt es nicht Gewohnheiten, die man nur unter Druck annimmt und die niemals die Natur ersticken? So wie zum Beispiel die Gewohnheit der Pflanze, deren senkrechtes Wachstum man verhindert. Lässt man sie später weiterwachsen wie sie will, wächst sie zunächst in der ihr aufgezwungenen Verbogenheit weiter, aber der Strom ihrer Säfte hat deshalb keineswegs seine ursprüngliche Richtung geändert, und lebt die Pflanze weiter, so wächst sie doch wieder in senkrechter Richtung. Genauso ist es mit den Neigungen des Menschen. Solange man in den gleichen Zuständen verharrt, kann man die, die aus der Gewohnheit erwachsen und uns am wenigsten natürlich sind, beibehalten. Aber sobald die Lage sich ändert, hört die Gewohnheit auf und die natürliche Neigung setzt sich durch. Gewiss ist die Erziehung nur eine Gewöhnung. Gibt es aber nicht Menschen, die ihre Erziehung vergessen und verlieren, und andere wieder, die sie bewahren? Woher kommt dieser Unterschied? Will man den Begriff der »Natur« auf die der Natur entsprechenden Gewohnheiten beschränken, so kann man sich dieses ganze Gerede ersparen.

Wir werden empfindsam geboren, und werden von Geburt an auf verschiedenste Weise von den uns umgebenden Dingen

* M. Formey versichert, dass man das so genau nicht sage. Mir scheint es jedoch sehr genau in diesem Vers gesagt, dem ich entgegentreten möchte:

La nature, crois-moi, n'est rien que l'habitude.

M. Formey, der seine Mitmenschen nicht übermütig machen will, bietet uns bescheidenerweise das Maß seines Hirns als Maß allen menschlichen Verständnisses.

affiziert. Sobald uns unsere Empfindungen bewusst werden, sind wir fähig, die Dinge, die sie hervorrufen, zu suchen oder zu meiden, zunächst je nachdem, ob sie uns angenehm oder unangenehm sind, dann je nach Harmonie oder Disharmonie, die wir zwischen uns und jenen Dingen finden und, endlich, je nachdem, wie wir über die von der Vernunft uns gegebene Idee des Glückes oder der Vollkommenheit urteilen. Diese Anlagen intensivieren und festigen sich in dem Maße, als wir aufgeschlossener und intelligenter werden. Jedoch von unseren Gewohnheiten gezwungen, verändern sie sich mehr oder weniger durch unsere vorgefassten Meinungen. Vor dieser Veränderung sind sie das, was ich die Natur in uns nenne.

Auf diese ursprünglichen Anlagen also ist alles zurückzuführen. Und das ginge auch, wenn unsre drei Erziehungsarten nur verschiedenartig wären. Was aber, wenn sie im Gegensatz zueinander stehen? Wenn, anstatt einen Menschen für sich selbst zu erziehen, man ihn für die anderen erziehen will? Dann ist jeder Einklang unmöglich. Gezwungen, gegen die Natur oder die gesellschaftlichen Institutionen zu kämpfen, muss man sich für den Menschen oder den Staatsbürger entscheiden, denn beide in einer Person kann man nicht schaffen.

Jegliche gesellschaftliche Gruppe, ist sie eng begrenzt und einig mit sich selbst, entfremdet sich dem Ganzen. Der Patriot ist hart gegen den Fremden – er ist nur ein Mensch, er ist nichts in seinen Augen*. Obgleich unvermeidlich, ist dies ein geringer Übelstand. Das Wesentliche ist, gut zu den Menschen zu sein, mit denen man lebt. Nach außen hin war der Spartaner ehrgeizig, geizig, ungerecht. Aber Uneigennutz, Rechtlichkeit und Eintracht herrschten innerhalb seiner Mauern. Hütet euch vor

* Daher sind die Kriege einer Republik grausamer als die einer Monarchie. Aber wenn die Kriege der Könige auch gemäßigt sind, ist doch ihr Friede schrecklich. Es ist besser, ihr Feind als ihr Untertan zu sein.

diesen Kosmopoliten, die mit großen Worten in ihren Büchern von Pflichten reden, zu denen sie sich im Alltag nicht herablassen. Solch ein Philosoph liebt die Tataren, damit es ihm erlassen bleibe, seine Nachbarn zu lieben.

Der natürliche Mensch ist sich selbst alles. Er ist die ungebrochene Einheit, das absolute Ganze, das nur zu sich selbst oder seinesgleichen eine Beziehung hat. Der bürgerliche Mensch ist nur eine Bruchzahl, die von ihrem Nenner abhängig ist und deren Wert in ihrer Beziehung zum Ganzen besteht, das heißt dem gesellschaftlichen Ganzen. Die guten gesellschaftlichen Einrichtungen sind diejenigen, die es am besten verstehen, dem Menschen seine Natur zu nehmen, ihm seine absolute Existenz zu entziehen und ihm dafür eine relative zu geben und das *Ich* auf die Einheit der Gemeinschaft zu übertragen, so dass jeder Einzelne sich nicht mehr als Eines, sondern als Teil der Einheit fühlt, der nur noch im Ganzen empfindungsfähig ist. Ein Bürger von Rom war weder ein Cajus noch ein Lucius – er war Römer, sogar in seiner Vaterlandsliebe schloss er sich selbst aus. Regulus erklärte sich zum Karthager, da er zum Eigentum seiner Herren geworden war. Als Fremder weigerte er sich, als Mitglied am römischen Senat teilzunehmen – ein Karthager musste es ihm befehlen. Er entrüstete sich, dass man ihm das Leben retten wollte. Er siegte und kehrte triumphierend zurück, um unter Folterqualen zu sterben. Mir scheint, ein solches Verhalten hat mit den Menschen, die wir heute kennen, kaum noch etwas zu tun.

Der Lakedämonier Pädaretus stellt sich vor, um in den Rat der Dreihundert aufgenommen zu werden. Er wird abgelehnt. Er geht heim voller Freude darüber, dass es in Sparta dreihundert Männer gibt, die wertvoller sind als er. Ich nehme an, dass es ihm mit dieser Demonstration ernst war, und man hat allen Grund, es zu glauben – so zeigt sich der echte Bürger.

Eine Spartanerin hatte fünf Söhne beim Heer und wartete

auf Nachrichten über die Schlacht. Es kommt ein Helot. Zitternd fragt sie ihn aus. – Eure fünf Söhne wurden getötet. – Gemeiner Sklave, habe ich dich das gefragt? Wir haben den Sieg errungen! – Die Mutter eilt zum Tempel, um den Göttern zu danken – so zeigt sich die wahre Bürgerin.

Wer in der bürgerlichen Ordnung die Ursprünglichkeit der natürlichen Gefühle bewahren will, der weiß nicht, was er will. In fortwährendem Widerspruch zu sich selbst, immer schwankend zwischen Neigung und Pflicht, wird er niemals weder Mensch noch Staatsbürger sein; weder für sich selbst noch für die Umwelt wird er je etwas taugen. Er wird ein Mensch von heute sein – ein Franzose, ein Engländer, ein Bourgeois – und das ist gar nichts.

Um etwas zu sein, um sich selbst getreu und immer eine vollkommene Einheit zu sein, muss man so handeln, wie man redet. Man muss mit klarer Entschiedenheit seine Entscheidungen treffen, man muss sie aus weiter Sicht treffen und konsequent verfolgen. Ich warte darauf, dass man mir dieses Wunder vorführe, um zu sehen, ob er ein Mensch oder ein Staatsbürger ist, und wie er es fertigbringt, sowohl das eine wie das andere zu sein.

Aus diesen notwendigerweise gegensätzlichen Dingen entstehen zwei Bildungsformen: eine öffentliche, allgemeine und eine private, häusliche.

Wollt ihr euch eine Vorstellung von der öffentlichen Erziehung machen? Lest Platos »Staat«. Das ist keineswegs eine politische Arbeit, so wie jene denken, die die Bücher nach ihren Titeln beurteilen. Es ist die schönste Abhandlung über die Erziehung, die je geschrieben wurde. – Will man auf Hirngespinste hinweisen, zitiert man Platos Verfassung. Hätte Lykurg die seine niedergeschrieben, fände ich sie noch viel absurder. Plato hat nichts anderes getan, als das Menschenherz zu läutern. Lykurg hat es denaturiert.

Eine öffentliche Erziehung existiert nicht mehr und kann auch nicht mehr existieren. Denn wo kein Vaterland mehr ist, kann es auch keine Staatsbürger mehr geben. Diese beiden Worte: *Vaterland* und *Staatsbürger* müssen aus den modernen Sprachen gestrichen werden. Ich kenne sehr wohl den Grund, will ihn aber nicht nennen. Er hat mit meinem Thema nichts zu tun.

Unter öffentlicher Bildungsanstalt verstehe ich nicht diese lächerlichen Anstalten, die man Kollegien nennt*. Ebenso wenig zählt für mich die Erziehung der vornehmen Gesellschaft, denn diese Erziehung, die zwei einander gegensätzliche Ziele verfolgt, erreicht keines von beiden – sie dient nur dazu, Doppelwesen zu erzeugen, die scheinbar stets an ihre Mitmenschen denken, in Wahrheit aber nur an sich selber. Diese jedermann glatt von der Zunge gehenden Beteuerungen können niemanden täuschen. Diese Mühe kann man sich sparen.

Aus diesen Widersprüchen entsteht jener, den wir unablässig in uns selbst verspüren. Von der Natur und von den Menschen auf entgegengesetzte Bahnen gezogen, gezwungen, bald diesen, bald jenen Antrieben nachzugeben, lassen wir uns von einer Verquickung beider leiten und kommen so weder zu dem einen noch zu dem andern Ziele. Solcherart geschlagen und schwankend das ganze Leben hindurch, beendigen wir es, ohne mit uns selbst einig geworden zu sein, ohne weder uns selbst noch anderen genutzt zu haben.

Bleibt endlich die häusliche oder natürliche Erziehung. Aber

* An mehreren Schulen, besonders an der Universität in Paris, gibt es Professoren, die ich sehr liebe und achte, und die ich für sehr geeignet hielte, die Jugend zu bilden, wenn sie nicht gezwungen wären, dem herrschenden Brauch zu folgen. Ich möchte einen von ihnen dazu anregen, den Reformplan, den er abgefasst hat, zu publizieren. Man wird dann vielleicht endlich geneigt sein, das Übel zu heilen, wenn man gesehen hat, dass es ein Mittel dagegen gibt.

was könnte ein Mensch, der einzig für sich selbst erzogen worden wäre, seiner Umwelt bedeuten? Wäre es möglich, die beiden Erziehungsziele, die uns vorschweben, in einem einzigen zu vereinigen, dann würde man die menschlichen Widersprüche tilgen und ein großes Hindernis zu seiner Glückseligkeit beiseiteräumen. Um das beurteilen zu können, müsste man ihn als fertigen Menschen sehen, man müsste seine Neigungen beobachtet, seine Fortschritte verfolgt haben und seinem Weg gefolgt sein – mit einem Wort, man müsste den natürlichen Menschen kennen. Ich glaube, dass man nach der Lektüre dieses Buchs in dieser Richtung einige Schritte weitergekommen sein wird.

Was haben wir zu tun, um diesen seltenen Menschen heranzubilden? Zweifellos viel, nämlich verhüten, dass etwas getan wird. Handelt es sich nur darum, gegen den Wind anzugehen, laviert man. Aber wenn das Meer bewegt ist, und man will auf der Stelle bleiben, muss man Anker werfen. Pass auf, junger Steuermann, dass dir das Tau nicht entgleitet oder, weil dein Anker nicht fasst, dein Schiff abtreibt, ehe du dessen gewahr wirst.

In der sozialen Ordnung, wo jeder Platz vorgezeichnet ist, muss jeder Mensch für den seinen erzogen werden. Verlässt ein Einzelner den ihm bestimmten Platz, ist er für nichts mehr zu gebrauchen. Die Erziehung ist nur so weit von Nutzen, als das Schicksal mit der von den Eltern bestimmten Laufbahn übereinstimmt. In jedem andern Fall schadet sie dem Zögling, und sei es nur der Vorurteile wegen, die sie ihm beigebracht hat. In Ägypten, wo der Sohn verpflichtet war, den Beruf des Vaters zu übernehmen, hatte die Erziehung wenigstens einen gesicherten Zweck. Aber bei uns, wo nur der Stand besteht und die Menschen unaufhörlich wechseln, weiß niemand, ob der Sohn, wenn er zu seinem Stande erzogen wird, nicht gegen ihn arbeitet.

In der natürlichen Ordnung, wo die Menschen alle gleich sind, ist das Menschsein ihr gemeinsamer Beruf. Und wer immer zum Menschsein erzogen wurde, kann nicht fehlgehen in der Erfüllung aller Aufgaben, die es verlangt. Ob mein Zögling zum Waffenhandwerk, zum Dienst an der Kirche oder zur Juristerei bestimmt ist – das ist mir ganz gleichgültig. Vor der Bestimmung der Eltern fordert ihn die Natur für das menschliche Leben. Leben ist der Beruf, den ich ihn lehren will. Aus meinen Händen entlassen, wird er – und ich bin damit einverstanden – weder Beamter noch Soldat, noch Priester, er wird in erster Linie Mensch sein. Notfalls wird er, was ein Mensch sein muss, genauso gut können wie jeder andere, und mag das Schicksal ihm auch einen anderen Platz zuweisen – immer wird er den ihm bestimmten behaupten. Occupavi te, fortuna, atque cepi: omnesque aditus tuos interclusi, ut ad me aspirare non posses.

Unser eigentliches Studium gilt der Stellung der Menschen im Leben. Wer von uns das Gute sowie das Schlimme dieses Lebens am besten zu ertragen vermag, ist nach meinem Ermessen der am besten Erzogene; woraus zu entnehmen ist, dass die wirkliche Erziehung weniger aus Vorschriften als aus praktischen Übungen besteht. Wir beginnen zu lernen, wenn wir beginnen zu leben. Unser erster Lehrer ist unsre Amme. So hatte auch das Wort »Erziehung« bei den Alten einen Sinn, den wir ihm nicht mehr unterlegen – es bedeutete »Aufziehen«. Educit obstetrix, sagt Varro, educat nutrix, instituit paedagogus, docet magister. So sind Aufzucht, Erziehung und Unterricht in Bezug auf ihr Objekt ebenso voneinander verschieden wie die Kinderfrau, der Erzieher und der Lehrer. Aber diese Unterscheidungen werden missverstanden. Um gut geleitet zu werden, darf das Kind nur einem einzigen Führer folgen.

Wir müssen darum unsere Gedanken verallgemeinern und in unserm Zögling den Menschen schlechthin betrachten, den Menschen, der allen Zufällen des menschlichen Daseins ausgesetzt ist. Wenn die Menschen im Boden eines Landes angewachsen geboren würden, wenn es das ganze Jahr über nur eine Jahreszeit gäbe, wenn jeder so an sein Schicksal gebunden wäre, dass er sich nie davon freimachen könnte, so wäre die bestehende Praxis in gewisser Hinsicht gut. Das Kind, in seinen Zustand hineingeboren, aus dem es nie herauskönnte, könnte niemals der Unbill eines anderen ausgesetzt sein. Kann man sich jedoch, in Anbetracht der Wandelbarkeit der Umstände, in Anbetracht dieses unruhigen und in fortwährenden Umwälzungen begriffenen Jahrhunderts eine unsinnigere Methode vorstellen als die, ein Kind in der Weise aufzuziehen, als brauche es nie sein Zimmer zu verlassen, als bleibe es für immer im Kreis der ihm vertrauten Menschen? Tut das unglückliche Geschöpf auch nur einen einzigen Schritt ins Freie, steigt es nur eine Stufe hinab, ist es verloren. So lehrt man es nicht, Schmerzen zu ertragen; so erzieht man es dazu, sie zu fühlen.

Man denkt immer nur daran, sein Kind zu behüten. Das genügt nicht – man muss es lehren, sich als Mensch selbst zu schützen, die Schicksalsschläge zu ertragen, dem Überfluss wie dem Elend gegenüber Haltung zu bewahren und, wenn es sein muss, in der eisigen Kälte Islands oder auf dem glühenden Felsen Maltas zu leben. Ihr mögt alles tun, dass es nicht sterbe – es muss aber trotzdem einmal sterben. Und wäre sein Tod nicht einmal das Werk eurer Fürsorge – sie wäre dennoch falsch gewesen. Es geht weniger darum, es am Sterben zu hindern als darum, es am Leben zu halten. Leben heißt nicht atmen, sondern handeln; es heißt, unsre Organe zu gebrauchen, unsre Sinne, unsre Fähigkeiten, alles, was in uns ist und uns das Bewusstsein unsrer Existenz gibt. Nicht derjenige, der die meisten Jahre zählt, hat am längsten gelebt, sondern der, der das Leben am stärksten erlebt hat. So wird mit hundert Jahren zu Grabe getragen, wer schon als Toter geboren wurde. Es wäre für ihn ein Gewinn gewesen, jung zu sterben, wenn er wenigstens bis dahin gelebt hätte.

[Aus dem 2. Buch]

Immer wollen wir in unserer schulmeisterlichen und pedantischen Manie den Kindern etwas beibringen, was sie viel besser allein lernen, und vergessen darüber das Einzige, was wir ihnen wirklich hätten beibringen können. Gibt es etwas Dümmeres als die Mühe, die man sich macht, sie laufen zu lehren, als gäbe es Erwachsene, die durch die Nachlässigkeit ihrer Amme nicht gehen könnten! Aber wie viele Menschen gibt es, die ihr Leben lang schlecht gehen können, weil man es ihnen schlecht beigebracht hat!

Emile wird weder Fallhauben, Gehkörbe, Laufwägelchen noch Gängelbänder haben, wenigstens wird er, sobald er einen Fuß vor den andern setzen kann, nur auf gepflasterten Stellen gestützt werden, über die man ihm rasch hinweghilft*. Anstatt ihn in der verbrauchten Luft eines Zimmers vegetieren zu lassen, führe man ihn täglich nach draußen. Da soll er laufen und herumtollen; und wenn er hundertmal am Tag hinfällt – umso besser, dann lernt er auch am besten, wie er wieder aufstehen kann. Die Wohltat der ungebundenen Freiheit entschädigt reichlich für viele Wunden. Mein Zögling wird oft blaue Flecken haben, dafür ist er aber immer fröhlich. Wenn eure weniger haben, sind sie dafür quengelig, fühlen sich unterjocht und sind missmutig. Ich zweifle daran, dass der Vorteil auf ihrer Seite ist.

Noch eine andere Entwicklung hat zur Folge, dass die Kinder das Jammern weniger notwendig haben: die Entwicklung ihrer Kräfte. Weil sie mehr selbst zu tun vermögen, sind sie seltener

* Es gibt nichts Lächerlicheres und Unbeholfeneres als den Gang von Leuten, die als kleine Kinder zu lange am Gängelband geführt wurden: auch so eine von den Beobachtungen, die gerade wegen ihrer Alltäglichkeit richtig sind – und das nicht nur in einer Hinsicht.

auf die Hilfe anderer angewiesen. Mit ihrer Kraft wächst zugleich die Einsicht, mit der sie sie zu lenken verstehen. In dieser zweiten Phase beginnt die eigentliche individuelle Existenz; jetzt wird der Mensch sich seiner selbst bewusst. Die Erinnerung erstreckt das Gefühl der Selbstidentität auf alle Augenblicke seines Lebens; er wird nun wirklich ein und derselbe und damit erst fähig zum Glück oder zum Unglück. Darum ist es so wichtig, ihn von jetzt ab als geistiges Wesen anzusehen.

Vermag man auch die maximale Dauer des menschlichen Lebens festzustellen ebenso wie die Wahrscheinlichkeit, die für jedes Lebensalter besteht, sie zu erreichen, so ist doch nichts ungewisser als die Lebensdauer des Einzelnen. Nur wenige Menschen erreichen diesen Endpunkt. Die großen Gefahren lauern in der frühesten Lebenszeit – je weniger man gelebt hat, umso geringer wird die Hoffnung, am Leben zu bleiben. Höchstens die Hälfte aller neugeborenen Kinder erreicht das Jünglingsalter; und so ist es also wahrscheinlich, dass euer Schüler niemals zum Mannesalter gelangen wird.

Was soll man daher von dieser barbarischen Erziehung denken, die die Gegenwart einer ungewissen Zukunft opfert, die ein Kind mit allen möglichen Fesseln bindet und es allmählich unglücklich macht, um ihm für eine ferne Zukunft irgendein angebliches Glück zuzubereiten, das es höchstwahrscheinlich nie genießen wird? Selbst wenn ich voraussetzte, das Ziel der Erziehung sei sinnvoll, wie könnte ich ohne Entrüstung die armen Unglücklichen betrachten, die unter ein unerträgliches Joch gespannt und zu ununterbrochener Galeerensträflingsfron verdammt sind, ohne je die Gewissheit zu haben, dass so viel Mühe ihnen je nützen wird? Das Lebensalter der Fröhlichkeit vergeht ihnen unter Tränen, Züchtigungen, Drohungen und Sklaverei. Man quält den Unglücklichen zu seinem Wohl und übersieht dabei den Tod, den man herbeiruft und der ihn von dieser traurigen Behandlung erlöst. Wer weiß, wie viele

Kinder der Torheit ihres Vaters oder Lehrers zum Opfer fallen und zugrunde gehen? Glücklich, seiner Grausamkeit zu entrinnen, ziehen sie den einzigen Vorteil aus dem ihnen angetanen Übel, indem sie sterben, ohne einem Leben nachtrauern zu müssen, das ihnen nur Qualen bereitete.

Menschen, seid menschlich, das ist eure vornehmste Aufgabe. Seid es jedem Lebensalter gegenüber, allen Ständen und allem, was menschlich ist. Welche Weisheit habt ihr denn noch außer der Menschlichkeit? Liebt die Kindheit, fördert ihre Spiele, ihre Freuden und ihren liebenswerten Instinkt. Wer von euch hätte nicht manchmal dieser Zeit nachgetrauert, da die Lippen nur das Lächeln kennen und die Seele den Frieden? Warum wollt ihr diesen kleinen Unschuldigen versagen, diese kurze Zeit, die ihnen so bald entschlüpft, und dieses kostbare Gut, dessen Missbrauch ihnen fremd ist, auszukosten? Warum wollt ihr diese ersten so rasch vergehenden Jahre mit Bitterkeit und Schmerzen anfüllen, eine Zeit, die für sie ebenso wenig wie für euch je wiederkehren wird? Ihr Väter, wisst ihr denn, in welchem Augenblick der Tod auf eure Kinder lauert? Bereitet euch keine Vorwürfe zu, indem ihr sie der wenigen Augenblicke beraubt, die ihnen das Leben schenkt – lasst sie die Freude am Dasein genießen, sobald sie sie empfinden können; tut alles, damit, wann immer Gott sie zu sich rufen möge, sie nicht sterben müssen, ohne das Leben genossen zu haben.

Wie viele Stimmen werden sich gegen mich erheben! Ich höre schon von weitem das Geschrei dieser falschen Weisheit, die uns fortwährend uns selbst entfremdet, der die Gegenwart nichts gilt, die unablässig einer Zukunft nachjagt, die stets um so viel zurückweicht, wie wir voranschreiten, und die uns dahin bringt, wo wir niemals sein werden, weil sie uns immer dahin bringen will, wo wir nicht sind.

Ihr werdet mir antworten – dies ist die Zeit, die bösen Neigungen des Menschen zu bessern; im Kindesalter, wo die

Schmerzen weniger tief empfunden werden, muss man sie vervielfachen, um sie dem Alter der Vernunft zu ersparen. – Aber wer sagt euch denn, dass ihr das nach eurem Gutdünken einrichten könnt, dass alle die schönen Lehren, mit denen ihr den zarten Geist eines Kindes belastet, ihm nicht eines Tages eher zum Verderben als zum Nutzen gereichen? Wer gibt euch die Gewissheit, dass ihr durch den Kummer, mit dem ihr das Kind so freigebig bedenkt, ihm später irgendetwas erspart? Warum tut ihr ihm mehr Leid an als sein Alter von sich aus mit sich bringt, ohne sicher zu sein, dass das gegenwärtige Leid, das es heute ertragen muss, ihm in der Zukunft zugutekommen wird? Und wie wollt ihr mir beweisen, dass diese bösen Neigungen, die ihr zu heilen vorgebt, ihm nicht viel eher von eurer missverstandenen Fürsorge kommen als von der Natur? Unselige Vorsorge, die ein Wesen in der Gegenwart unglücklich macht, nur auf die mehr oder weniger begründete Hoffnung hin, dass es dadurch eines fernen Tages glücklich werde. Wenn diese durchschnittlichen Vernunftprediger Zügellosigkeit mit Freiheit und ein glückliches mit einem verwöhnten Kind verwechseln, so wollen wir ihnen die Unterschiede beibringen.

Um keinen Hirngespinsten nachzujagen, vergessen wir vor allem nicht, was unserer menschlichen Lage entspricht. Die Menschheit hat ihren Platz in der Ordnung der Dinge; die Kindheit hat den ihren in der Ordnung des menschlichen Lebens. So muss der Mensch im Menschen, das Kind im Kinde betrachtet werden. Jedem seinen Platz zuweisen und ihn dort binden, die menschlichen Leidenschaften ordnen nach der Verfassung des Menschen, das ist alles, was wir zu seinem Wohl tun können. Alles Übrige hängt von Dingen ab, die von außen herangetragen werden und sich unserer Macht entziehen.

Wir wissen nicht, was das absolute Glück oder Unglück ist. In diesem Leben ist alles vermengt, man kann nicht ein einziges reines Gefühl auskosten, nicht zwei Augenblicke lang verharrt man im gleichen Zustand. Die Affektionen unserer Seele sowie die Veränderungen unseres Körpers befinden sich in ständigem Fluss. Das Gute wie das Böse ist uns allen gemein, jedoch in verschiedenem Maß. Wer am wenigsten leidet, ist der Glücklichste; wer sich am wenigsten freut, der Unglücklichste. Überall mehr Leid als Glück – das ist die uns allen gemeinsame Differenz. Das Glück hienieden ist also nur ein negativer Zustand, der an der geringsten Menge Leids gemessen werden muss.

Jedes Schmerzgefühl ist untrennbar von dem Verlangen, sich davon zu befreien, so wie jede Vorstellung von Glück untrennbar ist von dem Wunsch, es zu genießen. Alles Verlangen setzt Entbehrung voraus, alle Entbehrung, die man fühlt, ist schmerzlich. Unser Unglück besteht also in der Disproportion zwischen unserem Verlangen und unseren Fähigkeiten. Ein empfindungsfähiges Wesen, dessen Fähigkeiten seinem Verlangen entsprächen, wäre ein absolut glückliches Wesen.

Worin besteht also die menschliche Weisheit oder der Weg zum wahren Glück? Nicht eigentlich darin, unsere Wünsche einzuschränken; denn hielten sie sich unterhalb der Grenze unseres Vermögens, so bliebe ein Teil unserer Fähigkeiten ungenutzt, und wir gelangten nicht zum vollen Genuss unseres Daseins; noch weniger darin, unsere Fähigkeiten auszuweiten; denn wüchsen zugleich unsere Wünsche in höherem Maße, so würden wir dadurch nur noch elender. Also gilt es, das Übergewicht der Wünsche über die Fähigkeiten zu vermindern, Vermögen und Willen in vollkommenes Gleichgewicht zu setzen. Dann allein, wenn alle seine Kräfte tätig sind und seine Seele dennoch in Frieden ist, ist der Mensch wohlgeordnet.

So hat ihn die Natur, die alles zum Besten macht, von Beginn an eingerichtet. Zunächst gibt sie ihm nur das notwendigste Begehren nach Selbsterhaltung und ausreichende Fähigkeiten, es zu stillen. Alle anderen hat sie wie zur Reserve in den Grund seiner Seele gelegt, damit eine jede sich nach Bedarf entwickle. Nur in diesem ursprünglichen Zustand trifft man auf das vollkommene Gleichgewicht der Kräfte und Wünsche, nur so ist der Mensch glücklich. Sobald aber die virtuellen Fähigkeiten aktiv werden, erwacht die Einbildungskraft, die aktivste von allen, und überholt die andern. Die Einbildungskraft weitet für uns das Maß des Möglichen, sei es im Guten wie im Bösen, und erregt und nährt folglich die Wünsche durch die Hoffnung, sie zu befriedigen. Aber das Ziel, das ganz greifbar schien, entflieht rascher, als man es verfolgen kann. Glaubt man, es zu berühren, verwandelt es sich und zeigt sich wieder vor uns in weiter Ferne. Die zurückgelegte Strecke, die wir nicht mehr sehen, gilt uns nichts, und der Weg, der noch vor uns liegt, wird immer größer. So erschöpfen wir uns, ohne zum Ziel zu kommen, und je weiter wir uns vom Genuss entfernen, umso weiter entfernt sich das Glück von uns.

Umgekehrt, je näher der Mensch dem Naturzustande steht, umso geringer ist die Differenz zwischen seinen Fähigkeiten und seinen Wünschen und umso näher also dem Zustand des Glücklichseins. Niemals ist er weniger elend, als wenn er von allem entblößt zu sein scheint, denn das Unglück besteht nicht in der Entbehrung selbst, sondern in dem Bedürfnis, das sie empfinden lässt.

Die reale Welt hat ihre Schranken, die Welt der Vorstellungen ist unendlich. Da wir die eine nicht erweitern können, so sollten wir die andere einengen, denn nur dem Abstand zwischen diesen beiden Welten entspringen all die Leiden, die uns wirklich unglücklich machen. Streicht Kraft, Gesundheit und gutes Gewissen – und alle Güter dieses Lebens existieren bloß in der Meinung; streicht die Schmerzen des Körpers und die Gewissensbisse – und alle unsere Leiden sind eingebildet. Dies ist ein Gemeinplatz, wird man sagen. Zugegeben. Aber seine praktische Anwendung ist nicht alltäglich, und hier handelt es sich ja ausschließlich um sie.

Wenn man sagt, der Mensch sei schwach – was will man damit sagen? Dieses Wort »Schwäche« bezeichnet ein Verhältnis, nämlich das Verhältnis des Wesens, worauf man es anwendet. Wessen Kraft größer ist als seine Bedürfnisse – sei es ein Insekt, ein Wurm – ist ein starkes Geschöpf; der, dessen Bedürfnisse seine Kräfte übersteigen – sei er ein Elefant, ein Löwe, ein Eroberer, ein Held oder ein Gott –, ist ein schwaches Geschöpf. Der rebellierende Engel, der seine Natur verkannte, war schwächer als der glückliche Sterbliche, der in Frieden seiner Natur gemäß lebte. Der Mensch ist sehr stark, solange er sich damit zufriedengibt, zu sein, was er ist; er ist sehr schwach, wenn er sich über die Menschheit erheben will. Bildet euch also nicht ein, durch die Erweiterung eurer Fähigkeiten an Stärke zuzunehmen; im Gegenteil, ihr vermindert sie, wenn eure Vermessenheit größer ist als sie. Messen wir den Radius unsrer Sphäre und bleiben wir im Zentrum so wie die Spinne in ihrem Netz, und wir werden immer uns selbst genügen und nicht über unsre Schwäche zu klagen brauchen, da wir sie niemals empfinden.

[…]

Der Einzige, der nach eigenem Willen handelt, ist der, der zu seiner Unterstützung keinen fremden Arm braucht; folglich ist das erste aller Güter nicht die Autorität, sondern die Freiheit. Der wahrhaft freie Mensch will nur das, was er kann, und tut nur, was ihm passt. Dies ist mein oberster Grundsatz. Er braucht nur auf die Kindheit angewandt zu werden, und alle Erziehungsregeln werden sich daraus ableiten lassen.

Die Gesellschaft hat den Menschen schwach gemacht, nicht nur, weil sie ihm das Recht über seine eigenen Kräfte nahm, sondern hauptsächlich dadurch, dass sie für ihn nicht mehr ausreichen. Daher kommt es, dass seine Begierden sich mit dem Zunehmen seiner Schwäche vervielfachen, und das eben macht die Schwäche der Kindheit im Vergleich zum Mannesalter aus. Wenn der Mann ein starkes Wesen ist und das Kind ein schwaches, so nicht darum, weil jener mehr absolute Kraft hat als dieses, sondern weil der Mann ganz natürlicherweise sich selbst genügen kann und das Kind nicht. So muss denn der Mann mehr Willensziele haben und das Kind mehr Phantasiewünsche; unter diesem Ausdruck verstehe ich alles, was nicht wirkliches Bedürfnis ist, und was nur mit Hilfe anderer erfüllt werden kann.

Den Grund dieses Zustands der Schwäche habe ich klargelegt. Die Natur sorgt dafür, dass er durch die Zuneigung der Eltern ausgeglichen wird. Aber diese Zuneigung kann ihre Maßlosigkeit und Fehler haben, es kann Missbrauch mit ihr getrieben werden. Eltern, die im gesellschaftlichen Zustand leben, stellen das Kind vorzeitig in ihn hinein. Sie suggerieren ihm mehr Bedürfnisse, als es hat, womit sie seiner Schwäche nicht etwa abhelfen, sondern sie verschlimmern. Sie verschlimmern sie noch mehr, indem sie etwas von ihm verlangen, was die Natur nicht verlangt; indem sie die schwachen Kräfte, die das Kind besitzt, um seinem Willen zu gehorchen, ihrem Willen unterordnen; indem sie die gegenseitige Abhängigkeit, worin das Kind in seiner Schwäche und die Eltern in ihrer Zuneigung gehalten sind, in Sklaverei des einen oder des anderen verwandeln.

Der vernünftige Mensch weiß an seinem Platz zu bleiben: aber das Kind kennt den seinen nicht und kann sich also auch nicht auf ihm behaupten. Es findet unter uns tausend Ausgänge, um zu entweichen, aber der Erzieher muss es an seinem Platz zurückhalten, und das ist keine leichte Aufgabe. Es soll weder Tier noch Mensch sein, sondern Kind. Es soll seine Schwäche spüren, aber nicht darunter leiden; es soll abhängen, aber nicht gehorchen; es soll bitten, aber nicht befehlen. Nur durch seine Bedürfnisse ist es den andern untergeordnet und weil sie besser sehen, was ihm nutzt, was seiner Erhaltung zum Vor- oder Nachteil gereichen kann. Niemand, nicht einmal der Vater, hat das Recht, dem Kind etwas zu befehlen, was ihm zu nichts nützt.

Bevor unsere natürlichen Neigungen durch Vorurteile und menschliche Einrichtungen beeinflusst werden, besteht das Glück der Kinder ebenso wie das der Erwachsenen im Gebrauch ihrer Freiheit. Aber die Freiheit der Kinder ist durch ihre Schwäche beschränkt. Jeder, der tut, was er will, ist glücklich, wenn er sich selbst genügt; so ist es bei dem Menschen, der im Naturzustand lebt. Jeder, der tut, was er will, ist unglücklich, wenn seine Bedürfnisse seine Kräfte überschreiten; so ist es beim Kinde im gleichen Zustand. Die Kinder erfreuen sich also selbst im Naturzustand nur einer unvollkommenen Freiheit, ähnlich der, die der Mensch in der bürgerlichen Gesellschaft genießt. Jeder von uns, der auf die anderen nicht mehr verzichten kann, wird in dieser Hinsicht wieder schwach und unglücklich. Wir wurden geschaffen, um Erwachsene zu sein; die Gesetze und die Gesellschaft haben uns in den Zustand des Kindes zurückgeworfen. Die Reichen, die Großen, die Könige, alle sind wie Kinder: sie sehen, wie man sich eifrig bemüht, ihre Not zu mindern, und schöpfen daraus eine kindische Eitelkeit und sind stolz auf die Sorgfalt, die ihnen niemand zuteilwerden ließe, wären sie fertige Menschen.

Diese Betrachtungen sind wichtig und dienen der Auflösung aller Widersprüche im sozialen System. Es gibt zweierlei Arten von Abhängigkeit: die von den Dingen, die der Natur entspringt; die von den Menschen, die der Gesellschaft entspringt. Die Abhängigkeit von den Dingen, die keinerlei sittliche Bedeutung hat, kann der Freiheit gar nichts anhaben und erzeugt keinerlei Laster; die ordnungswidrige* Abhängigkeit von den Menschen dagegen erzeugt alle Laster, durch die der Herr und der Sklave sich gegenseitig verderben. Das einzige Mittel, dieses Übel in der Gesellschaft zu heilen, wäre, das Gesetz an die Stelle des Menschen zu setzen und den allgemeinen Willen mit wirklichen, jeglichem Einzelwillen überlegenen Kräften auszurüsten. Wenn die Gesetze der Nationen so unbeugsam wären wie die der Natur, die niemals je von menschlicher Kraft gebrochen werden können, dann würde die Abhängigkeit von den Menschen wieder zu der von den Dingen. In der Republik wären alle Vorteile des natürlichen Zustands mit denen der bürgerlichen Gesellschaft vereinigt; man fügte zur Freiheit, die den Menschen frei von allen Lastern hält, die Sittlichkeit, die ihn zur Tugend emporhebt.

Erhaltet das Kind einzig in der Abhängigkeit von den Dingen, dann werdet ihr in seiner Erziehung dem Gesetz der Natur gehorcht haben. Setzt seinen unvernünftigen Wünschen nur natürliche Widerstände entgegen oder Bestrafungen, die aus seinen Handlungen selbst entstehen und deren es sich bei wiederkehrender Gelegenheit erinnert; ohne ihm zu verbieten, Böses zu tun, genügt es, es daran zu hindern. Allein Erfahrung oder Unvermögen sollen die Stelle des Gesetzes einnehmen. Erfüllt seine Wünsche nicht, weil es bittet, sondern weil sie einem Bedürfnis entsprechen. Es soll nicht wissen, was Gehorsam ist, wenn es selbst handelt, noch was Herrschaft ist, wenn man für es handelt. Es soll seine Freiheit gleicherweise in seinen wie in euren Handlungen empfinden. Ergänzt die Kraft, die ihm fehlt, genau in dem Maße, wie es ihrer bedarf, um frei zu sein, nicht aber, um zu herrschen. Es soll eure Dienste als

* In meinen *Grundsätzen des Staatsrechts* wird dargestellt, dass keinerlei Einzelwille in das gesellschaftliche System eingeordnet werden kann.

eine Art Demütigung annehmen und den Augenblick ersehnen, da es darauf verzichten und sich voller Stolz selbst helfen kann.

Zur Kräftigung und zum Wachstum des Körpers verfügt die Natur über Mittel, denen man niemals entgegenwirken soll. Man soll ein Kind nicht zwingen zu bleiben, wenn es gehen will, und zu gehen, wenn es bleiben will. Wenn die Kinder nicht durch unsere Schuld eigensinnig sind, so wollen sie nie etwas Unnötiges. Sie sollen herumspringen, rennen und schreien, wenn sie Lust dazu haben. Alle ihre Bewegungen kommen aus den Bedürfnissen ihrer Konstitution, die sich zu kräftigen sucht; aber Vorsicht vor dem, was sie verlangen, ohne es selbst tun zu können, und was andere für sie tun müssen. Dann muss sorgfältig unterschieden werden zwischen dem wirklichen, natürlichen Bedürfnis und dem erwachenden Phantasiebedürfnis oder dem, das aus dem vitalen Überschwang stammt, von dem ich schon gesprochen habe.

Ich sagte schon, was zu machen ist, wenn ein Kind weint, um dies oder jenes zu bekommen. Ich will nur noch hinzufügen, dass, sobald es mit Worten ausdrücken kann, was es möchte, aber, um es schneller zu bekommen oder es abzutrotzen, mit Weinen seine Bitte unterstützt, man es ihm unwiderruflich verweigern muss. Ihr müsst wissen, wann sein Bedürfnis es zum Sprechen gedrängt hat, und sofort tun, was es möchte. Aber seinen Tränen nachgeben, heißt es zum Weinen animieren, heißt es lehren, an eurem guten Willen zu zweifeln und zu glauben, mit Ungehörigkeit käme man weiter bei euch als mit Artigkeit. Wenn es nicht an eure Güte glaubt, wird es bald bösartig; glaubt es euch schwach, wird es bald eigensinnig. Daher ist es wichtig, ihm beim ersten Zeichen immer gleich das zu gewähren, was man ihm nicht verweigern will. Seid nicht zu verschwenderisch mit dem Verweigern, aber widerruft es nie.

Hütet euch vor allem davor, dem Kind eitle Höflichkeitsfloskeln beizubringen, die ihm im Bedarfsfall als Zauberwort dienen, um seine ganze Umgebung seinem Willen unterzuordnen und sofort zu bekommen, was es gerade möchte. Bei der übertriebenen Erziehung zur Höflichkeit der Reichen bleibt es nie aus, dass sie auf höfliche Weise herrschsüchtig werden, nachdem ihnen die Ausdrücke beigebracht wurden, bei deren Anwendung niemand wagt, ihnen zu widerstehen. Diese Kinder kennen weder bittende Töne noch Worte; sie sind beim Bitten genauso arrogant, wenn nicht mehr, wie beim Befehlen, weil sie so viel sicherer sind, dass ihnen nachgegeben wird. Man merkt sofort, dass in ihrem Mund *s'il vous plaît il me plaît* bedeutet, und dass *je vous prie je vous ordonne* heißen soll. Eine herrliche Höflichkeit, bei der nichts anderes herauskommt als Falschheit und Herablassung. Mir persönlich würde Grobheit bei Emile weniger ausmachen als Arroganz, und es wäre mir viel lieber, er spräche eine Bitte mit den Worten *faites cela* aus als durch den Befehl *je vous prie*. Der Ausdruck, den er gebraucht, ist mir weniger wichtig als die Bedeutung, die er ihm gibt.

Es gibt ein Übermaß an Strenge und ein Übermaß an Nachsicht; eins wie das andere sind zu vermeiden. Lasst ihr die Kinder leiden, setzt ihr ihre Gesundheit und ihr Leben aufs Spiel, so macht ihr sie im Augenblick unglücklich; erspart ihr ihnen durch zu viel Fürsorge jegliche Art von Unbehagen, bereitet ihr ihnen zukünftige Leiden; ihr verzärtelt sie, macht sie überempfindlich und nehmt sie aus dem menschlichen Zustand heraus, in den sie trotz eurer Sorge eines Tages zurückversetzt werden. Um sie keinerlei natürlichem Übel auszusetzen, werdet ihr zum Urheber derer, die sie von Natur aus nicht mitbekommen haben. Ihr werdet sagen, dass ich nun in den Fehler dieser schlechten Väter falle, denen ich vorwarf, sie opferten das Glück ihrer Kinder im Hinblick auf eine ferne Zukunft, die vielleicht niemals eintritt.

Keineswegs. Denn die Freiheit, die ich meinem Zögling gewähre, entschädigt ihn reichlich für die geringfügigen Unannehmlichkeiten, denen ich ihn aussetze. Ich sehe die Kerlchen im Schnee spielen, blaugefroren, erstarrt vor Kälte und kaum noch fähig, die Finger zu bewegen. Es liegt nur bei ihnen, sich wärmen zu gehen, aber sie tun es nicht. Zwänge man sie dazu, so würden sie hundertmal mehr die Härte des Zwangs empfinden als die Härte der Kälte. Worüber beklagt ihr euch also? Mache ich euer Kind unglücklich, nur weil ich es Unannehmlichkeiten aussetze, die es gern ertragen will? In der Gegenwart bereite ich ihm sein Glück, indem ich ihm seine Freiheit lasse; ich bereite es ihm für die Zukunft, indem ich es gegen die Unbill, die es ertragen muss, wappne. Wenn es die Wahl hätte, mein Schüler oder der eure zu sein – glaubt ihr, dass es auch nur einen Augenblick schwanken würde?

Könnt ihr euch auch nur die geringste Zufriedenheit bei einem Geschöpf vorstellen, das seiner Art zuwider lebt? Oder heißt es nicht, den Menschen seiner Art zuwider leben lassen, wenn man ihn von aller Unbill, der seine Gattung ausgesetzt ist, verschonen will? Ja, ich bleibe dabei – um das große Glück empfinden zu können, muss er die kleinen Leiden kennen, so ist seine Natur angelegt. Geht es seiner Physis zu gut, entartet seine Moral. Der Mensch, der den Schmerz nicht kennt, wird weder die Rührung der Menschlichkeit noch die Süße des Mitleids kennenlernen. Sein Herz wird durch nichts bewegt, es ist unzugänglich, er ist ein Unmensch unter den Menschen.

Kennt ihr das sicherste Mittel, euer Kind unglücklich zu machen? Gewöhnt es daran, alles zu bekommen. Denn, da seine Wünsche sich dann durch die Leichtigkeit ihrer Erfüllung unablässig vermehren, werdet ihr früher oder später durch die Unmöglichkeit, sie alle zu befriedigen, gezwungen sein, sie zu verweigern, und diese ungewohnte Verweigerung wird es mehr quälen als der Verzicht auf das, was es wünscht. Zuerst möchte es euren Spazierstock haben, dann eure Uhr, dann den Vogel, der vorbeifliegt; es möchte den Stern, den es leuchten sieht, es möchte alles, was es sieht – wie könnt ihr es zufriedenstellen, wenn ihr nicht geradezu der liebe Gott seid?

Der Mensch ist von Natur so veranlagt, dass er alles als ihm gehörig ansieht, was in seinem Machtbereich liegt. In diesem Sinn ist Hobbes' These bis auf einen gewissen Punkt richtig: Multipliziert die Mittel, unsre Wünsche zu befriedigen, mit unsern Wünschen, und jeder macht sich zum Gebieter über alles. So fühlt sich das Kind, das bloß zu wollen braucht, um zu bekommen, als Herr des Universums. Es betrachtet alle Menschen als seine Sklaven, und wenn man sich schließlich gezwungen sieht, ihm etwas zu versagen, so glaubt das Kind, das bisher alles für erreichbar hielt, was es haben wollte, an einen Akt der Auflehnung. Alle Vernunftgründe, die man ihm in einem Alter vorhält, da es zur Überlegung noch unfähig ist, sind nach seinem Ermessen nichts als Vorwände; es sieht nur bösen Willen: verbittert durch das Gefühl dieser scheinbaren Ungerechtigkeit fasst es einen Hass gegen die ganze Welt. Und ohne je einem Entgegenkommen Dank zu wissen, empört es sich über jeden Widerstand.

Wie könnte ich mir vorstellen, dass ein so von seinem Zorn beherrschtes und von unausrottbaren Leidenschaften verzehrtes Kind jemals glücklich wäre? So ein Kind und glücklich! Es ist ein Despot. Es ist zugleich der niedrigste aller Sklaven und das unglücklichste aller Geschöpfe. Ich habe auf diese Weise erzogene Kinder gesehen, die wollten, dass man das Haus durch einen Stoß mit der Schulter umwürfe; dass man ihnen den Hahn gäbe, den sie auf dem Kirchturm sahen; dass man ein aufmarschierendes Regiment anhielte, damit sie die Trommeln länger hören könnten, und die, ohne auf jemanden zu hören, die Luft mit ihrem Geschrei zerrissen, wenn man ihnen nicht sofort nachgab. Vergebens mühte sich jedermann, ihnen gefällig zu sein; da ihr sonst so leicht gestilltes Begehren gereizt war, versteiften sie sich auf unmögliche Dinge und stießen überall auf Widerspruch, Hindernisse, Kummer und Leid. Immer zänkisch, immer aufsässig, immer wütend verbrachten sie ihre Tage mit Geschrei und Weinen – waren dies vom Glück begünstigte Geschöpfe? Schwäche und Herrschsucht vereinigt erzeugen nur Wahnsinn und Unglück. Von zwei verzogenen Kindern schlägt das eine den Tisch und das andere lässt das Meer peitschen. Sie werden noch viel zu peitschen und zu schlagen haben, bevor sie zufrieden leben können.

Wenn diese Empfindungen von Herrschsucht und Tyrannei sie schon in der Kindheit unglücklich machen, wie wird es erst sein, wenn sie zu Erwachsenen werden und ihre Beziehungen zu den anderen Menschen weitläufiger und mannigfacher werden? Gewohnt, dass sich ihnen alles beugt, welch eine Überraschung, wenn ihnen beim Eintritt in die Welt alles widersteht und sie sich vom Gewicht dieses Universums zermalmt fühlen, das sie glaubten, nach Belieben in Bewegung setzen zu können.

Ihr anmaßendes Benehmen und ihre kindische Eitelkeit bereiten ihnen nur Demütigungen, Geringschätzung und Spott; sie müssen Beleidigungen schlucken wie Wasser. Grausame Prüfungen werden sie bald lehren, dass sie weder ihren Zustand noch ihre Kräfte kennen. Da sie nicht alles können, glauben sie sich zu nichts imstande. Durch zu viele Hindernisse werden sie zurückgestoßen und durch zu viel Verachtung erniedrigt – sie werden feige, ängstlich, kriecherisch und sinken ebenso tief unter sich selbst zurück, als sie sich über sich erhoben hatten.

Kommen wir auf die ursprüngliche Regel zurück. Die Natur hat die Kinder dazu geschaffen, dass man sie liebt und ihnen hilft; aber hat sie sie etwa dazu geschaffen, dass man ihnen gehorcht und sie fürchtet? Hat sie ihnen ein gebieterisches Wesen, ein strenges Auge, eine harte und drohende Stimme verliehen, um einen furchterregenden Eindruck zu machen? Ich kann verstehen, dass das Brüllen des Löwen die Tiere entsetzt, und dass sie bei seinem schrecklichen Anblick erzittern. Aber wenn man je ein widerliches, unwürdiges und komisches Schauspiel sah, dann das einer Versammlung von Würdenträgern in Amtsroben, der Chef an der Spitze, einem Kind in Wickeln zu Füßen, das sie mit pompösen Wendungen feierlich anreden, und das nichts als Geschrei und Gegeifer zur Antwort gibt.

Gibt es wohl, wenn man die Kindheit an sich betrachtet, ein schwächeres, unglückseligeres, mehr als jedes andere von der Gnade der Umwelt abhängigeres Wesen in der Welt, das so sehr des Mitleids, der Fürsorge und des Schutzes bedarf wie ein Kind? Scheint es nicht so, als habe es ein so sanftes Gesicht und ein so rührendes Wesen nur, um seiner Umgebung Teilnahme für seine Schwäche einzuflößen und das heftige Bedürfnis, ihm beizustehen? Was kann also schockierender und naturwidriger sein als ein herrschsüchtiges und eigensinniges Kind, das jeden herumkommandiert und den frechen Ton des Gebieters anschlägt gegenüber denen, die es nur im Stich zu lassen brauchen, um es zugrunde gehen zu lassen.

Wer sieht andererseits nicht, dass die Schwäche der frühesten Jahre den Kindern so viele Fesseln anlegt, dass es barbarisch ist, dieser Abhängigkeit noch die von unseren Launen hinzuzufügen, indem wir ihnen eine so beschränkte Freiheit nehmen, die sie so wenig missbrauchen können und deren Entziehung ihnen sowohl wie uns so wenig nützen kann? So lächerlich ein hochmütiges Kind ist, so gibt es wohl kaum etwas Bemitleidenswerteres als ein verängstigtes Kind. Da mit dem Alter der Vernunft die gesellschaftliche Knechtschaft beginnt, warum sollen wir ihr da mit der privaten zuvorkommen? Dulden wir es doch, dass ein Augenblick des Lebens frei von diesem Joche sei, das die Natur uns nicht auferlegt hat, und gönnen wir der Kindheit den Gebrauch der natürlichen Freiheit, durch die sie wenigstens eine Zeitlang von den Lastern ferngehalten wird, die die Versklavung mit sich bringt. Diese gestrengen Lehrer, diese ihren Kindern versklavten Väter, sie mögen doch kommen mit ihren nichtigen Einwänden, einer wie der andere, und mögen, ehe sie sich mit ihren Methoden brüsten, einmal die der Natur kennenlernen.

Ich komme nun wieder auf die Praxis zurück. Ich sagte bereits, dass eurem Kind nur etwas bewilligt werden soll, wenn es dessen bedarf, nicht aber, weil es danach verlangt*; es soll nichts aus Gehorsam tun, sondern aus Notwendigkeit. So werden die Worte »gehorsam« und »befehlen« aus seinem Wortschatz verbannt sein, und noch mehr die Worte »Pflicht« und »Schuldigkeit«. Dagegen sollen die Worte »Kraft«, »Notwendigkeit«, »Ohnmacht« und »Zwang« darin einen bedeutenden Platz einnehmen. Vor dem Alter der Vernunft hat man weder von moralischen Personen noch von gesellschaftlichen Beziehungen eine Vorstellung. Daher ist es tunlichst zu vermeiden, Worte zu gebrauchen, die darauf hindeuten, damit das Kind ihnen nicht gleich einen falschen Sinn unterlegt, von dem man es kaum je oder überhaupt nicht mehr abbringen kann. Der erste falsche Begriff bildet in seinem Kopf den Keim des Irrtums und des Lasters; diese ersten Ansätze muss man besonders beachten. Sorgt dafür, dass, solange es nur

* Man muss einsehen, dass das Vergnügen manchmal ein Bedürfnis ist, ebenso wie die Strafe oft eine Notwendigkeit. Es gibt also nur einen einzigen Wunsch bei Kindern, dem man nie nachgeben soll: ihnen gehorchen. Daraus folgt, dass man vor allem das Motiv ihrer Bitten zu beachten hat. Gesteht ihnen, soweit möglich, alles zu, was ihnen wirklich Vergnügen machen kann, aber lehnt immer das ab, was sie nur aus Launenhaftigkeit oder aus Autoritätsbedürfnis wollen.

von sinnfälligen Dingen beeindruckt wird, alle seine Vorstellungen bei den Sinnesempfindungen haltmachen und dass es um sich herum nur die physische Welt bemerkt: wenn nicht, so seid gewiss, dass es euch überhaupt nicht zuhört oder dass es sich von der sittlichen Welt, von der ihr ihm sprecht, phantastische Vorstellungen macht, die ihr ihm im Leben nicht wieder auslöschen könnt.

Den Kindern mit Vernunftgründen zu kommen, war Lockes Hauptmaxime, und heute ist sie große Mode. Indessen scheint mir ihr Erfolg nicht recht geeignet, ihr Vertrauen zu schenken. Ich für meine Person kenne nichts Dümmeres als diese Kinder, denen man so viel vorräsoniert hat. Von allen Fähigkeiten des Menschen entwickelt sich die Vernunft, die sozusagen eine Zusammenfassung aller anderen ist, am schwierigsten und spätesten, und ausgerechnet ihrer will man sich bedienen, um die ersten zu entwickeln! Das Meisterwerk der richtigen Erziehung ist, einen vernünftigen Menschen heranzubilden – und das will man durch die Vernunft selbst erreichen! Das heißt, mit dem Abschluss beginnen und das Werk zum Werkzeug machen. Wenn Kinder Vernunft verstünden, brauchten sie nicht erzogen zu werden. Spricht man aber schon in ihrem zartesten Alter mit ihnen in einer Sprache, die sie nicht verstehen, gewöhnt man sie daran, sich mit Worten abzufinden, alles zu bemäkeln, was man ihnen sagt, sich für ebenso weise zu halten wie ihre Lehrer und streitsüchtig und trotzig zu werden. Und alles, was man mit Vernunftgründen bei ihnen zu erreichen hofft, tun sie in Wirklichkeit immer nur aus den Motiven der Begehrlichkeit, Furcht oder Eitelkeit, die man mit jenen verknüpfen muss.

In folgendem Beispiel sind ungefähr alle Morallektionen, die man Kindern gibt und ihnen geben kann, auf die kürzeste Form gebracht:

LEHRER. Das darf man nicht.

KIND. Und warum darf man das nicht?

LEHRER. Weil das nicht recht ist.

KIND. Nicht recht! Was ist unrecht tun?

LEHRER. Was man dir verbietet.

KIND. Was ist schon dabei, wenn ich tue, was man mir verboten hat?

LEHRER. Du wirst wegen Ungehorsams bestraft.

KIND. Dann tue ich es so, dass niemand etwas davon merkt.

LEHRER. Man wird es herausbekommen.

KIND. Dann sage ich nichts.

LEHRER. Man wird dich befragen.

KIND. Dann lüge ich.

LEHRER. Man darf nicht lügen.

KIND. Warum darf man nicht lügen?

LEHRER. Weil das nicht recht ist … usw.

Da haben wir den unvermeidlichen Kreislauf. Weicht davon ab, und das Kind versteht euch nicht mehr. Sind das nicht großartige Belehrungen? Ich möchte zu gern wissen, was man wohl anstelle dieses Dialogs setzen könnte – Locke selbst wäre ganz bestimmt in große Verlegenheit geraten. Gut und Böse zu erkennen, die Begründung menschlicher Pflicht zu verstehen, ist nicht Sache des Kindes.

Die Natur will, dass Kinder Kinder sind, bevor sie zum Erwachsenen werden. Wollen wir diese Ordnung umkehren, erzeugen wir frühreife Früchte, die weder Saft noch Kraft haben und bald verfault sein werden – auf die Art erzeugen wir junge Doktoren und alte Kinder. Die Kindheit hat ihre eigene Weise zu sehen, zu denken und zu empfinden. Nichts ist unsinniger, als ihr die unsrige unterschieben zu wollen. Es wäre genauso unsinnig, wollte man verlangen, ein Kind solle mit zehn Jahren Urteilsfähigkeit besitzen, als fünf Fuß groß sein. Wozu sollte ihm wohl Vernunft in diesem Alter nutzen! Sie ist der Zügel der Stärke, und das Kind hat diesen Zügel nicht nötig.

Wenn ihr euren Zöglingen die Pflicht des Gehorsams einzureden versucht, so verknüpft ihr diese vorgebliche Verpflichtung mit Gewalt und Drohungen oder, schlimmer noch, mit Schmeicheleien und Versprechungen. So, durch egoistische Vorstellungen geködert oder durch Gewalt gezwungen, geben sie vor, durch Vernunft zur Überzeugung gelangt zu sein. Sie sehen sehr wohl, dass Gehorsam ihnen Vorteile und Aufbegehren Nachteile einbringt, sobald ihr etwas davon merkt. Aber da ihr ihnen nichts abverlangt, was ihnen nicht unangenehm wäre und es immer unangenehm ist, sich dem Willen anderer zu fügen, verstellen sie sich, um ihren eigenen Willen durchzusetzen, fest überzeugt, dass sie recht tun, solange man von ihrem Ungehorsam nichts weiß; jedoch aus Furcht vor Strafe sofort bereit, zuzugeben, dass sie unrecht taten, sobald man es entdeckt. Da die Gründe ihrer Pflichten einzusehen ihrem Alter nicht gemäß ist, wird niemand auf der ganzen Welt imstande sein, sie ihnen wirklich begreiflich zu machen. Aber die Furcht vor Züchtigung, die Hoffnung auf Vergebung, die Unannehmlichkeit und Schwierigkeit, zu antworten, entreißen ihnen jegliches Geständnis, das man hören will. Und so glaubt man, sie überzeugt zu haben, wenn man sie in Wahrheit nur gelangweilt oder eingeschüchtert hat.

Was entsteht daraus? Zunächst, indem ihr ihnen eine Pflicht auferlegt, die sie noch nicht begreifen, reizt ihr sie zur Opposition gegen eure Tyrannei mit dem Erfolg, dass sie sich von euch abwenden. Ihr lehrt sie, sich zu verstellen, falsch und verlogen zu werden, um Belohnungen zu erpressen oder sich vor Strafe zu schützen; schließlich gewöhnt ihr sie daran, eine geheime Absicht stets durch eine plausible zu decken und gebt ihnen damit selbst das Mittel in die Hand, euch ununterbrochen zu täuschen, ihren wahren Charakter vor euch zu verbergen und euch und alle anderen bei passender Gelegenheit mit eitlen Worten abzuspeisen. Ihr werdet mir sagen, dass auch Erwachsene unter das Gesetz gezwungen werden müssen, obgleich es für ihr Gewissen selbstverständlich sein sollte. Zugegeben. Aber was für Erwachsene sind das? Durch die Erziehung verdorbene Kinder. Genau dem muss man zuvorkommen. Gebraucht bei Kindern eure Stärke und bei Erwachsenen die Vernunft, so will es die natürliche Ordnung – der Weise braucht keine Gesetze.

Behandelt euren Zögling seinem Alter gemäß. Weist ihm sofort seinen richtigen Platz an und haltet ihn dort so fest, dass er sich nicht von ihm zu entfernen sucht. Dann wird er, noch bevor er weiß, was Vernunft überhaupt ist, die beste Schulung durchmachen, die ihn zu ihr hinführt. Befehlt ihm nie etwas, was immer es auch sein mag – absolut nichts. Suggeriert ihm nicht einmal die Vorstellung, dass ihr die geringste Autorität über ihn haben könntet. Er soll nur wissen, dass ihr stark seid und er schwach ist und dass er euch durch diese Tatsache notwendigerweise ausgeliefert ist. Er soll es wissen, erfahren und spüren, rechtzeitig spüren, das harte Joch auf seinem stolzen Haupt, das die Natur dem Menschen auferlegt, das schwere Joch der Notwendigkeit, unter das sich jedes endliche Wesen beugen muss. Er soll diese Notwendigkeit in den Dingen sehen, niemals in der Laune der Menschen*. Der Zügel, der ihn im Zaum hält, sei die Stärke und nicht die Autorität. Verbietet ihm nicht das, was er nicht tun soll, sondern hindert ihn daran, und zwar ohne Erklärungen und vernünftige Begründungen. Gesteht ihm bei seinem ersten Wort alles zu, wozu ihr bereit seid, ohne ihn bitten und flehen zu lassen, und vor allem bedin-

* Es ist sicher, dass das Kind jeden Willen, der sich dem seinen widersetzt, als unbegründete Laune empfinden wird. So wird es auch das, was sich seinen eigenen Launen widersetzt, als unbegründet empfinden.

gungslos. Bewilligt mit Freude und verweigert es nur mit Bedauern, jedoch unwiderruflich. Lasst euch nicht aus Bequemlichkeit zum Nachgeben verführen, euer *Nein* muss wie eine eherne Mauer sein; ist das Kind fünf- oder sechsmal vergeblich dagegen angerannt, wird es nicht mehr versuchen, sie umzustürzen.

So nur erzieht ihr es zur Geduld, zur Ausgeglichenheit, zum friedfertigen Sich-Abfinden, sogar dann, wenn es das Gewünschte nicht erreicht hat. Denn es liegt in der Natur des Menschen, geduldig die Notwendigkeit der Dinge zu ertragen, aber nicht den bösen Willen der Menschen. Das Wort »Es ist nichts mehr da« ist eine Antwort, der sich noch jedes Kind gefügt hat, wenn es von seiner Wahrheit überzeugt ist. Im Übrigen gibt es hier keinen Mittelweg – entweder man verlangt überhaupt nichts, oder man zwingt es von vornherein zum unbedingten Gehorsam. Das Schlimmste wäre, es zwischen seinem eigenen und eurem Willen schwanken zu lassen und unentwegt darüber zu streiten, wer wessen Meister ist. Mir wäre es hundertmal lieber, wenn das Kind der Meister wäre.

Es ist sehr seltsam, dass man, seit man sich mit der Erziehung der Kinder beschäftigt hat, auf keine anderen Mittel, sie zu leiten, verfallen ist als auf Wetteifer, Eifersucht, Neid, Eitelkeit, Habgier, Feigheit, also gerade die gefährlichsten Leidenschaften, die am schnellsten emporschießen und am geeignetsten sind, die Seele zu verderben, noch ehe der Körper gereift ist. Mit allem, was man vorzeitig ihrem Kopf eintrichtern will, pflanzt man die Wurzel eines Lasters in den Grund ihres Herzens. Hirnlose Lehrer glauben Wunder zu vollbringen, wenn sie die Kinder zum Bösen anleiten, um ihnen beizubringen, was Gutsein ist. Und dann sagen sie uns in tiefem Ernst: so ist der Mensch. Ja, so ist der Mensch, den ihr herangebildet habt.

Alle Mittel hat man ausprobiert, außer einem, dem einzigen, das Erfolg verspricht: die klug geregelte Freiheit. Man soll sich nicht mit der Erziehung eines Kindes befassen, wenn man es nicht dahin zu führen versteht, wohin man es bringen will, durch die Gesetze des Möglichen und des Unmöglichen. Da der Bereich des einen sowie des anderen ihm unbekannt ist, erweitert man ihn oder schränkt ihn nach Gutdünken ein. Man zügelt, treibt oder hält es zurück nur durch die Bande der Notwendigkeit, ohne dass es murrt. Nur durch die Macht der Dinge macht man es sanft und gefügig, ohne dass auch nur irgend ein Laster in ihm zum Aufkeimen käme; denn niemals erwachen die Leidenschaften, wenn sie ohne jede Wirkung sind.

Haltet eurem Zögling keine weisen Reden, er muss durch Erfahrung klug werden. Züchtigt ihn nicht, denn er weiß nicht, was unrecht tun ist. Lasst ihn niemals um Verzeihung bitten, denn er kann euch nicht beleidigen. Da er seinen Handlungen keinerlei Moralbegriffe unterlegen kann, kann er auch nichts moralisch Unrechtes tun, das eine Züchtigung oder einen Verweis verdienen würde.

Ich sehe schon den entsetzten Leser dieses Kind im Vergleich zu solchen beurteilen, wie wir sie allgemein kennen. Das ist falsch. Der ewige Zwang, in dem ihr eure Zöglinge gefangen haltet, stachelt ihre Lebendigkeit an. Je mehr Zwang sie sich unter euren Augen antun, umso ungehemmter sind sie, wenn sie euch entwischen. Es ist klar, dass sie sich für diesen harten Zwang entschädigen, wann immer sie können.

Zwei Schüler aus der Stadt richten überall mehr Schaden an als die Jugendlichen eines ganzen Dorfes. Schließt einen feinen jungen Herrn zusammen mit einem Kind vom Land in ein Zimmer ein. Der Erstere wird alles umgeschmissen und zerbrochen haben, bevor der andere sich noch in Bewegung gesetzt hat. Und warum wohl? Nur darum, weil der eine einen Augenblick der Freiheit voll auskosten will, während der andere, dem seine Freiheit immer garantiert ist, keine Eile hat, sie auszunützen. Trotzdem sind auch die Bauernkinder, denen man einerseits viel erlaubt und andererseits ebenso viel verbietet, noch weit entfernt von dem Zustand, in dem ich sie sehen möchte.

Setzen wir als unbestreitbare Maxime fest, dass die ersten Regungen der Natur immer richtig sind. Es gibt keine ursprüngliche Verdorbenheit im menschlichen Herzen. Es gibt dort nicht ein einziges Laster, von dem man nicht sagen könnte, wie und woher es dort eingedrungen ist. Die einzige dem Menschen natürliche Leidenschaft ist die Selbstliebe oder, in weiterem Sinn, die Eigenliebe. Diese Eigenliebe, an und für sich oder in Beziehung auf uns selbst, ist gut und nützlich. Und da sie keinerlei notwendige Beziehung auf andere hat, ist sie in dieser Hinsicht von Natur indifferent: Sie wird gut oder schlecht erst in ihrer Anwendung und ihren Beziehungen. Bis zu dem Augenblick, da die Vernunft, die Führerin der Eigenliebe, erwacht, ist es daher von höchster Wichtigkeit, dass das Kind nichts tut, weil es gesehen oder gehört wird, nichts, mit einem Wort, in Bezug auf andere, sondern nur das, was die Natur von ihm fordert; dann wird es nur recht tun.

Damit will ich nicht sagen, dass es niemals Schaden anrichtet, dass es sich nie weh tut, dass es nicht vielleicht einmal einen wertvollen Gegenstand in seiner Reichweite zerbricht. Es könnte viel anrichten, ohne Böses zu tun, denn die bösartige Handlung entsteht aus der Absicht, Schaden anzurichten, aber das Kind wird niemals diese Absicht haben. Hätte es sie nur ein einziges Mal, wäre schon alles verloren. Es wäre fast rettungslos bösartig.

In den Augen des Geizes ist manches schlimm, was in den Augen der Vernunft unwesentlich ist. Lässt man die Kinder sich in Freiheit austoben, so muss man auch alles aus ihrer Reichweite entfernen, wodurch diese einen allzu teuer zu stehen kommen könnte. Ihr Zimmer muss einfach und solide ausgestattet sein – keine Spiegel, kein Porzellan, keine luxuriösen

Gegenstände. Mein Emile, den ich auf dem Lande erziehe, wird ein Zimmer haben, das sich in nichts von dem eines Bauernjungen unterscheidet. Warum es liebevoll ausschmücken, wenn er doch so selten darin ist? Aber jetzt habe ich mich geirrt, denn er wird es selber ausschmücken, und wir werden bald sehen, womit.

Wenn es dem Kind nun trotz eurer Vorsichtsmaßnahmen passiert, irgendetwas in Unordnung zu bringen oder etwas Wertvolles zu zerbrechen, so straft es nicht für eure Nachlässigkeit, schimpft nicht mit ihm, sagt ihm nicht ein Wort des Vorwurfs, lasst es nicht einmal merken, dass es euch Kummer gemacht hat; tut genauso, als wäre der Gegenstand von allein entzweigegangen, und seid überzeugt, dass ihr viel getan habt, wenn ihr euch überwinden konntet, nichts zu sagen.

Ob ich es wage, hier die größte, wichtigste und nützlichste Regel jeglicher Erziehung darzulegen? Sie heißt: Zeit verlieren und nicht gewinnen. Der Durchschnittsleser verzeihe mir meine Paradoxa – man braucht sie, wenn man nachdenkt. Und was man mir auch entgegenhalten mag – ich bin lieber der Mann der Paradoxa als der der Vorurteile. Die gefährlichste Zeit des Lebens ist die zwischen der Geburt und dem zwölften Lebensjahr. Das ist die Zeit, in der Irrtümer und Laster keimen, ohne dass man schon die Mittel hätte, sie zu zerstören. Und hat man endlich die Mittel, so ist es zu spät; die Wurzeln sitzen zu tief, um sie auszureißen. Wäre es nur ein Sprung von der Mutterbrust bis zum Alter der Vernunft, so wäre die Erziehung, die man ihnen gibt, angemessen. Aber die natürliche Entwicklung fordert die genau entgegengesetzte. Ihre Handlungen dürfen in nichts durch ihre Seele bestimmt sein, ehe diese nicht über alle ihre Fähigkeiten verfügt. Denn unmöglich kann sie die Leuchte bemerken, die ihr ihr vorhaltet, während sie noch blind ist, unmöglich in der unermesslichen Weite der Vorstellungen einem Wege folgen, den die Vernunft mit so zarten

Strichen vorzeichnet, dass er kaum den besten Augen erkennbar ist.

Die erste Erziehung muss also rein negativ sein. Sie besteht keineswegs darin, Tugend und Wahrheit zu lehren, sondern darin, das Herz vor dem Laster und den Geist vor dem Irrtum zu bewahren. Wenn es euch gelänge, nichts zu tun und nichts geschehen zu lassen, wenn es euch gelänge, euren Zögling gesund und kräftig bis zu seinem zwölften Lebensjahr zu bringen, ohne dass er seine rechte von seiner linken Hand zu unterscheiden vermöchte, so würden sich die Augen seines Verständnisses vom ersten Augenblick an unter eurer Obhut der Vernunft öffnen. Ohne Vorurteile, ohne Gewohnheiten wäre nichts in ihm, was euren Bemühungen entgegenwirken könnte. Bald würde er unter euren Händen der weiseste aller Menschen, und indem ihr zu Anfang gar nichts getan hättet, hättet ihr ein Wunder an Erziehung vollbracht.

Tut das Gegenteil dessen, was der Brauch ist, und ihr werdet fast immer das Richtige tun. Wenn man aus einem Kind kein Kind, sondern einen Gelehrten machen will, können Väter und Lehrer nicht früh genug anfangen, es zu schelten, zu verbessern, zu maßregeln, ihm schön zu tun oder zu drohen, ihm Versprechungen zu machen, es zu belehren und ihm Vernunft zu predigen. Macht ihr es besser, seid selbst vernünftig, aber verlangt es nicht von eurem Zögling, vor allem zwingt ihm gegen seinen Willen keine Zustimmung ab. Denn für unangenehme Dinge immer Einwände der Vernunft zu hören, macht sie ihm nur langweilig, und sie gerät vorzeitig in Misskredit bei einem Geist, der noch außerstande ist, sie zu begreifen. Trainiert seinen Körper, seine Organe, seine Sinne und seine Kräfte, aber lasst seine Seele so lange wie möglich in Ruhe. Fürchtet für ihn alle Meinungen, ehe sich nicht seine Urteilskraft gebildet hat, die sie zu bewerten vermag; haltet fremde Eindrücke von ihm fern, und habt es nicht so eilig, das Gute zu tun, um das Schlechte zu verhüten. Denn ohne die Erleuchtung der Vernunft ist es nicht gut. Nehmt jede Verzögerung als Vorteil, denn es ist viel damit gewonnen, wenn man sich dem Ziel nähert, ohne etwas verloren zu haben. Lasst die Kindheit im Kinde reifen. Welche Belehrung ihm immer notwendig sein mag – hütet euch, sie heute zu erteilen, wenn ihr sie ohne Gefahr auf morgen verschieben könnt.

Ein weiterer Punkt, der den Wert dieser Methode bestätigt, ist die Berücksichtigung der jedem einzelnen Kinde eigentümlichen Geistesanlage, die man richtig erkennen muss, um zu wissen, welche geistigen Verhaltungsmaßregeln ihm anstehen. Jeder Geist hat seine eigene Form, nach der er erzogen werden muss, und für den Erfolg dieser Bemühungen ist es wichtig, dass er auf diese und keine andere Weise erzogen wird. Verfolgt die Spuren der Natur, ihr Verständigen, beobachtet euren Zögling gut, bevor ihr das erste Wort zu ihm sprecht, gebt zunächst dem Ansatz seines Charakters völlige Freiheit, sich zu enthüllen, zwingt ihn in keiner Weise, damit ihr ihn besser erkennt, wenn er sich ganz enthüllt. Glaubt ihr, diese Zeit der Freiheit sei für ihn verloren? Ganz im Gegenteil – so ist sie am besten ausgenutzt, denn nur so könnt ihr erreichen, keinen Augenblick einer viel kostbareren Zeit zu verlieren. Wenn ihr nämlich zu handeln beginnt, bevor ihr wisst, was zu tun ist, handelt ihr aufs Geratewohl. Da ihr Täuschungen unterliegt, müsst ihr auf eurem Weg umkehren. Ihr werdet weiter von eurem Ziel entfernt sein, als ihr es wäret, wenn es euch nicht so eilig damit gewesen wäre, es zu erreichen. Macht es also nicht so wie der Geizhals, der viel verliert, weil er nichts verlieren will. Opfert in den ersten Jahren eine Zeit auf, die ihr mit Zinseszins in einem fortgeschrittenen Alter wiedergewinnt. Ein kluger Arzt verschreibt seine Medizin nicht gedankenlos auf den ersten Blick, sondern studiert zuerst die Konstitution des Kranken. Er fängt spät mit der Behandlung an, aber er heilt ihn, während der übereifrige Arzt ihn tötet.

Aber wo bringen wir das Kind hin, damit wir es wie ein fühlloses Wesen, wie einen Automaten aufziehen? Zum Mond, auf eine einsame Insel? Sollen wir es von jedem menschlichen Wesen fernhalten? Wird es unter seinen Mitmenschen nicht dauernd dem Schauspiel und dem Beispiel der Leidenschaften ausgesetzt sein? Soll es nie andere Kinder seines Alters sehn? Soll es seine Eltern, seine Nachbarn, seine Amme, seine Magd, seinen Diener und selbst nicht seinen Erzieher sehen, der nun auch kein himmlisches Wesen ist?

Dieser Einwand ist stark und wohlbegründet. Aber habe ich euch etwa gesagt, dass eine naturgemäße Erziehung ein leichtes Unternehmen sei? Ist es meine Schuld, o Menschen, wenn ihr alles schwierig macht, was gut und richtig ist? Ich gebe zu, dass auch ich diese Schwierigkeiten erkenne; vielleicht sind sie sogar unüberwindlich. Aber trotzdem ist es sicher, dass man ihnen bis zu einem gewissen Punkt zuvorkommen kann, wenn man es mit Hingabe tut. Ich zeige nur das Ziel, das man im Auge behalten soll. Ich sage nicht, dass man es erreichen kann, aber ich sage, dass der, der ihm am nächsten kommt, das meiste erreicht haben wird.

Besinnt euch darauf, dass man sich selbst erst zum Menschen erzogen haben muss, bevor man darangeht, einen Menschen heranzubilden. Das Vorbild dazu muss man in sich selber finden. Solange das Kind noch keine eigene Erkenntnis besitzt, bleibt Zeit genug, alles, was es umgibt, so zu bestellen, dass seine ersten Blicke nur auf das fallen, was es sehen darf. Verschafft euch Respekt bei jedermann, gebt euch liebenswürdig, so dass jeder euch gefallen möchte. Ihr werdet nie Herr über das Kind, wenn ihr es nicht über seine ganze Umgebung seid. Und diese Autorität wird niemals genügen, wenn sie nicht auf die Hochachtung vor der Tugend gegründet ist. Man braucht dazu nicht die Börse zu leeren und mit vollen Händen das Geld zu verteilen. Ich habe noch nie jemanden gesehen, der sich durch Geld Liebe erwarb. Man braucht auch nicht geizig und hartherzig zu sein, auch soll einen das Elend, das man lindern kann, nicht verdrießen. Aber ihr mögt eure Schatulle noch so weit öffnen – öffnet ihr nicht auch euer Herz, so wird das der anderen euch immer verschlossen bleiben. Eure Zeit ist es, eure Fürsorge, eure Zuneigung, ihr selbst seid das, was ihr verschenken müsst, denn was ihr auch immer tun mögt, jeder fühlt, dass euer Geld nicht ihr selbst seid. Es gibt Bezeugungen der Anteilnahme und des Wohlwollens, die wirksamer und nützlicher sind als jegliches Geschenk. Wie viel Elende und Kranke haben Tröstung nötiger als Almosen; wie viel Unterdrückte brauchen Hilfe und Beistand dringender als Geld! Versöhnt die Leute, die sich entzweit haben, verhindert Prozesse, ermahnt die Kinder zu ihrer Pflicht, die Väter zur Nachsicht, fördert glückliche Ehen, verhindert Ärgernisse, macht verschwenderisch Gebrauch vom Kredit der Eltern eures Zöglings zugunsten des Schwachen, dem Unrecht widerfährt und der sich dem Mächtigen beugen muss. Erklärt euch mit lauter Stimme zum Beschützer der Unglücklichen. Seid gerecht, menschlich, wohltätig. Gebt nicht nur Almosen, sondern auch Liebe. Das Werk der Barmherzigkeit ist ein besseres Heilmittel als Geld. Liebt eure Nächsten und ihr werdet von ihnen geliebt; helft ihnen und sie werden euch helfen, seid ihre Väter und sie werden eure Kinder sein.

Dies ist auch ein Grund mehr, warum ich Emile auf dem Land großziehen will, weit weg vom Dienstbotengesindel, dem größten Abschaum der Menschheit nach ihren Herren, weit von der Sittenlosigkeit der Städte, deren Firnis, unter dem sie sich verbirgt, die Kinder verführt und ansteckt, wogegen die ungehobelten und rohen Laster der Bauern eher abstoßen als verführen, wenn keinerlei Neigung besteht, ihnen nachzueifern.

Auf dem Dorf ist der Erzieher viel mehr Herr der Umgebung, mit der er das Kind in Berührung bringen will. Sein Ansehen, seine Gespräche, sein Vorbild, alles hätte Autorität, wie sie sie in der Stadt nie besitzen könnten. Da er jedermann von Nutzen ist, wird jeder bemüht sein, ihm sich zu verpflichten, von ihm geschätzt zu werden und sich dem Kind gegenüber so zeigen, wie der Erzieher es tatsächlich wünschte. Und wenn man auch nicht auf seine Laster verzichten würde, so würde man doch vermeiden, Anstoß zu erregen. Mehr brauchen wir nicht zu verlangen.

[...]

Ich habe nicht die Absicht, auf alle näheren Umstände einzugehen, sondern möchte nur die allgemeinen Grundsätze darlegen und Beispiele für schwierige Situationen anführen. Ich halte es für unmöglich, ein Kind im Schoß der Gesellschaft bis zu seinem zwölften Jahr zu bringen, ohne ihm einige Vorstellung über die Beziehungen von Mensch zu Mensch und die Moralität menschlicher Handlungen mitzugeben. Es genügt, wenn man sich bemüht, ihm so spät wie möglich die nötigen Begriffe darüber zu vermitteln, und dass man, wenn sie unvermeidlich werden, sie auf ihre augenblickliche Nützlichkeit beschränkt, nur damit es sich nicht allem und jedem überlegen fühlt und niemandem bedenkenlos und ohne es zu wissen wehe tut. Es gibt sanfte und ruhige Charaktere, die sich in der Zeit ihrer ersten Unschuld ohne Gefahr weit führen lassen. Aber es gibt auch heftige Naturen, deren Ungezügeltheit sich schon sehr früh entwickelt und die rasch zu Menschen gemacht werden müssen, damit man sie nicht an die Kette legen muss.

Unsere ersten Pflichten sind die gegen uns selbst. Unsere ursprünglichen Gefühle konzentrieren sich in uns selbst, alle unsere natürlichen Regungen zunächst auf unsere Selbsterhaltung und unser Wohlbefinden. So erwächst unser erstes Gefühl für Gerechtigkeit nicht aus der, welche wir schulden, sondern aus der, welche man uns schuldet. Da haben wir wiederum den Widersinn der gewöhnlichen Erziehung: indem man zuerst den Kindern von ihren Pflichten, niemals von ihren Rechten spricht, beginnt man genau mit dem Gegenteil dessen, was nötig wäre, mit dem, was sie nicht verstehen können und was sie nicht interessieren kann.

Hätte ich also ein Kind der oben vorausgesetzten Art zu leiten, würde ich mir sagen: ein Kind vergreift sich nie am Menschen*, sondern an den Dingen. Bald lernt es durch die Erfahrung, jeden, der älter und stärker ist, zu respektieren, aber die Dinge können sich nicht selbst verteidigen. Die erste Vorstellung, die man ihm einprägen muss, ist also weniger die der Freiheit als die des Eigentums. Um ihm diese Vorstellung zu vermitteln, muss es etwas haben, das ihm allein gehört. Ihm seine Kleider, seine kleinen Dinge, seine Spielsachen aufzuzählen, sagt ihm gar nichts, da es, obwohl es über alle diese Dinge verfügen kann, nicht weiß, warum und woher es sie hat. Sagt man ihm, dass es sie hat, weil man sie ihm gegeben hat, ist das kaum besser, denn was man gibt, besaß man vorher selbst: so trifft es auf ein früheres Besitzverhältnis, während man ihm doch das Prinzip des Besitztums erklären will, ganz abgesehen

* Man darf nie dulden, dass ein Kind Erwachsene wie seine Untergebenen, selbst nicht wie seinesgleichen behandelt. Sollte es wagen, jemanden allen Ernstes zu schlagen, und wenn es sein Diener wäre oder sein Henker, sorgt dafür, dass es die Schläge mit Zinsen wiederbekommt, und zwar so, dass ihm die Lust vergeht, noch einmal anzufangen. Ich habe gesehen, wie dumme Kinderfrauen die Widerspenstigkeit eines Kindes herausforderten, es zum Schlagen reizten und sich selbst schlagen ließen, um über ihre kraftlosen Schläge zu lachen, ohne zu bedenken, dass jeder Schlag für den kleinen Wüterich gleich einem Mord war, und dass jemand, der als Kind schlagen will, als Erwachsener töten möchte.

davon, dass das Schenken eine Übereinkunft ist und dass ein Kind noch nicht wissen kann, was eine Übereinkunft ist*. Ich bitte die Leser, an diesem und hunderttausend anderen Beispielen zu beachten, dass man glaubt, einem Kind wertvolle Belehrungen gegeben zu haben, wenn man seinen Kopf mit Worten vollstopft, deren Sinn es absolut nicht begreifen kann.

Es geht also darum, auf den Ursprung des Besitztums zurückzugreifen, denn daran muss sich die erste Vorstellung entwickeln. Das Kind vom Lande wird einige Vorstellungen von ländlichen Arbeiten haben. Dafür braucht es nur Augen und Muße, und es hat sowohl das eine wie das andere. Jedem Alter, aber besonders dem seinen, ist es eigen, schaffen, nachahmen, hervorbringen und Zeichen seiner Kraft und Aktivität geben zu wollen. Es braucht nur zweimal zugesehen zu haben, wie ein Garten bestellt wird, wie man sät, zieht und wie das Gemüse wächst, und es will seinerseits gärtnern.

Den oben erwähnten Grundsätzen gemäß habe ich gar nichts gegen sein Bestreben. Im Gegenteil – ich fördere es sogar, ich habe die gleiche Lust dazu, ich arbeite mit ihm zusammen, nicht nur weil es ihm Spaß macht, sondern weil ich es auch gern tue – wenigstens glaubt das Kind es. Ich werde sein Gärtnergehilfe. Solange es noch nicht Kraft genug in den Armen hat, grabe ich den Boden um. Dann nimmt es ihn in Besitz, indem es eine Bohne pflanzt, und diese Besitznahme ist bestimmt heiliger und achtenswerter als die Nuñez Balboas von Mittelamerika im Namen des Königs von Spanien, als er seine Fahne an der Küste des Südmeers aufpflanzte.

* Deswegen wollen die meisten Kinder wiederhaben, was sie verschenkt haben, und weinen, wenn man es ihnen nicht gibt. Das kommt nicht mehr vor, wenn sie den Begriff des Schenkens richtig erkannt haben. Nur sind sie dann im Schenken etwas zurückhaltender.

Jeden Tag werden die Bohnen gegossen, man beobachtet ihr Aufgehen mit überschwänglicher Freude. Ich steigere seine Freude noch dadurch, dass ich ihm sage: Das gehört dir. Und indem ich ihm nun den Begriff Eigentum erläutere, gebe ich ihm zu erkennen, dass er es ist, der seine Zeit, seine Arbeit, seine Mühe und überhaupt seine ganze Person da hineingesteckt hat; dass in diesem Boden etwas von ihm selber steckt, das er gegen jedermann für sich beanspruchen kann, so wie er seinen Arm aus der Hand eines anderen reißen kann, der ihn gegen seinen Willen festhalten möchte.

Eines Tages kommt er eifrig an, die Gießkanne in der Hand. Aber was muss er sehn! Ach, welch ein Kummer! Alle Pflanzen sind herausgerissen, sein Stück Land ist bis zur Unkenntlichkeit zertrampelt. Was ist aus meiner Arbeit, meinem Werk, der geliebten Frucht meiner Mühe und meines Schweißes geworden? Wer hat mir meinen Besitz geraubt? Wer hat meine Bohnen genommen? Dies junge Herz bäumt sich auf, das erste Erlebnis der Ungerechtigkeit hat seine traurige Bitternis hineingegossen. Die Tränen fließen in Bächen, das untröstliche Kind erfüllt die Luft mit Schluchzen und Weinen. Man nimmt Anteil an seinem Kummer und seiner Entrüstung, man forscht nach, man informiert sich, man führt genaue Untersuchungen durch. Schließlich findet man heraus, dass es der Gärtner war. Man lässt ihn kommen.

Aber da hatten wir uns schön verrechnet. Als der Gärtner erfährt, worüber man sich zu beklagen hat, fängt er an, sich noch lauter zu beklagen als wir. Also Sie haben mir so meine Arbeit verdorben? Ich hatte da Malta-Melonen gesät, deren Kerne mir wie ein Schatz anvertraut worden waren, und ich wollte sie Ihnen servieren, wenn sie reif wären. Aber Sie mussten mir meine Melonen, die schon so schön ankamen, zerstören, um Ihre elenden Bohnen zu pflanzen; die werde ich nie wieder ersetzen können. Was Sie mir angetan haben, ist nie wiedergutzumachen, außerdem werden Sie nie die Freude haben, köstliche Melonen zu essen.

JEAN-JACQUES. Verzeihen Sie uns, mein armer Robert. Sie hatten da Arbeit und Mühe hineingesteckt. Ich sehe ein, dass es falsch von uns war, Ihr Werk zu vernichten, aber wir werden Ihnen neue Samenkerne aus Malta kommen lassen und nie mehr ein Stück Boden bearbeiten, bevor wir wissen, dass noch kein anderer vor uns Hand daraufgelegt hat.

ROBERT. Da können sich die Herren noch ein bisschen ausruhen, denn es gibt hier kein Stück unbebautes Land mehr. Ich arbeite auf dem, was mein Vater schon bebaut hat, und so macht es jeder. Der ganze Boden, den Sie hier sehen, gehört schon seit Langem anderen Leuten.

EMILE. Da gehen wohl oft Melonenkerne verloren, Robert?

ROBERT. Verzeihung, junger Mann, aber es kommen nicht oft so gedankenlose Herrchen wie Sie. Keiner rührt den Garten seines Nachbarn an, jeder respektiert die Arbeit der andern, damit seine eigene gesichert ist.

EMILE. Aber ich, ich habe keinen Garten.

ROBERT. Was geht das mich an? Wenn Sie mir in meinem Garten Schaden anrichten, lasse ich Sie nicht mehr herein; glauben Sie denn, ich möchte mich umsonst abmühen?

JEAN-JACQUES. Könnten wir nicht mit dem guten Robert eine Vereinbarung treffen? Wenn er uns nun, meinem kleinen Freund und mir, eine Ecke seines Gartens zum Bearbeiten zur Verfügung stellte unter der Bedingung, dass er die Hälfte der Ernte bekommt?

ROBERT. Das tue ich ohne jegliche Bedingung. Aber merken Sie sich, dass ich Ihre Bohnen umgrabe, wenn Sie an meine Melonen gehen.

Bei diesem Versuch, den Kindern die grundlegenden Begriffe einzuprägen, wird deutlich, wie die Vorstellung vom Eigentum ganz natürlich zunächst auf das Recht dessen zurückzuführen ist, der durch seine Arbeit zuerst den Boden in Besitz genommen hat. Das ist klar, deutlich, einfach und dem Begriffsvermögen des Kindes angemessen. Von da bis zum Eigentumsrecht und zum Tauschhandel ist nur noch ein Schritt, nach dem man aber sofort innehalten muss.

Es wird aber ebenso deutlich, dass eine Theorie, die ich hier auf zwei Seiten gebe, in der praktischen Durchführung vielleicht ein ganzes Jahr dauert, denn in der Förderung der geistigen Vorstellungen kann man nicht langsam genug vorgehen und nicht sorgfältig genug sich jedes Schrittes versichern. Ich bitte euch, ihr jungen Lehrer, denkt an dieses Beispiel und haltet euch immer vor Augen, dass die praktische Anwendung eurer Lehren besser ist als bloße Theorie, denn Kinder vergessen leicht Theorien und Lehren, aber nicht das, was sie selbst getan haben oder was man ihnen getan hat.

Wie ich schon sagte, müssen dem Kinde solcherlei Belehrungen früher oder später gegeben werden, je nachdem sein friedliches oder wildes Temperament sie erfordert. Ihr offenbarer Nutzen springt sofort in die Augen. Da wir aber nichts Wesentliches, das in schwierigen Situationen auftauchen könnte, auslassen wollen, nehmen wir noch ein anderes Beispiel.

Euer etwas schwieriges Kind zerstört alles, was es anrührt – werdet nicht ärgerlich. Nehmt alles, was es zerstören könnte, aus seiner Reichweite. Zerbricht es alle Sachen, mit denen es umgeht – gebt ihm nicht gleich andere dafür. Lasst es den Schmerz des Verlustes fühlen. Zerbricht es die Fensterscheiben in seinem Zimmer – lasst ihm Tag und Nacht den Wind um die Nase wehen und kümmert euch nicht um seine Erkältung, denn es ist besser, es hat einen Schnupfen, als dass es den

Verstand verliert. Beklagt euch nie über die Ungelegenheiten, die es euch bereitet, sondern lasst sie es zuerst am eigenen Leibe fühlen. Schließlich lasst ihr neue Fensterscheiben einsetzen, ohne ein Wort zu verlieren. Zerbricht es sie wieder, wendet eine andere Methode an. Sagt ihm in knappen Worten, aber ohne Zorn: Die Fenster gehören mir, ich habe dafür gesorgt, dass sie da sind, und will, dass sie ganz bleiben. Dann schließt ihr es in einen dunklen, fensterlosen Raum ein. Bei dieser ihm so ungewohnten Maßnahme fängt es sofort an zu schreien und zu toben – keiner kümmert sich darum. Bald wird es müde und ändert seinen Ton, es klagt und wimmert. Ein Bedienter kommt, und der Trotzkopf bittet, ihn herauszulassen. Ohne weitere Erklärung seiner Ablehnung sagt der Bediente: *Ich habe auch Fensterscheiben, die ganz bleiben sollen*, und geht. Endlich, nachdem das Kind mehrere Stunden so verbracht und Zeit genug gehabt hat, sich zu langweilen und es nie wieder zu vergessen, schlägt ihm jemand vor, einen Vergleich mit euch abzuschließen: Ihr werdet ihm seine Freiheit wiedergeben, wenn es nie mehr Fensterscheiben zerbrechen wird. Nichts wird ihm willkommener sein; es wird euch bitten lassen, zu ihm zu kommen, und ihr kommt. Es wird euch seinen Entschluss mitteilen, und ihr werdet ihn sofort annehmen, wobei ihr ihm sagt: Das ist vernünftig, wir werden alle beide Vorteile davon haben. Warum hast du nicht schon früher diese gute Idee gehabt? Dann, ohne seine feierlichen Beteuerungen, sein Versprechen halten zu wollen, abzuwarten, küsst ihr es voller Freude, führt es sofort in sein Zimmer zurück und gebt ihm so zu verstehen, dass ihr dieses Abkommen als geheiligt und wie durch Eid unverletzbar betrachtet. Welchen Begriff, glaubt ihr, wird es sich durch dieses Verfahren von der Heilighaltung der Versprechen und ihrem Nutzen machen? Ich müsste mich sehr täuschen, wenn ein einziges unverdorbenes Kind auf Erden einer solchen Behandlung widerstehen und vorsätzlich weitere

Fensterscheiben zerbrechen würde. Seht, wie eins aus dem anderen folgt. Als der kleine Übeltäter ein Loch in die Erde grub, um seine Bohne einzupflanzen, dachte er wohl kaum daran, dass er sich sein eigenes Gefängnis grub, in das ihn sein erworbenes Wissen unverzüglich einsperren würde*.

[Aus dem 3. Buch]

Hiermit sind wir wieder zu uns selbst zurückgekommen. Da haben wir unser Kind, bereit, aus der Kindheit herauszutreten und zur Persönlichkeit zu werden. Jetzt spürt er mehr denn je die Notwendigkeit, die ihn an die Dinge bindet. Nachdem wir damit begannen, seinen Körper und seine Sinne zu üben, haben wir seinen Geist und seine Urteilsfähigkeit geübt. Schließlich haben wir den Gebrauch seiner Glieder seinen Fähigkeiten

* Wenn übrigens diese Pflicht, seine Versprechungen zu halten, nicht durch das Gewicht des Nutzens im Geiste des Kindes bestärkt würde, würde das innere Gefühl, das sich zu regen beginnt, sie ihm als Gesetz des Gewissens, als eingeborenen Grundsatz auferlegen, der zu seiner Entwicklung nur die Erkenntnisse abwartet, bei denen er sich anwenden lässt. Dieser erste Zug wurde nicht von Menschenhand gezogen, sondern vom Urheber aller Gerechtigkeit in unser Herz gegraben. Hebt das ursprüngliche Gesetz des Übereinkommens und die Verpflichtung auf, die es uns auferlegt, und alles ist illusorisch und nichtig in der menschlichen Gesellschaft. Wer sein Versprechen nur im Hinblick auf den daraus zu gewinnenden Profit hält, ist kaum mehr gebunden, als habe er überhaupt nichts versprochen, oder um es zu verletzen, kann er es höchstens so machen wie die Spielwütigen, die ihre Vorteile nur darum nicht gleich alle nützen, weil sie auf noch größere warten. Dieses Prinzip ist von äußerster Wichtigkeit und verdient, untersucht zu werden, denn hier beginnt der Mensch mit sich selbst in Widerspruch zu geraten.

angepasst; wir haben ein handelndes und denkendes Wesen geschaffen, und nun bleibt uns, um den Menschen zu vollenden, nur noch übrig, ein liebendes und fühlendes Wesen zu schaffen, das heißt, die Vernunft durch das Gefühl zu vervollkommnen. Aber bevor wir in diese neue Ordnung der Dinge eindringen, werfen wir noch einen Blick auf die, aus der wir heraustreten, und stellen wir so genau wie möglich fest, bis wohin wir gelangt sind.

Zuerst hatte unser Zögling nur Sinnesempfindungen, jetzt hat er Vorstellungen; bisher empfand er nur, jetzt urteilt er. Denn aus dem Vergleich mehrerer einander folgender oder gleichzeitiger Sinnesempfindungen und dem Urteil, das man über sie fällt, entsteht eine Art gemischter oder komplexer Empfindung, die ich Vorstellung nenne.

Die Art und Weise, wie eine Vorstellung sich bildet, gibt dem menschlichen Geist seinen Charakter. Der Geist, der seine Vorstellungen nur auf Grund reeller Beziehungen bildet, ist ein solider Geist; der, der sich mit scheinbaren Beziehungen zufriedengibt, ist ein oberflächlicher Geist; der, der die Beziehungen so sieht, wie sie sind, ist ein gerader Geist; der, der sie falsch einschätzt, ist ein unzuverlässiger Geist; der, der imaginäre Bezüge erfindet, die weder Wirklichkeit noch Erscheinung besitzen, ist ein Verrückter; der, der nicht zu vergleichen weiß, ist ein Dummkopf. Die mehr oder weniger große Fähigkeit, Vorstellungen untereinander zu vergleichen und deren Beziehungen zueinander herauszufinden, ist das, was dem Menschen mehr oder weniger Geist gibt usw.

Die einfachen Vorstellungen sind nichts als miteinander verglichene Sinnesempfindungen. Es gibt Urteile sowohl in den einfachen wie in den zusammengesetzten Sinnesempfindungen, die ich einfache Vorstellungen nenne. In den Sinnesempfindungen bleibt das Urteil rein passiv, es bestätigt, dass man fühlt, was man fühlt. In der Wahrnehmung oder Vorstellung ist das Urteil aktiv; es nähert, es vergleicht, es bestimmt Beziehungen, die die Sinne nicht bestimmen.

Das ist der ganze Unterschied, aber er ist groß. Die Natur täuscht uns niemals, wir sind es, die wir uns immer täuschen.

Ich sehe, wie einem achtjährigen Kind Gefrorenes vorgesetzt wird; es führt den Löffel zum Mund, ohne zu wissen, was das ist, und erschrocken über die Kälte ruft es aus: *Oh! Das brennt*! Es hat eine sehr lebhafte Sinnesempfindung; es kennt keine heftigere als die Hitze des Feuers und glaubt, sie zu verspüren. Es täuscht sich aber; die plötzliche Kälte tut ihm weh, verbrennt es aber nicht; und diese beiden Sinnesempfindungen sind einander nicht gleich, denn diejenigen, die beide schon erlebten, verwechseln sie nicht. Es ist also nicht die Sinnesempfindung, die es täuscht, sondern das Urteil, das es darüber fällt.

Genauso ergeht es dem, der zum ersten Mal einen Spiegel oder ein optisches Gerät sieht oder der mitten im Winter oder im Sommer in einen tiefen Keller tritt, der eine sehr heiße oder sehr kalte Hand in lauwarmes Wasser taucht, der zwischen zwei gekreuzten Fingern ein Kügelchen rollt usw. Wenn er sich damit begnügt, zu sagen, was er feststellt, was er fühlt, ist es unmöglich, dass er sich täuscht, da sein Urteil rein passiver Natur ist; beurteilt er aber die Sache nach der Erscheinung, ist er aktiv, vergleicht und stellt durch Induktion Beziehungen her, die er nicht bemerkt; dann täuscht er sich oder kann sich täuschen. Um dem Irrtum zuvorzukommen oder ihn zu korrigieren, braucht er die Erfahrung.

Zeigt eurem Zögling bei Nacht die Wolken, die zwischen dem Mond und ihm vorüberziehen, so wird er meinen, es sei der Mond, der in entgegengesetzter Richtung ziehe und die Wolken stünden still. Er kommt durch eine überstürzte Schlussfolgerung zu dieser Meinung, weil er gewöhnlich die kleinen Gegenstände sich eher bewegen sieht als die großen und weil die Wolken ihm größer erscheinen als der Mond, dessen Entfernung er nicht abschätzen kann. Wenn er von einem dahintreibenden Boot aus einiger Entfernung das Ufer sieht, verfällt er in den umgekehrten Irrtum und glaubt, die Erde bewege sich fort, da er, sich selbst bewegungslos fühlend, das Boot sieht, das Meer oder den Fluss und seinen ganzen Horizont als ein unbewegliches Ganzes, von dem das Ufer, das er sich fortbewegen sieht, ihm nur ein Teil zu sein scheint.

Wenn ein Kind zum ersten Mal einen ins Wasser getauchten Stock sieht, sieht es einen gebrochenen Stock: die Sinnesempfindung ist richtig und bliebe es auch dann, wenn wir den Grund für dieses Phänomen nicht kennten. Fragt ihr es also, was es sehe, sagt es: *Einen gebrochenen Stock*, und damit sagt es die Wahrheit, denn es ist gewiss, dass es die Sinnesempfindung eines gebrochenen Stockes hat. Wenn es aber, durch sein Urteil getäuscht, weitergeht und, nachdem es versichert hat, einen gebrochenen Stock zu sehen, nunmehr noch behauptet, dass das, was es sieht, tatsächlich ein gebrochener Stock ist, dann sagt es etwas Falsches. Warum? Weil es dann aktiv wird und nicht mehr nach dem Augenschein, sondern durch Induktion urteilt, weil es etwas behauptet, das es nicht empfindet, nämlich, dass das Urteil, das ein Sinn ihm eingibt, von einem anderen bestätigt wäre.

Da alle unsre Irrtümer aus unsren Urteilen entstehen, ist es klar, dass, hätten wir nie nötig, zu urteilen, wir auch keinerlei Lernbedürfnis hätten; wir gerieten nie in den Fall, uns zu täuschen; wir wären in unsrem Nichtwissen glücklicher als wir durch unser Wissen sein können. Wer will es bestreiten, dass die Gelehrten tausend Wahrheiten wissen, die den Ignoranten ewig unbekannt bleiben werden? Sind die Gelehrten darum der Wahrheit näher? Ganz im Gegenteil – sie entfernen sich von ihr, indem sie ihr zustreben, denn da die Eitelkeit, über alles zu urteilen, noch größere Fortschritte macht als das Erkenntnisvermögen, kommen auf jede Wahrheit, die sie finden, hundert falsche Urteile. Es liegt offen auf der Hand, dass die gelehrten Gesellschaften Europas nichts anderes als öffentliche Schulen des Lügens sind, und ganz bestimmt herrschen in der Akademie der Wissenschaften mehr Irrtümer als bei einem ganzen Stamm von Huronen.

Da, je mehr sie wissen, die Menschen sich umso mehr irren, ist das einzige Mittel, den Irrtum zu vermeiden, die Unwissenheit. Urteilt nicht, und ihr werdet euch nie täuschen. Das ist die Lehre der Natur sowohl wie der Vernunft. Außer den wenigen unmittelbaren und sehr spürbaren Beziehungen, die die Dinge zu uns haben, haben wir von Natur aus nur eine tiefe Gleichgültigkeit für alles Übrige. Ein Wilder würde keinen Fuß rühren, um das Funktionieren der schönsten Maschine und alle Wunder der Elektrizität zu betrachten. *Was geht das mich an?* ist das dem Ignoranten vertrauteste und dem Weisen angemessenste Wort.

Unglückseligerweise passt uns dieses Wort aber nicht mehr. Alles ist uns von Bedeutung, nachdem wir uns von allem abhängig gemacht haben, und unsre Wissbegier wächst notwendigerweise mit unsren Bedürfnissen. Darum spreche ich dem Philosophen eine sehr große zu, dem Wilden jedoch gar keine. Dieser braucht niemanden; der andere aber braucht alle Welt, und vor allem Bewunderer.

Man wird mir sagen, dass ich aus der Natur heraustrete – da höre ich gar nicht hin. Sie sucht sich ihre Instrumente und stellt sie nicht nach der Meinung ein, sondern nach dem Bedürfnis. Nun ändern sich aber die Bedürfnisse mit der Situation der Menschen. Es besteht ein großer Unterschied zwischen dem natürlichen Menschen, der im Naturzustand lebt, und dem natürlichen Menschen, der in der Gesellschaft lebt. Emile ist kein Wilder, der in die Wüste geschickt werden müsste, er ist ein Wilder, geschaffen für das Leben in den Städten; so muss er dort das für ihn Lebensnotwendige zu finden wissen, sich ihre Einwohner zunutze machen und wenn nicht wie sie, so doch wenigstens mit ihnen leben.

Da er inmitten so vieler neuer Verhältnisse, von denen er abhängen wird, ob er will oder nicht will, Urteile fällen muss, lehren wir ihn also, richtig zu urteilen.

Die beste Art und Weise, jemanden richtig urteilen zu lehren, ist die, die am meisten darauf abzielt, unsre Erfahrungen zu vereinfachen, ja sogar ihrer entraten zu können, ohne in Irrtümer zu verfallen. Daraus folgt, dass man, nachdem man lange Zeit hindurch die Beziehungen der Sinne einen durch den andern geprüft hat, noch hinzulernen muss, die Beziehungen jedes Sinnes durch sich selbst zu prüfen, ohne einen anderen Sinn zu Hilfe nehmen zu müssen; dann wird uns jede Sinnesempfindung zu einer Vorstellung werden, und diese Vorstellung wird immer mit der Wahrheit übereinstimmen. Dies ist die Art von Wissen, mit dem ich diese dritte Periode des menschlichen Lebens zu füllen versucht habe.

Dieses Verfahren erfordert ein Maß an Geduld und Umsicht, deren wenig Lehrer fähig sind: anders aber kann ein Schüler niemals richtig urteilen lernen. Wenn zum Beispiel der Schüler sich über das Phänomen des gebrochenen Stocks irrt und ihr euch beeilt, den Stock aus dem Wasser herauszuziehen, so befreit ihr ihn vielleicht von seinem Irrtum, aber was lernt er dabei von euch? nichts als was er bald auch von selbst gelernt hätte. Oh! aber so darf es doch nicht gemacht werden! Es geht weniger darum, ihn eine Wahrheit zu lehren, als ihm zu zeigen, wie man es anstellen muss, immer die Wahrheit zu finden. Um ihn besser zu belehren, darf man ihn nicht so rasch von seinem Irrtum befreien. Nehmen wir Emile und mich als Beispiel.

Zunächst wird jedes auf hergebrachte Weise erzogene Kind die zweite der angenommenen Fragen ohne weiteres bejahend beantworten. Das ist ganz bestimmt ein gebrochener Stock, wird es sagen. Ich bezweifle sehr, dass Emile mir die gleiche Antwort geben würde. Da er in keiner Weise die Notwendigkeit einsieht, gelehrt zu sein oder zu scheinen, hat er es mit seinem Urteil nie eilig; er urteilt nur nach der Gewissheit. Bei dieser Gelegenheit ist er weit entfernt, sie herauszufinden, er, der weiß, wie sehr unsre Erkenntnisse nach dem Augenschein der Täuschung ausgesetzt sind, und handle es sich nur um die Perspektive.

Da er außerdem aus Erfahrung weiß, dass hinter meinen belanglosesten Fragen immer etwas steckt, worüber er sich zunächst nicht klar ist, hat er es sich abgewöhnt, sie unbesonnen zu beantworten. Im Gegenteil – er misstraut ihnen, er passt besonders auf und prüft sie mit großer Sorgfalt, ehe er sie beantwortet. Niemals gibt er mir eine Antwort, ehe er selbst damit zufrieden ist; und er ist nicht leicht zufrieden. Weder er noch ich setzen unseren Stolz darein, die Wahrheit zu erkennen, sondern darein, nicht einem Irrtum zu verfallen. Wir wären viel beschämter, uns leichtfertig mit einer falschen Begründung zufriedenzugeben, als überhaupt keine zu finden. *Ich weiß nicht* ist ein Ausspruch, der uns beiden so sehr passt, und wir wiederholen es so oft, dass es weder dem einen noch dem anderen etwas ausmacht. Aber sei es, dass diese dumme Antwort ihm doch entschlüpft oder dass er sie durch unser bequemes *Ich weiß nicht* umgeht, meine Entgegnung ist die gleiche: Lass uns sehn, prüfen wir nach.

Dieser zur Hälfte ins Wasser getauchte Stock ist in senkrechter Lage befestigt. Was alles müssen wir tun, um zu wissen, ob er, wie es scheint, gebrochen ist, ehe wir ihn aus dem Wasser ziehen oder mit der Hand berühren!

1. Zuerst gehen wir um den Stock herum und stellen fest, dass die Bruchstelle sich dreht wie wir. Also ist es nur unser Auge, die sie verändert, und Blicke können keinen Körper in Bewegung setzen.

2. Wir sehen genau senkrecht auf das Ende des Stocks, das aus dem Wasser herausragt; da ist der Stock nicht mehr gebogen, das Ende, das dicht vor unsren Augen ist, verbirgt uns genau das andere Ende*. Hat unser Auge den Stock gerade aufgerichtet?

3. Wir bringen die Oberfläche des Wassers in Bewegung; wir sehen, wie der Stock in mehrere Stücke zusammenknickt, wie er sich im Zick-Zack bewegt und die Wellenbewegungen des Wassers mitmacht. Genügt die Bewegung, in die wir das Wasser versetzen, um den Stock so zu zerbrechen, weich zu machen und aufzulösen?

4. Wir lassen das Wasser ablaufen und sehen, wie der Stock sich mit dem Ablaufen des Wassers nach und nach gerade aufrichtet. Ist das nicht mehr als ausreichend, um die Tatsache zu klären und herauszufinden, was es mit der Lichtbrechung auf sich hat? Es stimmt also nicht, dass der Gesichtssinn uns täuscht, da wir nur seiner allein bedürfen, um die Irrtümer richtigzustellen, die wir ihm zuschreiben.

Nehmen wir an, das Kind sei so dumm, das Resultat dieser Experimente nicht zu begreifen. Dann müssen wir den Tastsinn zu Hilfe rufen. Anstatt den Stock aus dem Wasser zu ziehen, lasst ihn in seiner Lage, und wenn das Kind mit der Hand von einem Ende zum anderen darüberstreicht, wird es keine Knickung feststellen – also ist der Stock nicht gebrochen.

Ihr werdet einwenden, dass es sich hier nicht um einfache Urteile, sondern um regelrechte Schlussfolgerungen handelt. Das stimmt; aber seht ihr denn nicht, dass sobald der Geist zu

* Ich habe jetzt durch ein genaueres Experiment das Gegenteil herausgefunden. Die Lichtbrechung reagiert kreisförmig, und das Stockende, das im Wasser steckt, scheint dicker, wenn man es vom andern Ende her ansieht; aber das ändert nichts an der Überzeugungskraft der Überlegung, und ihre Schlussfolgerung ist dadurch nicht weniger richtig.

Vorstellungen gelangt ist, jedes Urteil eine Schlussfolgerung ist? Das Bewusstsein von einer jeden Sinnesempfindung ist eine Behauptung, ein Urteil. Sobald man also eine Sinnesempfindung mit der anderen vergleicht, zieht man Schlüsse. Die Kunst, zu urteilen, und die Kunst, zu schließen, sind genau dasselbe.

Emile wird nie etwas über die Strahlenbrechungslehre wissen, es sei denn, dass ich sie ihn durch diesen Stock lehren will. Er wird keine Insekten seziert und die Sonnenflecken nicht gezählt haben; er wird nicht wissen, was ein Mikroskop und ein Teleskop ist. Eure gelehrten Schüler werden sich über seine Unwissenheit lustig machen. Damit werden sie nicht unrecht haben. Denn bevor er Gebrauch von diesen Instrumenten macht, möchte ich, dass er sie erfindet, und ihr könnt euch gut vorstellen, dass das nicht so bald der Fall sein wird.

In diesem Abschnitt habt ihr den Geist meiner ganzen Methode. Wenn das Kind ein Kügelchen zwischen zwei gekreuzten Fingern rollt und glaubt, es seien zwei, werde ich ihm nicht erlauben, hinzuschauen, ehe es sich nicht vorher überzeugt hat, dass es nur eins sein kann.

Ich denke, dass diese Streiflichter genügen, um den Fortschritt deutlich darzutun, den der Geist meines Zöglings bis jetzt gemacht hat, sowie den Weg, der ihn zu diesem Fortschritt geführt hat. Aber ihr seid vielleicht erschrocken über die Menge von Dingen, die ich ihm nahegebracht habe. Ihr fürchtet, dass ich seinen Geist mit dieser Vielfalt von Kenntnissen überlaste. Das genaue Gegenteil ist richtig. Ich lehre ihn vielmehr, sie nicht zu haben, als sie zu haben. Ich zeige ihm den Weg der Wissenschaft, der dem leicht erscheint, der die Wahrheit besitzt, der aber lang, unermesslich und langwierig ist für den, der ihn durchläuft. Ich lasse ihn die ersten Schritte darauf tun, damit er den Anfang erkennt, erlaube ihm aber nie, weit zu gehen.

Da er gezwungen ist, sich alles selbst beizubringen, braucht er seinen eigenen Verstand und nicht den anderer: denn um nichts auf die Meinung der anderen zu geben, darf man auch nichts auf die Autorität geben. Die Mehrzahl unsrer Irrtümer kommt viel weniger aus uns selbst als von den anderen. Aus dieser fortwährenden Praxis muss eine Kraft des Geistes entstehen, die der gleicht, die der Körper durch Arbeit und Mühe erhält. Ein weiterer Vorteil ist der, dass man nur im richtigen Verhältnis zu seinen Kräften weiterkommt. Der Geist verkraftet, nicht anders als der Körper, nur, was er verkraften kann. Wenn das Begriffsvermögen sich die Dinge aneignet, ehe es sie dem Gedächtnis einprägt, ist ihm das, was es später aus diesem schöpft, wirklich zu eigen. Überlädt man indessen ohne sein Wissen das Gedächtnis, so gerät man in Gefahr, niemals etwas daraus hervorholen zu können, was uns eigen ist.

Emile hat wenig Kenntnisse, aber diejenigen, die er hat, sind ihm wirklich zu eigen; er weiß nichts nur halb. Unter den wenigen Sachen, die er weiß und gut weiß, ist die wichtigste, dass es viele Sachen gibt, die er nicht weiß, aber eines Tages wissen kann, noch viel mehr aber, die andere Leute wissen und er nie in seinem Leben wissen wird, und schließlich unendlich viel andere, die kein Mensch je wissen wird. Er besitzt einen universellen Geist, nicht durch seine Kenntnisse, sondern durch die Fähigkeit, sie zu erlangen; einen offenen, intelligenten Geist, der für alles aufgeschlossen ist und, wie Montaigne sagt, wenn nicht unterrichtet, so doch belehrbar. Mir genügt es, wenn er das *Wozu ist das gut?* bei allem findet, was er tut, und das *Warum?* bei allem, was er glaubt. Denn noch einmal, mein Ziel ist nicht, ihm Wissen zu vermitteln, sondern ihn zu lehren, wie er es sich bei Bedarf erwerben kann, ihn genau abschätzen zu lassen, was es wert ist, und ihn die Wahrheit über alles lieben zu lehren. Bei dieser Methode kommt man nur langsam voran, aber man tut nie einen unnötigen Schritt und ist nie gezwungen, wieder zurückzugehen.

Emile besitzt nur natürliche, rein physische Kenntnisse. Er kennt nicht einmal das Wort Geschichte und weiß auch nicht, was Metaphysik und Moral bedeuten. Er kennt die wesentlichen Bezüge zwischen dem Menschen und den Dingen, weiß aber nichts über die moralischen Beziehungen von Mensch zu Mensch. Er weiß wenig über die Verallgemeinerung von Vorstellungen und über abstrakte Begriffe. Er erkennt die gewissen Körpern gemeinsamen Eigenschaften, ohne sich über diese Eigenschaften an und für sich ein Urteil zu bilden. Er kennt den abstrakten Raum von den geometrischen Figuren her, und die abstrakte Größe von den algebraischen Zeichen. Diese Figuren und Zeichen bilden die Stütze für die Abstraktionen, an die seine Sinne sich halten. Er versucht keineswegs, die Dinge an und für sich zu erkennen, sondern nur in den Beziehungen, die ihn angehen. Was ihm fremd ist, schätzt er nur im Verhältnis zu sich selbst ab; aber diese Wertung ist genau und sicher, Phantasie und Konvention spielen keine Rolle dabei. Ihn beschäftigt mehr, was ihm nützlicher ist; und da er diese Art von Wertung nie aufgibt, gibt er nichts auf die Meinung der anderen.

Emile ist fleißig, mäßig, geduldig, entschlossen und mutig. Seine Einbildungskraft, die noch nicht entzündet ist, übertreibt ihm nie eine Gefahr; es gibt nur wenig Schmerzen, gegen die er empfindlich ist, und er weiß mit Standhaftigkeit zu leiden, da er nicht gelernt hat, sich gegen das Schicksal aufzulehnen. Was den Tod betrifft, so weiß er noch nicht recht, was das ist. Da er aber daran gewöhnt ist, sich widerstandslos dem Gesetz der Notwendigkeit zu beugen, so wird er ohne Murren, Klagen und Widerstand sterben. Das ist alles, was die Natur in diesem von jedermann verabscheuten Augenblick gestattet. In Freiheit leben und wenig an den menschlichen Dingen hängen, ist das beste Mittel, sterben zu lernen.

Mit einem Wort, Emile besitzt von der Tugend alles, was sich auf ihn selbst bezieht. Um auch die gesellschaftlichen Tugenden zu besitzen, fehlt ihm einzig die Kenntnis der Beziehungen, die sie fordern; es fehlt ihm einzig noch die Einsicht, die sein Geist zu erwerben bereit ist.

Er betrachtet sich selbst, ohne an die anderen zu denken, und findet es richtig, dass die anderen nicht an ihn denken. Er verlangt von niemandem etwas und glaubt sich niemandem verpflichtet. Er ist allein in der menschlichen Gesellschaft und verlässt sich nur auf sich selbst. Er hat auch mehr als jeder andere das Recht, sich auf sich selbst zu verlassen, denn er ist so vollkommen, wie man in seinem Alter nur sein kann. Er hat keine Irrtümer, oder nur die, die für uns alle unvermeidlich sind; er hat keine Fehler, oder nur die, vor denen sich kein Mensch schützen kann. Er hat einen gesunden Körper, behende Glieder, einen geraden und unbestechlichen Geist, ein freies und leidenschaftsloses Herz. Die Eigenliebe, die erste und natürlichste Liebe, ist darin noch kaum entwickelt. Ohne jemandes Frieden zu stören, hat er zufrieden, frei und glücklich gelebt, soweit es die Natur erlaubte. Meint ihr, ein Kind, das auf solche Weise bis zu seinem fünfzehnten Jahr gelangt ist, habe die vorangegangenen Jahre verloren?

[Aus dem 4. Buch]

Nun hat sich die zweite Geburt, von der ich sprach, vollzogen. Jetzt erst wird der Mann zum wirklichen Leben geboren, und nichts Menschliches ist ihm mehr fremd. Vor diesem Augenblick war unser Bemühen bloßes Kinderspiel – von nun an erst gewinnt es wirkliche Bedeutung. Diese Entwicklungsphase, bei der die übliche Erziehung zu enden pflegt, ist genau die, da die unsrige zu beginnen hat. Um jedoch diesen neuen

Plan richtig darlegen zu können, müssen wir in der Betrachtung der Dinge, mit denen er zusammenhängt, etwas weiter ausholen.

Unsre Leidenschaften sind die Hauptwerkzeuge zu unsrer Selbsterhaltung. Sie zerstören zu wollen, wäre ebenso vergeblich wie lächerlich – es hieße die Natur kontrollieren und Gottes Werk umbilden. Hätte Gott wirklich dem Menschen den Befehl gegeben, die Leidenschaften, die er ihm gab, zu zerstören, so widerspräche er sich selbst, er höbe seinen eigenen Willen auf. Aber niemals gab er diesen unsinnigen Befehl – nichts dergleichen steht in der Menschen Herz geschrieben. Was Gott von einem Menschen erwartet, teilt er ihm nicht durch andre Menschen mit, er sagt es ihm selbst, er schreibt es tief in sein Herz hinein.

Darum würde ich jemanden, der verhindern möchte, dass Leidenschaften überhaupt aufkommen, für nahezu ebenso töricht halten wie den, der sie gänzlich zerstören möchte. Und diejenigen, die glaubten, dass mein Erziehungsplan bisher darauf abzielte, haben mich ganz sicher gründlich missverstanden.

Aber – so könnte man einwenden – akzeptiert man die Tatsache, dass es in der Natur des Menschen liegt, Leidenschaften zu haben, kann man daraus den Schluss ziehen, dass alle Leidenschaften, die wir in uns selbst verspüren und bei anderen feststellen, natürlich sind? –

Ihre Quelle ist natürlich, das ist richtig. Jedoch tausend fremde kleine Zuflüsse haben sie anschwellen lassen; sie wird zum immer mächtiger wachsenden Strom, in dem man kaum noch einige Tropfen des ursprünglichen Quellwassers entdecken würde. Unsre natürlichen Leidenschaften sind sehr begrenzt; sie sind die Werkzeuge unsrer Freiheit und dienen zu unsrer Selbsterhaltung. Alle jene, die uns unterjochen und zerstören, kommen von außen. Die Natur gibt sie uns nicht, wir eignen sie uns ihrer ungeachtet an.

Die Quelle unsrer Leidenschaften, Ursprung und Prinzip aller anderen, die einzige, die mit dem Menschen geboren wird und ihn bis zum Tode nicht verlässt, ist die Selbstliebe. Sie ist die angeborene Urleidenschaft, älter als alle anderen, die, in gewisser Weise, nur ihre Abwandlungen sind. Wenn man so will, sind in diesem Sinne alle Leidenschaften natürlich. Jedoch haben diese Abwandlungen zum größten Teil von außen kommende Ursachen, ohne die sie überhaupt nicht vorhanden wären. Weit entfernt, uns zu nützen, sind uns diese Abwandlungen sogar schädlich. Sie verändern ihren ursprünglichen Gegenstand und verstoßen gegen ihr eigenes Prinzip: in diesem Augenblick tritt der Mensch aus der Natur heraus und setzt sich in Widerspruch zu sich selbst. –

Die Selbstliebe ist immer gut und entspricht immer der Ordnung. Da jeder speziell für seine Selbsterhaltung aufkommen muss, ist und muss die erste und wichtigste seiner Sorgen die sein, ohne Unterlass auf sie bedacht zu sein: und wie könnte er das, wenn er nicht das größte Interesse daran hätte?

Wir müssen uns also selber lieben, um uns selbst zu erhalten, wir müssen uns selbst mehr lieben als alles andere; und in unmittelbarer Folge dieses Gefühls lieben wir das, was uns erhält. Jedes Kind hängt an seiner Amme: Romulus musste sich der Wölfin verbunden fühlen, die ihn genährt hatte. Zuerst ist diese Anhänglichkeit rein mechanisch. Was das Wohlbefinden eines Wesens fördert, zieht es an; was ihm schadet, weist es von sich: das ist nur blinder Instinkt. Nur die offenbare Absicht, uns zu schaden oder zu nützen, wandelt diesen Instinkt in Gefühl, die Anhänglichkeit in Liebe und die Abneigung in Hass. Empfindungslose Wesen, die nur den Anregungen folgen, die man ihnen gibt, lassen uns kalt; aber die, deren innerliche Veranlagung uns je nach ihrem Willen Gutes oder Böses verspricht, die, die willkürlich für oder gegen etwas handeln, inspirieren uns zu Gefühlen gleich denen, die sie uns zeigen.

Was uns dienlich ist, suchen wir; aber was uns dienlich sein will, lieben wir. Was uns schadet, meiden wir, aber was uns schaden will, hassen wir.

Das erste Gefühl eines Kindes ist, sich selbst zu lieben, und das zweite, das dem ersten entstammt, ist, die zu lieben, die sich ihm nähern; denn in seinem schwachen Zustand kennt es jeden nur durch den Beistand und die Fürsorge, die es empfängt. Zunächst ist seine Anhänglichkeit an seine Amme und seine Pflegerin nur Gewohnheit. Es sucht sie, da es sie braucht und da es ihm gut geht, weil es sie hat; das ist eher Erkenntnis als Wohlwollen. Es braucht lange Zeit, bis es versteht, dass sie ihm nicht nur nützlich sind, sondern es auch sein wollen. Und dann erst fängt es an, sie zu lieben.

Ein Kind ist also von Natur aus zum Wohlwollen geneigt, weil es sieht, dass jeder, der sich ihm nähert, ihm zu helfen bereit ist, und aus dieser Beobachtung die Gewöhnung an ein positives Gefühl für seine Gattung zieht. Aber in dem Maß, da es seine Beziehungen, seine Bedürfnisse und seine aktiven oder passiven Abhängigkeitsverhältnisse ausweitet, erwacht in ihm das Gefühl seines Verhältnisses zur Umwelt und erzeugt das der Schuldigkeit oder Bevorzugung. In diesem Augenblick wird das Kind herrschsüchtig, eifersüchtig, hinterhältig und rachsüchtig. Beugt man es dem Gehorsam, schreibt es das einer Laune zu, der Absicht, es zu quälen, und wird aufsässig, weil es die Nützlichkeit dessen, was man anordnet, nicht einsieht. Gehorcht man ihm, sieht es in jeder späteren Verweigerung Rebellion und die Absicht, ihm Widerstand zu leisten; es schlägt den Stuhl und den Tisch, weil sie ihm ungehorsam waren. Die Selbstliebe, die nur uns selbst genügen will, ist befriedigt, wenn unsre wirklichen Bedürfnisse befriedigt sind; aber die Eigenliebe, die im Sichvergleichen besteht, ist niemals befriedigt und könnte es auch nicht sein, weil dieses Gefühl, das uns selbst vor anderen den Vorzug gibt, ebenfalls verlangt, dass die anderen uns sich selbst vorziehen, und das ist unmöglich. So entstehen die süßen und zärtlichen Leidenschaften aus der Selbstliebe und die gehässigen und jähzornigen aus der Eigenliebe. Um also wesentlich gut zu werden, darf der Mensch nur wenige Bedürfnisse haben und sich wenig mit anderen vergleichen; was ihn wesentlich böse macht, sind seine vielen Bedürfnisse und seine Abhängigkeit von der Meinung. Nach diesem Prinzip ist leicht zu ersehen, wie alle Leidenschaften der Kinder und der Erwachsenen zum Guten oder zum Bösen geführt werden können. Zwar können sie schwerlich immer in Güte leben, da sie nicht immer allein leben können: diese Schwierigkeit nimmt sogar notwendigerweise mit ihren Beziehungen zu; und besonders in dieser Hinsicht machen die Gefahren der Gesellschaft Erziehungskunst und Fürsorge noch unerlässlicher, um das menschliche Herz vor der Verderbnis zu schützen, die aus seinen neuen Bedürfnissen entsteht.

Das Studium, das dem Menschen angemessen ist, ist das seiner Beziehungen. Solange er sich nur als körperliches Wesen kennt, muss er sich im Hinblick auf seine Beziehungen zu den Dingen studieren: das ist die Beschäftigung seiner Kindheit; fängt er an, sich als geistiges Wesen zu fühlen, muss er sich im Hinblick auf seine Beziehungen zu den Menschen studieren: das ist die Beschäftigung seines ganzen Lebens, mit der er an dem Punkt beginnen muss, zu dem wir jetzt gelangt sind.

Sobald der Mann eine Gefährtin braucht, ist er kein isoliertes Wesen mehr, sein Herz ist nicht mehr allein. Alle seine Beziehungen zu seiner Gattung, alle Zärtlichkeit seiner Seele werden mit jener geboren. Seine erste Leidenschaft wird bald die anderen in Wallung bringen.

Die Neigung des Instinkts bezieht sich auf kein bestimmtes Objekt. Ein Geschlecht wird vom andern angezogen – das ist der Trieb der Natur. Die Wahl, die Vorlieben, die persönliche Anhänglichkeit sind das Werk von Einsicht, Vorurteil und Gewohnheit; es braucht Zeit und Erkenntnisse, um liebesfähig zu werden: man liebt nicht, bevor man geurteilt hat, man zieht nicht vor, ehe man verglichen hat. Diese Urteile bilden sich, ohne dass man es merkt, sind deshalb aber nicht weniger real. Die wirkliche Liebe, was man darüber auch sagen möge, wird von den Menschen immer geachtet werden, denn obgleich ihre Aufwallungen uns auf Irrwege bringen, obgleich sie in dem Herzen, das sie fühlt, abstoßende Eigenschaften nicht ausschließt und sogar erzeugt, setzt sie doch immer auch achtenswerte Eigenschaften voraus, ohne die man unfähig wäre, Liebe überhaupt zu empfinden. Diese Auswahl, die man der Vernunft zuwider trifft, kommt uns von ihr. Man spricht von blinder Liebe, weil sie bessere Augen hat als wir und Beziehungen sieht, die wir nicht bemerken können. Für jemanden, der weder von Verdienst noch von Schönheit die geringste Vorstellung hätte, wäre jede Frau gleich gut, und die erste wäre immer die Liebenswerteste. Die Liebe kommt bei weitem nicht aus der Natur, sie ist vielmehr Regel und Zügel ihrer Neigungen; durch sie allein kommt es, dass, außer dem geliebten Gegenstand, das eine Geschlecht dem anderen nichts bedeutet.

Gibt man jemandem vor den andern den Vorzug, so will man auch von ihm bevorzugt werden: Liebe muss gegenseitig sein. Um geliebt zu werden, muss man Liebenswürdigkeit besitzen; um vorgezogen zu werden, muss man liebenswerter sein als jeglicher andere, zumindest in den Augen des geliebten Menschen. Daher beginnt man, die Mitmenschen zu betrachten, sich mit ihnen zu vergleichen; so entstehen Wetteifer, Rivalität und Eifersucht. Ein von überfließendem Gefühl erfülltes Herz möchte sich gern mitteilen – aus dem Bedürfnis nach einer Geliebten entsteht bald das nach einem Freund. Wer fühlt, wie süß es ist, geliebt zu werden, möchte gleich von aller Welt geliebt werden, und da jeder bevorzugt werden möchte, muss es viele Unzufriedene geben. Mit Liebe und Freundschaft zugleich entstehen Entzweiungen, Feindseligkeit und Hass. Aus der Quelle so vieler verschiedenartiger Leidenschaften sehe ich schon die gesellschaftliche Meinung ihren unerschütterlichen Thron bauen und die blöden Sterblichen, ihrer Herrschaft untertan, ihre eigene Existenz allein auf die Urteile der anderen gründen.

Führt diese Gedanken noch weiter aus, und ihr werdet sehen, woher unsre Eigenliebe die Gestalt nimmt, die wir als natürlich betrachten, und wie die Selbstliebe, wenn sie aufhört, ein absolutes Gefühl zu sein, in den großen Seelen zu Stolz und in den kleinen zur Eitelkeit wird, sich aber in allen Fällen auf Kosten des Nächsten nährt. Diese Art von Leidenschaften, die keineswegs ihre Wurzeln im Herzen des Kindes haben, können dort auch nicht aus sich selbst entstehen; wir allein sind es, die sie hineinpflanzen, und nur durch unsre Schuld können sie dort Wurzel fassen. Mit dem Herzen des Jünglings steht es jedoch anders: was immer wir auch tun mögen, sie entstehen gegen unsren Einfluss. So wird es also Zeit, die Methode zu wechseln.

Beginnen wir mit einigen wichtigen Überlegungen über den kritischen Zustand, von dem hier die Rede ist. Der Übergang von der Kindheit zur Pubertät ist von der Natur gar nicht so festgelegt, dass er im Einzelwesen nicht je nach Anlagen, und bei den verschiedenen Völkern nicht je nach Klima variieren könnte. Jeder kennt die in dieser Hinsicht festgestellten Unterschiede zwischen den heißen und den kühlen Ländern, und jeder sieht, dass feurige Temperamente sich eher bilden als die anderen; aber man täuscht sich häufig über die Ursachen und führt auf den Körper zurück, was dem Geist zuzuschreiben ist. Dies ist einer der häufigsten Irrtümer in der Philosophie unseres Jahrhunderts. Die Unterrichtung durch die Natur vollzieht sich zögernd und langsam, die durch die Menschen fast immer voreilig. Im ersten Fall sind es die Sinne, die die Einbildungskraft wecken; im zweiten erweckt die Einbildungskraft die Sinne. Sie vermittelt ihnen eine frühreife Aktivität, durch die es nicht ausbleiben kann, dass zunächst das Einzelwesen geschwächt und entnervt wird und auf die Dauer sogar die gesamte Gattung. Eine allgemeingültigere und sicherere Feststellung als die über die Auswirkungen des Klimas ist die, dass die Pubertät und die Macht des Geschlechtslebens bei den gebildeten und gesitteten Völkern sich rascher entwickelt als bei den naiven und barbarischen Völkern*. Kinder haben einen eigenartigen Scharfblick, mit dem sie durch alle Affereien des Anstands hindurch die schlechten Sitten, die er verbirgt, herausfinden. Die verfeinerte Sprache, die man ihnen vorschreibt, die Lektionen in Ehrbarkeit, die man ihnen gibt, der Schleier des Geheimnisvollen, den man vor ihre Augen zu ziehen meint – all dies sind ebenso viele Anreize für die Wissbegier. Bei die-

* »In den Städten«, sagt M. de Buffon, »und in wohlhabenden Kreisen erreichen die Kinder, an üppige und kräftige Nahrung gewöhnt, dieses Stadium früher; auf dem Land und unter der ärmlichen Bevölkerung verzögert sich das, weil die Kinder schlecht und unzureichend ernährt sind; sie brauchen zwei oder drei Jahre länger« (*Hist. nat.*, t. IV, p. 238, in-12). Die Beobachtung ist richtig, aber nicht die Erklärung, da in dem Land, wo der Bauer sich sehr gut nährt und viel isst, wie im Wallis und selbst in gewissen Berggegenden Italiens, z. B. in Friaul, das Pubertätsalter beider Geschlechter ebenso spät einsetzt wie in den Städten, wo man aus Eitelkeit äußerst sparsam im Essen ist und wo die meisten nach dem Sprichwort: *Sammet am Kragen und Kleie im Magen* leben. Man staunt, wenn man in jenen Berggegenden großen, starken Burschen begegnet, die noch eine helle Stimme und ein bartloses Kinn haben, und kräftigen Mädchen – im Übrigen sehr gut entwickelt –, die noch keinerlei periodische Anzeichen ihres Geschlechts kennen. Dieser Unterschied scheint mir einzig daher zu kommen, dass bei der Einfachheit ihrer Sitten ihre Einbildungskraft, die länger ungestört und ruhig bleibt, ihr Blut später in Wallung versetzt und ihre Säfte weniger vorzeitig schießen lässt.

sem Verfahren ist es klar, dass man ihnen nur beibringen will, was man ihnen zu verbergen vorgibt, und von allen Belehrungen, die man ihnen gibt, ist es diese, die am besten bei ihnen ankommt.

Befragt die Erfahrung und ihr begreift, bis zu welchem Ausmaß diese unsinnige Methode das Werk der Natur beschleunigt und die Anlagen zerstört. Dies ist eine der Hauptursachen, warum die Rassen in den Städten degenerieren. Die jungen Männer, frühzeitig erschöpft, bleiben klein, schwach, schlecht gebaut und altern statt heranzuwachsen, so wie der Weinstock vor dem Herbst dahinwelkt und stirbt, weil man ihn im Frühling Früchte tragen ließ.

Man muss mit derben und einfachen Völkern gelebt haben, um zu erkennen, bis zu welchem Alter eine friedliche Unwissenheit dort die Zeit der kindlichen Unschuld verlängern kann. Es ist ein zugleich rührendes und lächerliches Schauspiel, bei ihnen die beiden Geschlechter zu beobachten, wie sie in der Ungestörtheit ihrer Herzen bis in die Blüte ihrer Jugend und Schönheit noch an kindlich-naiven Spielen hängen und gerade durch ihre Vertrautheit miteinander die Reinheit ihrer Freuden beweisen. Wenn es dann schließlich zwischen dieser liebenswerten Jugend zur Ehe kommt, sind die beiden Ehegatten einander noch teurer, da sie sich gegenseitig das Reinste ihrer Persönlichkeit schenken; viele gesunde und kräftige Kinder werden das Unterpfand einer Vereinigung, die nichts zu verändern vermag, und die Frucht der Tugendhaftigkeit ihrer frühen Jahre.

Wenn das Alter, in dem ein Mensch sich seines Geschlechts bewusst wird, ebenso durch die Wirkung seiner Erziehung wie durch die der Natur verschieden ist, muss daraus gefolgert werden, dass man diesen Zeitpunkt je nach der Erziehungsweise der Kinder entweder beschleunigen oder verzögern kann; und wenn der Körper, je nach dem Maß, in dem man diesen Vorgang beschleunigt oder verzögert, an Gesundheit gewinnt oder verliert, ist es ebenfalls klar, dass, je mehr man ihn verzögert, ein junger Mann desto mehr Kraft und Stärke gewinnt. Jetzt spreche ich zunächst noch von den rein körperlichen Auswirkungen – bald werden wir sehen, dass es dabei nicht bleibt.

Aus diesen Überlegungen ergibt sich meine Antwort auf die so oft aufgeworfene Frage, ob es richtig ist, die Kinder frühzeitig über die Gegenstände ihrer Wissbegier aufzuklären, oder ob es besser ist, sie durch geringfügige Täuschungen abzulenken. Ich denke, dass man weder das eine noch das andere tun soll. Erstens kommt ihnen diese Wissbegier gar nicht in den Sinn, wenn man ihnen keinen Anlass dazu gegeben hat. Also muss man sich so verhalten, dass sie gar nicht erst entsteht. Zweitens verlangen Fragen, zu deren Klärung man nicht gezwungen wird, keine irreführende Antwort an den, der sie stellt: es ist besser, ihm Schweigen aufzuerlegen, als ihm mit einer Lüge zu antworten. Ein solches Gebot wird ihn kaum überraschen, wenn man schon immer dafür sorgte, dass er sich ihm bei gleichgültigen Dingen fügte. Entschließt man sich aber doch zu einer Antwort, so tue man es mit der größten Natürlichkeit, ohne Geheimnistuerei, ohne Verlegenheit zu zeigen und ohne dabei zu lächeln. Die Wissbegier eines Kindes zufriedenzustellen ist weit weniger gefährlich als sie zu erregen.

Ihr müsst eure Antworten immer ernst, kurz, entschieden und ohne den Anschein eines Zögerns geben. Dass sie der Wahrheit entsprechen müssen, brauche ich wohl nicht hinzuzufügen. Man kann Kinder nicht darüber belehren, wie gefährlich es ist, den Erwachsenen zu belügen, ohne dass der Erwachsene die viel größere Gefahr empfände, Kinder anzulügen. Eine einzige erwiesene Lüge des Lehrers würde für alle Zeit alle Früchte der Erziehung bei seinem Zögling zerstören.

Absolute Unwissenheit in gewissen Dingen ist vielleicht das Richtigste für Kinder; aber sie sollen zur rechten Zeit das lernen, was man ihnen unmöglich immer verbergen kann. Entweder darf ihre Wissbegier in keiner Weise geweckt werden, oder sie muss vor dem Zeitpunkt, da sie nicht mehr ungefährlich ist, befriedigt werden. In dieser Hinsicht hängt euer Verhalten zu eurem Zögling sehr von dessen besonderer Situation ab, von der ihn umgebenden Gesellschaft, von den Verhältnissen, in denen er sich später befinden könnte usw. Hier kommt es darauf an, nichts dem Zufall zu überlassen; und wenn ihr nicht sicher seid, ob ihr ihn bis zu seinem sechzehnten Jahr in Unkenntnis über die Verschiedenheit der Geschlechter lassen könnt, so bemüht euch, dass er sie vor seinem zehnten Jahr kennenlernt.

Ich liebe es gar nicht, wenn man mit den Kindern eine allzu feine Sprache zu sprechen sucht, und auch nicht, wenn man lange Umschweife macht, um zu vermeiden, die Dinge beim rechten Namen zu nennen. Die guten Sitten sind in diesen Dingen von größter Einfachheit; aber durch das Laster verschmutzte Vorstellungen machen das Ohr empfindlich und zwingen einen dazu, die Ausdrucksweise unablässig zu verfeinern. Grobe Ausdrücke haben keine üblen Folgen – die lasziven Gedanken sind es, die ausgeschaltet werden müssen.

Obgleich die Scham dem Menschengeschlecht natürlich ist, besitzen Kinder sie natürlicherweise nicht. Die Scham entsteht erst mit der Erkenntnis des Bösen – und wie könnten Kinder, die diese Erkenntnis weder haben noch haben dürfen, das Gefühl für ihre Wirkung haben? Ihnen Lektionen über Schamhaftigkeit und Ehrbarkeit geben, heißt so viel wie sie lehren, dass es schamlose und unehrenhafte Dinge gibt, es heißt, ihnen den geheimen Wunsch einzuflößen, diese Dinge kennenzulernen. Früher oder später gelingt es ihnen doch, und der erste Funken, der die Einbildungskraft entzündet, beschleunigt mit absoluter Sicherheit das Glühen der Sinne. Wer errötet, ist schon schuldig; die wahre Unschuld kennt keine Scham.

Kinder haben nicht dieselben Begierden wie Erwachsene, da

sie aber ebenso wie diese dem Schmutz ausgesetzt sind, der die Sinne verletzt, können sie auch nur hieraus dieselben Lehren der Wohlanständigkeit ziehen. Folgt den Gesetzen der Natur, die, da sie die Organe geheimer Lüste und die ekelhafter Bedürfnisse an dieselbe Stelle legte, uns auch dieselbe Fürsorge in den verschiedenen Altersstufen inspiriert, bald durch diesen Gedanken, bald durch jenen – dem Erwachsenen durch Mäßigkeit, dem Kind durch Sauberkeit.

Ich sehe nur einen richtigen Weg, den Kindern ihre Unschuld zu erhalten, nämlich, dass sie von ihrer ganzen Umgebung respektiert und geliebt werden. Ohne das schlägt alle Zurückhaltung, mit der man sie zu behandeln versucht, später in Schaden um. Ein Lächeln, ein Augenzwinkern, eine unfreiwillige Geste sagen ihnen alles, was man ihnen verschweigen wollte; um es zu erfahren, genügt für sie, zu sehen, dass man es ihnen verbergen wollte. Feinheit der Redewendungen und Ausdrücke, deren sich höfliche Leute unter sich bedienen und dabei einen Scharfsinn voraussetzen, den Kinder nicht haben sollen, ist bei ihnen vollkommen fehl am Platz; will man aber wirklich ihre Einfalt respektieren, kann man sich leicht mit ihnen in einer Ausdrucksweise unterhalten, die ihnen angemessen ist. Es gibt eine gewisse Naivität der Sprache, die der Unschuld gut ansteht und ihr gefällt; das ist der richtige Ton, der das Kind von einer gefährlichen Wissbegier ablenkt. Indem man über alles auf einfachste Weise mit ihm spricht, lässt man es gar nicht auf die Vermutung kommen, dass es noch mehr zu sagen gibt. Verbindet man mit den groben Worten die ihnen entsprechenden hässlichen Vorstellungen, so erstickt man das erste Feuer der Einbildungskraft; man verbietet dem Kinde nicht, diese Worte auszusprechen und diese Vorstellungen zu haben, aber man flößt ihm, ohne dass es das überhaupt bemerkt, Widerwillen ein, sich ihrer zu erinnern. Und wie viel Hemmungen erspart diese naive Freiheit jenen, die aus ihrem eigenen Herzen heraus immer das sagen, was man sagen muss, und es auch immer so sagen, wie sie es empfunden haben!

Wie werden die Kinder gemacht? Schwierige Frage; aber den Kindern kommt sie ganz natürlich, und ihre unbesonnene oder vorsichtige Beantwortung ist manchmal entscheidend für die Sitten oder die Gesundheit ihres ganzen Lebens. Die einfachste und kürzeste Art, die eine Mutter ersinnt, sich dieser lästigen Frage zu entledigen, ohne ihrem Sohn die Unwahrheit zu sagen, ist, ihm Schweigen aufzuerlegen. Das wäre gut, wenn man ihn schon lange Zeit daran gewöhnt hätte, wenn es um gleichgültige Fragen ging, und er also kein Geheimnis hinter diesem neuen Ton witterte. Aber nur selten wird die Mutter sich damit begnügen. *Das ist ein Geheimnis der verheirateten Leute*, wird sie ihm sagen, *kleine Jungen dürfen nicht so neugierig sein*. So ist es richtig, damit sich die Mutter aus der Verlegenheit helfen kann – sie muss aber wissen, dass der kleine Junge, den diese geringschätzige Haltung beleidigt, nicht einen Augenblick mehr ruhen wird, bis er hinter das Geheimnis verheirateter Leute gekommen ist, und dass er sehr bald dahinter gekommen sein wird.

Man erlaube mir, eine Antwort wiederzugeben, die völlig verschieden ist von denen, die ich auf die gleiche Frage gehört habe, und die mich umso mehr in Staunen versetzte, als sie von einer Frau gegeben wurde, die in ihren Reden sowohl wie in ihren Manieren gleich zurückhaltend war, die aber notfalls zum Wohl ihres Sohnes und um der Tugend willen die falsche Furcht vor Tadel und die eitlen Spöttereien der Witzbolde verachten konnte. Vor kurzer Zeit war dem Kind beim Urinieren ein kleiner Stein abgegangen, der ihm die Harnröhre zerrissen hatte; aber der längst vergangene Schmerz war schon vergessen. *Mama*, sagte der kleine Dummkopf, *wie werden die Kinder gemacht?* – Die Mutter antwortet, ohne zu zögern, *Mein Sohn, die Frauen pissen sie unter Schmerzen heraus, die sie manchmal das Leben kosten.* Die Narren mögen lachen und die Dummköpfe empört sein – aber die Weisen mögen suchen, ob sie jemals eine klügere und treffendere Antwort hören werden. Sofort lenkt die Vorstellung von einem natürlichen und dem Kind bekannten Bedürfnis von der eines geheimnisvollen Vorgangs ab. Die hinzukommenden Vorstellungen von Schmerz und Tod überdecken ihn mit einem Schleier von Trauer, der die Einbildungskraft abkühlt und die Wissbegier in Schranken hält; all dies beschäftigt den Geist mit den Folgen einer Niederkunft und nicht mit ihren Ursachen. Diese Antwort führt zur Aufklärung über die Schwächen der menschlichen Natur, über ekelerregende Dinge, über Bilder des Leids, wenn das Kind trotz seines Widerwillens weiterfragt. Wie könnte aus solchen Unterhaltungen die Unruhe des Verlangens entstehen? Und ihr seht, dass die Wahrheit keineswegs entstellt wurde und dass man es also nicht nötig hat, seinen Zögling zu täuschen, statt ihn zu unterrichten.

Eure Kinder lesen; aus ihrer Lektüre schöpfen sie Kenntnisse, die sie nicht hätten, wenn sie nicht gelesen hätten. Wenn sie lernen, entzündet und schärft sich ihre Einbildungskraft in der Stille des Studierzimmers. Wenn sie in die Welt eintreten, hören sie einen seltsamen Jargon, sehen sie Vorbilder, die sie in höchstes Staunen versetzen. Man hat sie so fest davon überzeugt, dass sie erwachsen sind, dass sie bei allem, was Erwachsene in ihrer Gegenwart tun, sofort überlegen, wie ihnen das wohl selbst anstehen würde: die Handlungen anderer müssen ihnen also zum Vorbild dienen, wenn ihre Urteile ihnen zum Gesetz werden sollen. Dienstpersonal, das von ihnen abhängt und folglich daran interessiert ist, sich bei ihnen beliebt zu machen, macht ihnen auf Kosten der guten Sitten den Hof; alberne Erzieherinnen führen, wenn sie vier Jahre alt sind, Gespräche mit ihnen, die auch die dreisteste nicht zu führen wagte, wenn sie fünfzehn Jahre alt wären. Bald vergessen sie, was sie gesagt haben, aber die Kinder vergessen nicht, was sie gehört haben. Neckische Reden bereiten lockeren Sitten den Weg – ein lumpiger Lakai macht das Kind zum Wüstling, und das Geheimnis des einen bürgt für das des andern.

Das seinem Alter entsprechend erzogene Kind ist allein. Es kennt nur die gewohnheitsmäßige Anhänglichkeit; es liebt seine Schwester ebenso wie seine Uhr, und seinen Freund ebenso wie seinen Hund. Es fühlt sich keinem Geschlecht, keiner Gattung zugehörig – Mann und Frau sind ihm gleich fremd; nichts von dem, was sie tun und was sie sagen, bezieht es auf sich, es sieht und hört es nicht und schenkt ihm keinerlei Beachtung; ihre Reden interessieren es ebenso wenig wie ihre Handlungen – all dies geht es nichts an. Das ist keine listige Täuschung, in der man es auf diese Weise gefangen halten will, sondern die Unwissenheit der Natur. Der Augenblick wird kommen, da diese selbe Natur für die Aufklärung ihres Schülers sorgt, und erst dann hat sie ihn so weit gebracht, dass er gefahrlos aus ihren Lehren Nutzen ziehen kann. Dies ist mein Prinzip; Einzelheiten der Regeln gehören nicht zu meinem Thema; die Mittel und Wege, die ich bei anderen Gelegenheiten vorgeschlagen habe, dienen auch in diesem Fall als Beispiel.

Wollt ihr in die aufkeimenden Leidenschaften Ordnung und Regel bringen, so dehnt die Zeit aus, während der sie sich entwickeln, so dass sie Muße haben, sich einzurichten. Dann ist es nicht mehr der Mensch, der sie regelt, sondern die Natur selbst; lasst sie sich nur ihre Arbeit selber einrichten. Wenn euer Zögling allein für sich lebte, brauchtet ihr gar nichts zu tun; aber seine ganze Umgebung entzündet seine Einbildungskraft; der Sturzbach der Vorurteile reißt ihn mit – um ihn zurückzuhalten, muss man ihn in die entgegengesetzte Richtung treiben. Das Gefühl muss die Einbildungskraft in Schranken halten, und die Vernunft muss die Meinung der Menschen zum Schweigen bringen. Die Quelle aller Leidenschaften ist die

Empfindsamkeit, die Einbildungskraft bestimmt ihre Richtung. Jedes Geschöpf, das seine Beziehungen fühlt, muss in Erregung geraten, wenn diese Beziehungen sich verändern und es sich welche vorstellt oder vorzustellen meint, die seiner Natur angemessener sind. Die Irrtümer der Einbildungskraft sind es, die die Leidenschaften aller Sterblichen zu Lastern machen, selbst die der Engel, sofern sie welche haben, denn sie müssten die Natur aller Wesen kennen, um zu wissen, welche Beziehungen ihrer eigenen am besten entsprächen.

Zusammengefasst sähe also die ganze menschliche Weisheit, was den Genuss der Leidenschaften anlangt, so aus: 1. die wahren Beziehungen des Menschen zu erkennen, in der Gattung wie im Einzelwesen; 2. alle Regungen der Seele nach diesen Verhältnissen einzurichten.

Ist denn aber der Mensch Herr darüber, seine Gefühlsregungen nach diesen oder jenen Beziehungen zu ordnen? Zweifellos, solange er in der Lage ist, seine Einbildungskraft auf diesen oder jenen Gegenstand zu lenken oder ihr diese oder jene Gewohnheit einzupflanzen. Außerdem geht es hier weniger um das, was ein Mensch über sich selbst vermag, als um das, was wir über unseren Zögling vermögen durch die Wahl der Verhältnisse, in die wir ihn versetzen. Legen wir die richtigen Mittel dar, ihn in der Ordnung der Natur zu halten, so haben wir genug darüber gesagt, wie er aus ihr heraustreten kann.

Solange seine Empfindsamkeit sich auf sein eigenes Ich beschränkt, haben seine Handlungen keinerlei moralischen Charakter. Erst wenn sie anfängt, außerhalb seiner selbst zu wirken, wird er zunächst gefühlsfähig und erkennt dann den Begriff des Guten und Bösen, was ihn endlich zum wahrhaften Menschen und seiner Gattung zugehörig macht. Auf diesen ersten Punkt also müssen wir zunächst unsre Beobachtungen richten.

Sie sind insofern schwierig, als wir, um sie machen zu können, alle Beispiele, die wir vor Augen haben, verwerfen müssen und die suchen, die sich Schritt für Schritt gemäß der Ordnung der Natur entwickeln.

Ein zugestutzter, höflicher, zivilisierter Knabe, der nur auf die Kraftprobe wartet, die vorzeitigen Lehren, die man ihm gab, in die Tat umzusetzen, täuscht sich nie über den Zeitpunkt, da ihm diese Möglichkeit zukommt. Nicht etwa, dass er auf ihn wartet, er beschleunigt ihn vielmehr, er setzt sein Blut vorzeitig in Wallung, er kennt den Gegenstand seiner Begierde schon lange, bevor er sie selbst fühlt. Nicht die Natur erregt ihn – sie wird von ihm dazu gezwungen: sie braucht ihn nichts mehr zu lehren, wenn sie ihn zum Mann macht, er war es in Gedanken schon lange, ehe er es in Wirklichkeit wurde.

Der wahre Gang der Natur geht stufenweise und langsamer vor sich. Nach und nach entzündet sich das Blut, die Vitalität wächst und das Temperament bildet sich. Der kluge Arbeiter, der die Werkstätte leitet, achtet darauf, all seine Werkzeuge zu vervollkommnen, bevor er sie in Gebrauch nimmt: den ersten Begierden geht eine lange Unruhe voraus und eine lange Zeit der Unwissenheit führt sie irre; man spürt die Begierde, ohne zu wissen, wonach; das Blut gerät in Wallung, ein Lebensüberschwang will nach außen drängen. Der Blick belebt sich und mustert die anderen Wesen, man fängt an, Interesse an denen zu nehmen, mit denen man lebt, man beginnt zu fühlen, dass man nicht dazu geschaffen ist, allein zu leben – so öffnet sich das Herz den menschlichen Gefühlen und wird der Zuneigung fähig.

Das erste Gefühl, dessen ein sorgsam erzogener Jüngling fähig ist, ist nicht Liebe, sondern Freundschaft. Die erste Tat seiner keimenden Einbildungskraft ist, ihn zu lehren, dass es seinesgleichen gibt; die Gattung spricht ihn eher an als das Geschlecht. Das ist ein weiterer Vorteil, den uns die Verlängerung der Unschuld gibt, nämlich die aufkeimende Empfindsamkeit zu nutzen, um die erste Saat der Menschlichkeit in das Herz des Jünglings zu säen – ein umso kostbarerer Vorteil, als dies die einzige Zeit des Lebens ist, da diese Bemühungen von wirklichem Erfolg sein können.

Ich habe immer beobachtet, dass junge Leute, die frühzeitig verdorben waren und sich den Frauen und der Ausschweifung hingaben, unmenschlich und grausam waren; das Feuer ihres Temperaments machte sie ungeduldig, rachsüchtig und jähzornig. Für ihre von einem einzigen Gegenstand besessene Einbildungskraft gab es nichts anderes mehr, sie kannten weder Mitleid noch Barmherzigkeit und hätten Vater, Mutter und das ganze Universum dem geringsten ihrer Vergnügen geopfert. Ein in glücklicher Einfachheit aufgewachsener Jüngling fühlt sich dagegen durch die ersten Regungen der Natur zu den sanften und zärtlichen Leidenschaften hingezogen; sein mitleidvolles Herz wird vom Leid seiner Mitmenschen gerührt, er erschauert vor Glück, wenn er seinen Kameraden wiedersieht, seine Arme wissen zärtlich zu umarmen, und seine Augen können Tränen der Rührung vergießen; er empfindet Scham, wenn er Missfallen erregt, und Bedauern, wenn er jemanden beleidigt hat. Wenn die Glut des entzündeten Bluts ihn lebhaft, jähzornig und wütend macht, sieht man einen Augenblick später die ganze Güte seines Herzens in einem Erguss der Reue; er weint und schluchzt über die Verletzung, die er jemandem angetan hat, mit dem Preis seines eigenen Bluts möchte er das wieder erkaufen, das er vergossen hat; all sein Jähzorn erlischt, all sein Hochmut wird zu Demut vor dem Gefühl seiner Schuld. Wird er selbst beleidigt, kann ein Wort ihn in seiner schlimmsten Raserei entwaffnen; er verzeiht das Unrecht anderer aus einem gleich guten Herzen wie er das seine wiedergutmacht. Das Jünglingsalter ist weder das Alter der Rachsucht noch des Hasses; es ist das Alter des Erbarmens, der

Großmut und der Großherzigkeit. Ja, ich bleibe dabei und habe keine Angst, durch die Erfahrung widerlegt zu werden – ein von Natur gutartiges Kind, das sich bis zum zwanzigsten Lebensjahr seine Unschuld bewahrt hat, ist in diesem Alter der großherzigste, beste, zärtlichste und liebenswerteste aller Menschen. Ich glaube gern, dass euch noch nie dergleichen gesagt wurde; eure Philosophen, in der ganzen Korruption der Kollegien aufgezogen, kommen gar nicht auf diese Idee.

Die Schwäche des Menschen macht ihn gesellig; unser gemeinsames Unglück öffnet unser Herz der Menschlichkeit: wären wir nicht Menschen, so schuldeten wir ihr auch nichts. Jede Anhänglichkeit ist ein Zeichen von Schwäche; wenn keiner von uns der anderen bedürfte, dächte er gar nicht daran, sich mit ihnen zusammenzutun. So entsteht gerade aus unsrer Schwäche unser zerbrechliches Glück. Ein wahrhaft glückliches Wesen ist ein einsames Wesen: Gott allein genießt ein absolutes Glück; aber wer von uns könnte es sich vorstellen? Vermöchte irgendein unvollkommenes Wesen sich selbst zu genügen, wessen könnte es sich nach unsrer Vorstellung erfreuen? Es wäre einsam, es wäre unglücklich. Ich kann mir nicht vorstellen, dass der, der gar nichts braucht, irgendetwas lieben könnte: ich kann mir nicht vorstellen, dass der, der nichts liebt, glücklich sein könnte.

Daraus folgt, dass wir unsren Mitmenschen weniger durch die Empfindung ihrer Lust als durch die ihres Leidens verbunden sind, denn darin erkennen wir viel besser die Gleichheit unsrer Natur und die Garantien für ihre Anhänglichkeit an uns. Führen uns unsre gemeinsamen Bedürfnisse in Eigennutz zusammen, so einigt uns unser gemeinsames Unglück in Zuneigung. Der Anblick eines glücklichen Menschen erregt bei den anderen weniger Liebe als Neid; man möchte ihm fast den Vorwurf machen, er maße sich ein Recht an, das ihm nicht zusteht, indem er sich ein ausschließliches Glück bereitet; und unsre

Selbstsucht leidet umso mehr, als sie uns fühlen lässt, dass dieser Mensch uns gar nicht nötig hat. Aber wer beklagt nicht den Unglücklichen, den er leiden sieht? Wer möchte ihn nicht von seinen Schmerzen befreien, wenn es dazu nur des Wunschs bedürfte? Die Einbildungskraft versetzt uns eher in die Lage des Unglücklichen als in die des Glücklichen; wir fühlen, dass jener Zustand uns näher berührt als dieser. Das Mitleid ist süß, weil wir dennoch ein Lustgefühl verspüren, nicht so leiden zu müssen wie der, in dessen Lage wir uns versetzen. Der Neid ist bitter insofern, als der Anblick eines glücklichen Menschen, weit entfernt, den Neidischen an seine Stelle zu setzen, ihn bedauern lässt, nicht an seiner Stelle zu sein. Es scheint, als befreie der eine uns von den Schmerzen, die er erleidet, und als nehme der andere uns die Güter, die er genießt.

Wollt ihr also im Herzen eines jungen Menschen die ersten Regungen der Empfindsamkeit anregen und nähren, wollt ihr seinen Charakter auf Wohltätigkeit und Güte richten, dann lasst nicht durch das trügerische Bild menschlichen Glücks den Hochmut, die Eitelkeit und den Neid in ihm keimen; breitet nicht gleich den Pomp eines Hofes vor seinen Blicken aus, den Prunk der Paläste, den Reiz der Schauspiele; führt ihn nicht in Gesellschaft und geistreiche Kreise, zeigt ihm die äußere Erscheinungsform der großen Gesellschaft erst dann, wenn ihr ihn so weit gebracht habt, ihren inneren Wert abschätzen zu können. Ihm die große Welt zeigen, ehe er die Menschen kennt, heißt nicht ihn bilden, sondern verderben, nicht ihn belehren, sondern täuschen.

Die Menschen sind von Natur aus weder Könige noch Vornehme, weder Höflinge noch Reiche; alle werden nackt und arm geboren, alle sind dem Elend des Lebens unterworfen, dem Kummer, den Schmerzen, Bedürfnissen und Leiden aller Art. Und schließlich sind alle zum Sterben verurteilt. Das ist das wirkliche menschliche Schicksal, von dem kein Sterblicher ausgenommen ist. Beginnt also bei eurem Studium der menschlichen Natur mit dem, was am untrennbarsten von ihr ist, und wodurch sich die Menschlichkeit am besten bildet.

Mit sechzehn Jahren weiß der Jüngling, was leiden heißt, denn er hat selbst gelitten. Aber er weiß kaum, dass andre Wesen auch leiden; es sehen und nicht fühlen heißt, es nicht wissen, und, wie ich schon hundertmal gesagt habe, da das Kind sich gar nicht vorstellen kann, was andere fühlen, kennt es auch nur seine eigenen Schmerzen; wenn aber die ersten Entwicklungsregungen der Sinne das Feuer der Einbildungskraft in ihm entfachen, fängt es an, sich in seine Mitmenschen einzufühlen, sich durch ihre Klagen bewegen zu lassen und ihre Schmerzen mitzuleiden. Dann muss das traurige Bild der leidenden Menschheit in seinem Herzen die erste Rührung bewirken, die es je empfunden hat.

[Aus dem 5. Buch]

Sophie muss Frau sein, so wie Emile Mann ist, das heißt, sie muss alles besitzen, was der Konstitution ihrer Gattung und ihres Geschlechts entspricht, um ihren Platz in der physischen und geistigen Ordnung ausfüllen zu können. Beginnen wir also damit, die Übereinstimmungen und Unterschiedlichkeiten unser beider Geschlechter zu untersuchen.

In allem, was nicht mit dem Geschlecht zusammenhängt, ist die Frau Mann: sie hat dieselben Organe, dieselben Bedürfnisse, dieselben Fähigkeiten; die Maschine ist auf gleiche Weise konstruiert, die Einzelteile sind die gleichen, die Funktionen sind die gleichen, das Äußere ist fast das gleiche und, unter welchem Aspekt man sie auch betrachten mag, sie unterscheiden sich nur um ein Mehr oder Weniger voneinander.

In allem, was mit dem Geschlecht zusammenhängt, gibt es

bei Frau und Mann ebenso viele Übereinstimmungen wie Unterschiede – die Schwierigkeit, sie miteinander zu vergleichen, entsteht aus der, bei der Konstitution der einen und des anderen zu bestimmen, was geschlechtsgebunden ist und was nicht. Durch die vergleichende Anatomie und sogar durch bloßes äußeres Betrachten sieht man allgemeine Unterschiede zwischen beiden, die mit dem Geschlecht nichts zu tun zu haben scheinen; sie haben aber sehr wohl mit ihm zu tun, jedoch durch Zusammenhänge, die zu bemerken wir außerstande sind – wir wissen nicht, bis wohin diese Zusammenhänge gehen können; das Einzige, was wir mit Sicherheit wissen, ist, dass alles, was sie gemein haben, gattungsbedingt und alles Unterschiedliche geschlechtsbedingt ist. Unter diesem zweifachen Gesichtspunkt finden wir zwischen ihnen so viel Übereinstimmendes und Entgegengesetztes, dass es vielleicht als eines der Wunder der Natur angesehen werden muss, die zwei einander so ähnlich und gleichzeitig so unähnlich beschaffene Wesen schuf.

Diese Beziehungen ebenso wie die Unterschiedlichkeiten müssen ihren Einfluss auf die Geistesanlagen ausüben, diese Schlussfolgerung ist einleuchtend, entspricht der Erfahrung und beweist die Sinnlosigkeit der Streitereien um den Vorrang oder die Gleichberechtigung der Geschlechter: als ob jedes von beiden, wenn es nach seiner besonderen Bestimmung den von der Natur vorgesehenen Zielen zustrebt, nicht vollkommener wäre, als wenn es sich dem anderen angleiche! In dem, was sie gemeinsam haben, sind sie gleich, in dem, was sie voneinander unterscheidet, sind sie unvergleichbar. Eine vollkommene Frau und ein vollkommener Mann dürfen sich im Geist ebenso wenig gleichen wie im Antlitz, und in der Vollkommenheit gibt es kein Mehr oder Weniger.

In der Vereinigung der Geschlechter trägt jedes zum gemeinsamen Ziel bei, aber nicht auf die gleiche Weise. Aus dieser

Verschiedenheit entsteht der erste benennbare Unterschied in ihren gegenseitigen geistigen Beziehungen. Das eine muss aktiv und stark, das andere passiv und schwach sein – notwendigerweise muss das eine wollen und können, und es genügt, wenn das andere nur schwachen Widerstand zeigt.

Aus diesem festgesetzten Prinzip folgt, dass die Frau eigens dazu geschaffen ist, dem Mann zu gefallen. Soll der Mann ihr seinerseits gefallen, so aus einem weniger unmittelbaren Bedürfnis – sein Vorzug besteht in seiner Kraft, er gefällt einzig darum, weil er stark ist. Ich gebe zu, dass das nicht das Gesetz der Liebe ist, aber es ist das der Natur, das vor ihr bestand.

Da die Frau dazu geschaffen ist, zu gefallen und sich zu unterwerfen, muss sie sich dem Mann liebenswert zeigen und ihn nicht herausfordern, ihre Macht liegt in ihren Reizen, und mit ihnen muss sie ihn zwingen, seine eigene Kraft zu entdecken und zu gebrauchen. Die wirkungsvollste Art, diese Kraft zu erwecken, ist, sie durch Widerstand notwendig werden zu lassen. Dann verbinden sich Eigenliebe und Verlangen, und das eine triumphiert über den Sieg, den das andere ihm einbringt. Daraus entstehen Angriff und Verteidigung, die Kühnheit des einen und die Scheu des anderen Geschlechts, und schließlich die Zurückhaltung und Scham, mit denen die Natur das schwache Geschlecht ausrüstete, um sich das stärkere untertan zu machen.

[…]

Ist es einmal bewiesen, dass Mann und Frau nicht gleichartig sind noch sein dürfen, weder von Charakter noch von Anlagen, so folgt daraus, dass sie nicht die gleiche Erziehung genießen dürfen. Sollen sie den Weisungen der Natur folgen, müssen sie im Einvernehmen handeln, aber nicht das Gleiche tun: das Ziel der Arbeiten ist das gleiche, aber die Arbeit selbst und folglich die Neigungen, die sie bestimmen, sind unterschiedlich. Nachdem wir versucht haben, den natürlichen Mann heranzubilden, trachten wir nun danach, auch die Frau heranzubilden, die zu diesem Mann passt, um unser Werk nicht unvollständig zu lassen.

Wollt ihr immer gut geleitet sein, so folgt immer dem Fingerzeig der Natur. Alles, was das Geschlecht charakterisiert, muss als von ihr eingerichtet geachtet werden. Ihr redet unaufhörlich: die Frauen haben diesen und jenen Mangel, den wir nicht haben. Euer Hochmut täuscht euch; für euch wären es Mängel, für sie sind es Qualitäten; wenn sie sie nicht hätten, ginge alles weniger richtig zu. Hindert diese vermeintlichen Mängel daran, zu entarten, aber hütet euch, sie zu tilgen.

Ihrerseits hören die Frauen nicht auf zu lamentieren, dass wir sie zu Eitelkeit und Koketterie erziehen, dass wir sie unentwegt mit kindischem Getue unterhalten, um leichter die Oberhand zu behalten; sie machen uns für die Fehler verantwortlich, die wir ihnen vorwerfen. Wie töricht! Seit wann mischen sich die Männer in die Erziehung der Töchter? Wer hindert die Mütter daran, sie so zu erziehen, wie es ihnen passt? Für sie gibt es keine Kollegien – wie schrecklich! Ach, wenn Gott doch wollte, dass es auch für Knaben keine gäbe! dann würden sie vernünftiger und rechtschaffener erzogen. Zwingt man eure Töchter, ihre Zeit mit Albernheiten zu vertun? Lässt man sie gegen ihren Willen die Hälfte ihres Lebens nach eurem Beispiel vor dem Spiegel verbringen? Hindert man euch daran, sie zu bilden und nach eurem Wunsch bilden zu lassen? Ist es unsre Schuld, dass sie uns gefallen, wenn sie hübsch sind, wenn ihre Koketterie uns verführt, wenn die Kunstkniffe, die sie von euch lernen, uns anziehen und schmeicheln, wenn wir es gern haben, sie geschmackvoll aufgemacht zu sehen, wenn wir sie nach Belieben ihre Waffen schärfen lassen, mit denen sie uns im Zaum halten? Dann erzieht sie doch wie Männer, die hätten absolut nichts dagegen. Je mehr die Frauen ihnen gleichen möchten, umso weniger werden sie sie beherrschen, und in dem Augenblick sind die Männer wirklich die Herren.

Die den beiden Geschlechtern gemeinsamen Fähigkeiten sind ungleich an sie verteilt, aber insgesamt genommen gleichen sie einander aus. Als Frau gilt die Frau mehr denn als Mann. Überall da, wo sie ihre Rechte geltend macht, ist sie im Vorteil; überall da, wo sie die unsrigen usurpieren will, bleibt sie uns unterlegen. Dieser allgemeinen Wahrheit kann man nur Ausnahmen gegenüberstellen – die ständige Argumentationsweise seitens der galanten Anwälte des schönen Geschlechts.

In der Frau männliche Eigenart zu kultivieren und ihre eigene Art verkümmern zu lassen heißt offensichtlich zu ihrem Schaden wirken. Die Gewitzten unter ihnen erkennen das nur zu gut, um sich täuschen zu lassen; bei dem Versuch, sich unsre Vorrechte anzumaßen, geben sie die ihren nicht auf; aber da sie nicht beide gleich gut nutzen können, weil sie unvereinbar sind, bleiben sie unterhalb ihrer eigenen Möglichkeiten, ohne die unseren erreichen zu können, und verlieren zur Hälfte an Wert. Höre auf mich, weitblickende Mutter, mache keinen honnête homme aus deiner Tochter, als wolltest du die Natur verleugnen; mache eine honnête femme aus ihr und du kannst sicher sein, dass es so für sie und für uns besser sein wird.

Folgt daraus, dass sie in voller Unwissenheit erzogen und einzig auf die Verrichtungen im Haushalt beschränkt werden soll? Soll der Mann eine Dienstmagd aus seiner Gefährtin machen? Soll er sich an ihrer Seite des größten Reizes der Gemeinschaft berauben? Soll er sie hindern, etwas zu fühlen, etwas zu erkennen, um sie besser beherrschen zu können? Soll er einen wirklichen Automaten aus ihr machen? Nein, gewiss nicht; so hat es die Natur nicht vorgesehen, die den Frauen so anziehende und subtile Geistesgaben verleiht; sie will, im Gegenteil, dass sie denken, urteilen, lieben und erkennen, dass sie ihren Geist pflegen wie ihr Aussehen – das sind die Waffen, die sie ihnen als Ersatz für die Kraft gibt, die ihnen fehlt, und um die unsere zu steuern. Sie müssen viel lernen, aber nur das, was zu wissen ihnen gemäß ist.

Ob ich nun die besondere Bestimmung des Geschlechts betrachte, ob ich seine Neigungen beobachte, ob ich seine Pflichten bedenke – alles trägt gleichermaßen dazu bei, mich auf die Erziehungsform hinzuweisen, die ihm angemessen ist. Frau und Mann sind füreinander geschaffen, aber ihre gegenseitige Abhängigkeit ist nicht gleicher Art: die Männer hängen von den Frauen durch ihre Begierden ab; die Frauen hängen von den Männern durch ihre Begierden und ihre Bedürfnisse ab; wir könnten eher ohne sie bestehen als sie ohne uns. Damit sie haben, was sie brauchen und ihrem Wesen treu bleiben, müssen wir es ihnen geben, müssen wir es ihnen geben wollen und sie dessen würdig erachten; sie hängen von unseren Empfindungen ab, von dem Wert, den wir ihren Verdiensten beilegen, und davon, wie wir ihre Reize und Tugenden einschätzen. Allein schon durch das Gesetz der Natur sind die Frauen ebenso wie die Kinder dem Urteil der Männer ausgesetzt – es genügt nicht, dass sie achtenswert sind, sie müssen geachtet werden; es genügt nicht, dass sie schön sind, sie müssen gefallen; es genügt nicht, dass sie sittsam sind, sie müssen als sittsam anerkannt werden; ihre Ehre liegt nicht nur in ihrem Verhalten, sondern in ihrem Ruf, und es ist unmöglich, dass eine Frau, die es zulässt, als ehrlos zu gelten, jemals ehrbar ist. Der rechtschaffene Mann hängt nur von sich selber ab und kann der öffentlichen Meinung trotzen; aber die rechtschaffene Frau hat damit nur die Hälfte ihrer Aufgabe erfüllt, und was man über sie denkt, ist nicht weniger bedeutend für sie als das, was sie wirklich ist. Daraus folgt, dass die Methode ihrer Erziehung in dieser Hinsicht der unsrigen entgegengesetzt sein muss: die Meinung der Gesellschaft ist für die Männer das Grab der Tugend, für die Frauen aber ihr Thron.

Von der guten Konstitution der Mutter hängt zunächst die der Kinder ab; die erste Erziehung der Männer hängt von der Fürsorge der Frauen ab; von ihnen hängen auch ihre Sitten, ihre Leidenschaften, ihre Neigungen, ihre Zerstreuungen, selbst ihr Glück ab. So muss sich die ganze Erziehung der Frauen im Hinblick auf die Männer vollziehen. Ihnen gefallen, ihnen nützlich sein, sich von ihnen lieben und achten lassen, sie großziehen, solange sie jung sind, als Männer für sie sorgen, sie beraten, sie trösten, ihnen ein angenehmes und süßes Dasein bereiten: das sind die Pflichten der Frauen zu allen Zeiten, das ist es, was man sie von Kindheit an lehren muss. Solange man nicht zu diesem Prinzip zurückgeht, entfernt man sich vom Ziel, und alle Regeln, die man für sie aufstellt, dienen weder ihrem noch unserem Glück.

Brief an Christophe de Beaumont

(1763, Auszüge)

Rückblickend erachtete Rousseau den *Émile* – das »so häufig gelesene, so wenig verstandene und so übel ausgelegte Buch«[1] – als seine bedeutendste Arbeit. Nur wenige Tage nach seiner Veröffentlichung in Frankreich beschloss das Parlament de Paris, der oberste Gerichtshof des Landes, die öffentliche Verbrennung sowie die unverzügliche Festnahme des Verfassers. Dennoch gelangte der *Émile* zu Weltruhm und beeinflusste nachhaltig das pädagogische Denken in Europa. Allein bis 1800 lassen sich 59 französischsprachige und 21 fremdsprachige Editionen zählen.[2] Die Reaktionen, die der *Émile* bei seinen Lesern hervorrief, reichten von enthusiastischen Lobeshymnen bis zu verachtenden Hasstiraden.

Etliche Zeitgenossen machten Verbesserungsvorschläge oder verfassten Gegenschriften. Heftige Kritik formulierte insbesondere der Erzbischof von Paris, Christophe de Beaumont (1703–1781), in seinem *Mandement* (›Hirtenbrief‹), der am 20. August 1762 in den Kirchen Frankreichs öffentlich verlesen wurde. Als irrig, blasphemisch und gottlos geißelte er hierin Rousseaus Werk und verteufelte seinen Autor als gewissenlosen Scharlatan. Gegen diese Verunglimpfungen versuchte sich Rousseau literarisch in einem offenen Brief zur Wehr zu setzen (*Lettre à Christophe de Beaumont*, 1763), den er zusammen mit Beaumonts ›Hirtenbrief‹ und der Anklageschrift des Parlament de Paris veröffentlichte. In den folgenden Passagen aus diesem Brief versucht Rousseau den Unterschied zwischen positiver und negativer Erziehung zu verdeutlichen und seine

1 Rousseau (1978), S. 569.
2 Vgl. McEachern (1984).

Gründe zu erörtern, warum religiöse Bildung nicht in der Kindheit vermittelt werden sollte.

Wenn der Mensch von Natur aus gut ist, wie ich glaube gezeigt zu haben, dann folgt daraus, dass er so bleibt, solange ihn nichts ändert, was ihm fremd ist. Und wenn die Menschen schlecht sind, was sie bemüht waren mir zu zeigen, dann folgt daraus, dass ihre Schlechtigkeit von außen zu ihnen kommt. Lassen Sie also dem Laster keinen Zutritt, und das Herz des Menschen wird immer gut sein. Von diesem Prinzip leite ich die negative Erziehung als die beste oder vielmehr als die einzig gute ab. Ich lege dar, wie jede positive Erziehung, ganz gleich, wie man sie auch angeht, einen ihrem Ziel entgegengesetzten Weg verfolgt, und ich zeige, wie man sich auf das selbige Ziel zubewegt und über den von mir vorgezeichneten Weg dorthin gelangt.

Als positive Erziehung bezeichne ich diejenige, die bestrebt ist, den Verstand zu formen, bevor das Kind überhaupt gereift ist, und es über die menschlichen Pflichten zu unterrichten. Als negative Erziehung bezeichne ich diejenige, die bestrebt ist, die Sinnesorgane als Werkzeuge unseres Wissens zu vervollkommnen, noch bevor man uns dieses Wissen vermittelt hat, und die den Verstand mit Hilfe einer Schulung der Sinne vorbereitet. Die negative Erziehung ist hierbei nicht untätig, ganz im Gegenteil. Sie vermittelt keine Tugenden, doch sie bewahrt vor den Lastern; sie lehrt nicht die Wahrheit, doch sie bewahrt vor dem Irrtum. Sie befähigt das Kind zu allem, was es zum Wahren führen kann, sobald es dieses zu verstehen vermag; und zum Guten, sobald es dieses zu lieben vermag.

Dieses Vorgehen missfällt Ihnen und ist Ihnen zuwider. Warum, ist leicht zu erkennen. Es beginnt schon damit, dass

Sie die Absichten desjenigen verleumden, der es vorschlägt. Ihnen zufolge sei diese Untätigkeit der Seele für mich notwendig gewesen, um sie für die Irrtümer empfänglich zu machen, die ich ihr einprägen wollte. Man weiß aber nun nicht wirklich, welchen Irrtum jemand seinem Schüler eingeben möchte, der ihn nichts mit mehr Sorgfalt lehrt, als seine Unkenntnis zu fühlen und zu wissen, dass er nichts weiß. Sie stimmen doch zu, dass die Urteilskraft Fortschritte macht und sich erst nach und nach herausbildet. *Doch folgt daraus,* fügen Sie hinzu, *dass ein Kind im Alter von zehn Jahren den Unterschied zwischen Gut und Böse nicht kennt, dass es Weisheit mit Torheit verwechselt, Güte mit Barbarei, Tugend mit Laster?* All das erfolgt zweifellos, wenn in diesem Alter die Urteilskraft nicht entwickelt ist. *Wie!*, fahren Sie fort, *wird es nicht merken, dass seinem Vater zu gehorchen etwas Gutes, ihm nicht zu gehorchen etwas Schlechtes ist?* Weit gefehlt. Ich möchte behaupten, es wird sogar ganz im Gegenteil fühlen, dass, sobald es für den Unterricht sein Spiel verlässt, dem Vater zu gehorchen etwas Schlechtes ist, und dass der Ungehorsam ihm gegenüber beim Diebstahl einer verbotenen Frucht etwas Gutes ist. Es wird auch fühlen, da stimme ich zu, dass es ein Schlechtes ist, bestraft zu werden und ein Gutes, belohnt zu werden; und dass sich seine kindliche Vorsicht im Gleichgewicht dieser einander widerstreitenden guten und schlechten Dinge einstellt. Ich glaube, dies tausend Mal in meinen beiden ersten Bänden gezeigt zu haben, und vor allem in dem Dialog des Lehrers mit dem Kind darüber, was schlecht ist. Was Sie betrifft, Hochwürden, Sie weisen meine beiden Bände in zwei Zeilen zurück – hier sind sie: *Dies zu behaupten, meine lieben Brüder, das heißt die menschliche Natur zu verleumden, indem man ihr eine Dummheit zuschreibt, die sie überhaupt nicht hat.* Man könnte keine einschneidendere und kürzer gefasste Widerlegung verwenden. Doch diese Unwissenheit, die Sie Dummheit zu nennen belieben, findet sich zuverlässig in jedem Geist, der durch unvollkommene Sinnesorgane eingeschränkt oder der nicht ausgebildet worden ist. Das ist eine leicht zu tätigende und für alle Welt nachvollziehbare Beobachtung. Diese Unkenntnis der menschlichen Natur zuzuschreiben heißt also nicht, sie zu verleumden – Sie sind es, der sie verleumdet hat, indem Sie ihr eine Bösartigkeit beimessen, die sie überhaupt nicht hat.

Sie sagen außerdem: *Den Menschen die Weisheit erst lehren zu wollen in der Zeit, in der ihn das Ungestüm erwachender Leidenschaften beherrscht, heißt das nicht, sie ihm zu präsentieren in der Hoffnung, er möge sie zurückweisen?* Nun, hier haben Sie abermals die Güte, mir eine Absicht zuzuschreiben, die gewiss kein anderer als Sie in meinem Buch finden wird. Zuerst habe ich gezeigt: Wer in der Zeit erwachender Leidenschaften eine Erziehung nach meinen Vorstellungen genießt, wird nicht von seinen Leidenschaften beherrscht. Ich habe außerdem gezeigt, wie die Unterrichtungen zur Vernunft die Entwicklung eben selbiger Leidenschaften verzögern konnten. Es sind die schlechten Auswirkungen Ihrer Erziehung, die Sie der meinen zuschreiben, und Sie halten mir die Fehler vor, die ich Sie lehre, erst gar nicht zu begehen. Bis zur Jugendzeit habe ich die Leidenschaften aus dem Herzen meines Schülers ferngehalten, und wenn sie bereit sind hervorzutreten, so halte ich den Fortgang zusätzlich mit Vorkehrungen, die zu ihrer Unterdrückung geeignet sind, im Zaum. In früherer Kindheit bedeuten die Unterrichtungen zur Vernunft nichts für das Kind, es ist außerstande, daran teilzunehmen und sie zu verstehen; und später haben sie auf ein Herz, das den Leidenschaften bereits ausgeliefert ist, keine Auswirkungen mehr. Nur in diesem einen von mir gewählten Moment sind sie nützlich, nämlich um zu bewaffnen oder abzulenken. In jedem Fall muss sich der junge Mann damit beschäftigen.

Sie sagen: *Um die jungen Menschen empfänglicher für die Lehrstunden zu machen, die er für sie vorbereitet, wünscht die-*

ser Verfasser, dass kein einziger religiöser Lehrsatz sie beeinflussen möge. Der Grund dafür ist einfach: Ich möchte wahrlich, dass sie religiös sind, und deshalb möchte ich sie nichts lehren, dessen Wahrheit zu verstehen ihr Urteilsvermögen übersteigt. Doch, Hochwürden, wenn ich sagen wollte: *Um die jungen Menschen empfänglicher für die Lehrstunden zu machen, die man für sie vorbereitet, trägt man große Sorge, ihnen diese vor dem Alter der Vernunft einzuschärfen*, würde ich schlechtere Überlegungen als Sie anstellen? Und wäre es ein wohlmeinendes Urteil darüber, was Sie die Kinder lernen lassen? Ihnen zufolge wähle ich das Alter der Vernunft, um den Irrtum einzuschärfen, und Sie, Sie kommen diesem Alter zuvor, um die Wahrheit zu lehren. Sie beeilen sich, das Kind zu unterrichten, bevor es das Wahre vom Falschen unterscheiden kann, und ich warte mit der Täuschung, bis es im Stande ist, diese auch zu erkennen. Trifft dieses Urteil zu? Und wer scheint nun verführen zu wollen: Der, der nur mit erwachsenen Menschen sprechen möchte? Oder der, der sich an die Kinder richtet?

Sie rügen mich dafür, gesagt und gezeigt zu haben, dass jedes Kind, das an Gott glaubt, götzendienerisch oder anthropomorphistisch sei, und Sie bekämpfen diese Vorstellung, indem Sie sagen, dass man weder das eine noch das andere annehmen könne bei einem Kind, welches eine christliche Erziehung genossen hat. Das alles steht zur Debatte: Nun bleibt noch der Beweis zu erbringen. Mein Beweis ist, dass die christlichste Erziehung einem Kind weder ein Verständnis zu geben wüsste, das es nicht hat, noch seine Vorstellungen von den irdischen Wesen ablösen könnte, wenn doch schon so viele Menschen ihre Vorstellungen darüber nicht zu erheben wissen. Ich möchte auch an die Erfahrung erinnern: Jeden Leser halte ich dazu an, sein Gedächtnis zu befragen und sich zu erinnern – sofern er als Kind an Gott geglaubt hat – ob er sich nicht immer ein Bild von jenem gemacht habe. Wenn Sie ihm sagen, dass *die*

Gottheit nichts ist, was mit den Sinnen wahrgenommen werden kann, dann versteht sein verwirrter Geist entweder nichts oder er versteht, dass die Gottheit nichts sei. Wenn Sie vor ihm von einem *unendlichen geistigen Wesen* sprechen, dann weiß es nicht, was das ist, *geistiges Wesen,* und noch weniger weiß es, was *unendlich* ist. Aber Sie werden es die Worte nachsprechen lassen, die Sie ihm vorsagen, und wenn nötig, werden Sie es sogar sagen lassen, dass es diese Worte verstehe, denn schließlich kostet das kaum etwas. Und es möchte doch lieber sagen, dass es sie versteht, als ausgeschimpft oder bestraft zu werden. Alle alten Völker einschließlich der Juden haben sich Gott körperlich vorgestellt, und wie viele Christen, vor allem Katholiken, tun das noch heute? Wenn Eure Kinder sprechen wie Erwachsene, dann, weil auch Erwachsene noch Kinder sind. Deshalb fallen die zahllosen Mysterien auch niemandem mehr schwer; ihre Ausdrücke nämlich gehen ebenso leicht über die Lippen wie irgendwelche anderen. Eine der Bequemlichkeiten des modernen Christentums ist, dass es sich eine gewisse Art des Sprechens zugelegt hat mit Wörtern ohne dahinterliegenden Ideen, die alles befriedigen außer der Vernunft.

Vom Gesellschaftsvertrag oder Grundsätze des Staatsrechts

(1762, Auszüge)

Rousseaus Abhandlung *Du Contrat social, ou Principes du droit politique* war eigentlich als Teil eines umfassenderen Werks mit dem Titel *Institutions politiques* geplant, das Rousseau aber nie vollendete. In einem Brief an seinen Verleger erklärte Rousseau jedoch, dass der *Contrat social*, der beinah zeitgleich mit dem *Émile* erschien, eine »espèce d'appendice«[1] (›Art Anhang‹) zum *Émile* gewesen sei. Denn im fünften Buch des *Émile* gibt der fiktive Erzieher seinem Zögling die Prinzipien des Gesellschaftsvertrags an die Hand, damit er sie auf seiner Bildungsreise durch die Staaten Europas darauf hin prüfen kann, ob sie eine legitime politische Ordnung aufweisen. Die Legitimität einer politischen Ordnung gründet für Rousseau nicht darin, dass durch einen absoluten Souverän alle äußeren Behinderungen der Freiheit seitens anderer Individuen beseitigt oder unmöglich gemacht werden – wie Thomas Hobbes (1588–1679) fordert.[2] Freiheit ist für Rousseau vor allem Willensfreiheit. Legitime Herrschaft setzt für ihn daher voraus, dass die Mitglieder eines politischen Gemeinwesens ihr durch einen Akt freier Entscheidung überhaupt erst Legitimität verschaffen. Sie realisiert sich als eine Form der Selbstgesetzgebung, bei der die Mitglieder des politischen Gemeinwesens zugleich die Rolle der Herrschenden als auch die Rolle der Gehorchenden innehaben.

1 Rousseau (1969), S. 281.

2 Vgl. Hobbes (2002), S. 151–166.

In den folgenden knappen Auszügen aus dem ersten Buch des *Contrat social* erörtert Rousseau, wie der Gesellschaftsvertrag eine solche legitime Herrschaft im Sinne eines republikanischen Gemeinwesens herstellen kann und inwiefern hierdurch die natürliche Freiheit in bürgerlicher Freiheit aufgehoben wird.

Ich will untersuchen, ob es in der bürgerlichen Ordnung irgendeine rechtmäßige und sichere Regel für das Regieren geben kann; dabei werden die Menschen genommen, wie sie sind, und die Gesetze, wie sie sein können. Ich werde mich bemühen, in dieser Untersuchung das, was das Recht zulässt, stets mit dem zu verbinden, was der Vorteil vorschreibt, damit Gerechtigkeit und Nutzen nicht getrennt gefunden werden.

Ich trete in die Sache ein, ohne die meines Vaterlandes zu lieben!

1. Kapitel. Gegenstand dieses ersten Buches

Der Mensch ist frei geboren, und überall liegt er in Ketten. Einer hält sich für den Herrn der anderen und bleibt doch mehr Sklave als sie. Wie ist dieser Wandel zustande gekommen? Ich weiß es nicht. Was kann ihm Rechtmäßigkeit verleihen? Diese Frage glaube ich beantworten zu können.

Wenn ich nur die Stärke betrachtete und die Wirkung, die sie hervorbringt, würde ich sagen: Solange ein Volk zu gehorchen gezwungen ist und gehorcht, tut es gut daran; sobald es das Joch abschütteln kann und es abschüttelt, tut es noch besser; denn da es seine Freiheit durch dasselbe Recht wiedererlangt, das sie ihm geraubt hat, ist es entweder berechtigt, sie sich zurückzuholen, oder man hatte keinerlei Recht, sie ihm wegzunehmen. Aber die gesellschaftliche Ordnung ist ein geheiligtes Recht, das allen anderen zur Grundlage dient. Trotzdem stammt dieses Recht nicht von der Natur; es beruht also auf Vereinbarungen. Es handelt sich darum, die Art dieser Vereinbarungen zu kennen. Bevor ich dazu komme, muss ich das eben Behauptete begründen.

2. Kapitel. Von den ersten Gesellschaften

Die älteste aller Gesellschaften und die einzig natürliche ist die der Familie. Und selbst dort bleiben die Kinder nicht länger an den Vater gebunden, als sie seiner zu ihrer Erhaltung bedürfen. Sobald diese Bedürftigkeit aufhört, löst sich das natürliche Band. Die Kinder, befreit vom Gehorsam, den sie dem Vater schuldeten, und der Vater, befreit von der Sorge, die er den Kindern schuldete, beide kehren gleichermaßen in die Unabhängigkeit zurück. Wenn sie weiter zusammenbleiben, geschieht dies nicht mehr natürlich, sondern willentlich, und die Familie selbst wird nur durch Übereinkunft aufrechterhalten. Die allen gemeinsame Freiheit ist eine Folge der Natur des Menschen. Dessen oberstes Gesetz ist es, über seine Selbsterhaltung zu wachen, seine erste Sorge ist diejenige, die er sich selber schuldet, und sobald der Mensch erwachsen ist, wird er so sein eigener Herr, da er der einzige Richter über die geeigneten Mittel zu seiner Erhaltung ist.

Die Familie ist deshalb, wenn man so will, das Urbild der politischen Gesellschaften; das Oberhaupt ist das Abbild des Vaters, das Volk das Abbild der Kinder, und da alle gleich und frei geboren sind, veräußern sie ihre Freiheit einzig zu ihrem Nutzen. Der ganze Unterschied ist, dass in der Familie die Liebe des Vaters für seine Kinder ihn entschädigt für die Sorge, die er an sie wendet, und dass im Staat das Vergnügen zu befehlen jene Liebe ersetzt, die das Oberhaupt für seine Völker nicht empfindet. Grotius leugnet, dass alle menschliche Macht zum Vorteil der Regierten eingesetzt ist: Er führt die Sklaverei als Beispiel an. Fast durchweg besteht seine Beweisführung darin, dass er das Recht auf die Tatsachen gründet*. Man könnte eine folgerichtigere Methode anwenden, aber keine, die für Tyrannen vorteilhafter wäre. Es ist also nach Grotius zweifelhaft, ob das Menschengeschlecht hundert Leuten gehört oder ob diese hundert Leute dem Menschengeschlecht gehören, und er scheint sich in seinem ganzen Buch der ersten Ansicht zuzuneigen; das ist auch die Meinung von Hobbes. Auf diese Weise wird die menschliche Art in Viehherden aufgeteilt, deren jede ihr Oberhaupt hat, das sie bewacht, um sie zu verschlingen.

Wie ein Hirt von Natur höher steht als seine Herde, so stehen die Hirten der Menschen, ihre Oberhäupter, ebenfalls von Natur höher als ihre Völker. So folgerte Kaiser Caligula nach dem Zeugnis Philons; er schloss aus diesem Vergleich ziemlich richtig, dass die Könige Götter seien bzw. die Völker Tiere. Die Überlegung jenes Caligula kommt der von Hobbes und Grotius gleich. Vor ihnen allen hatte Aristoteles ebenfalls gesagt, dass die Menschen von Natur keineswegs gleich sind, sondern dass die einen für die Sklaverei und die anderen zur Herrschaft geboren werden. Aristoteles hatte recht, aber er nahm die Wirkung für die Ursache. Jeder in der Sklaverei Geborene wird für die Sklaverei geboren, nichts ist sicherer. Die Sklaven verlieren in ihren Ketten alles bis hin zu dem Wunsch, ihnen zu entrin-

* »Die gelehrten Untersuchungen über das Staatsrecht sind oft nichts anderes als die Geschichte seines Missbrauchs von alters her, und man erweist sich einen schlechten Dienst, wenn man sich hartnäckig Mühe gibt, diese zu sehr zu studieren.« *Traité des intérêts de la France avec ses voisins, par M. le Marquis d'Argenson* (gedruckt bei Rey in Amsterdam). Genau das hat Grotius getan.

nen; sie lieben ihre Knechtschaft wie die Gefährten des Odysseus ihr tierisches Wesen*. Wenn es also Sklaven von Natur gibt, dann deshalb, weil es Sklaven wider die Natur gegeben hat. Gewalt hat die ersten Sklaven geschaffen, ihre Feigheit hat diesen Zustand verewigt. Ich habe noch nichts über König Adam gesagt und Kaiser Noah, den Vater dreier großer Herrscher, die die ganze Welt unter sich aufteilten, wie es die Kinder des Saturn getan haben, die man in ihnen wiederzuerkennen glaubte. Ich hoffe, dass man mir für diese Zurückhaltung Dank weiß; denn als direkter Abkömmling eines dieser Fürsten und vielleicht des Erstgeborenen – wie kann ich wissen, ob ich durch Nachprüfung dieser Titel nicht gar als rechtmäßiger König der menschlichen Gattung dastünde? Wie dem auch sei, man kann nicht bestreiten, dass Adam der Souverän der Welt gewesen ist wie Robinson der seiner Insel, solange er deren einziger Bewohner war; und das Bequeme in diesem Reich bestand darin, dass der Herrscher seines Thrones sicher war und weder Aufstand noch Krieg noch Verschwörer zu fürchten hatte.

[…]

6. Kapitel. Vom Gesellschaftsvertrag

Ich unterstelle, dass die Menschen jenen Punkt erreicht haben, an dem die Hindernisse, die ihrem Fortbestehen im Naturzustand schaden, in ihrem Widerstand den Sieg davontragen über die Kräfte, die jedes Individuum einsetzen kann, um sich in diesem Zustand zu halten. Dann kann dieser ursprüngliche Zustand nicht weiterbestehen, und das Menschengeschlecht würde zugrunde gehen, wenn es die Art seines Daseins nicht änderte.

* Vgl. eine kleine Abhandlung Plutarchs mit dem Titel *Dass sich die Tiere der Vernunft bedienen [Bruta animalia ratione uti]*.

Da die Menschen nun keine neuen Kräfte hervorbringen, sondern nur die vorhandenen vereinen und lenken können, haben sie kein anderes Mittel, sich zu erhalten, als durch Zusammenschluss eine Summe von Kräften zu bilden, stärker als jener Widerstand, und diese aus einem einzigen Antrieb einzusetzen und gemeinsam wirken zu lassen. Diese Summe von Kräften kann nur durch das Zusammenwirken mehrerer entstehen: da aber Kraft und Freiheit jedes Menschen die ersten Werkzeuge für seine Erhaltung sind – wie kann er sie verpfänden, ohne sich zu schaden und ohne die Pflichten gegen sich selbst zu vernachlässigen? Diese Schwierigkeit lässt sich, auf meinen Gegenstand angewandt, so ausdrücken: »Finde eine Form des Zusammenschlusses, die mit ihrer ganzen gemeinsamen Kraft die Person und das Vermögen jedes einzelnen Mitglieds verteidigt und schützt und durch die doch jeder, indem er sich mit allen vereinigt, nur sich selbst gehorcht und genauso frei bleibt wie zuvor.« Das ist das grundlegende Problem, dessen Lösung der Gesellschaftsvertrag darstellt. Die Bestimmungen dieses Vertrages sind durch die Natur des Aktes so vorgegeben, dass die geringste Abänderung sie null und nichtig machen würde; so dass sie, wiewohl sie vielleicht niemals förmlich ausgesprochen wurden, allenthalben die gleichen sind, allenthalben stillschweigend in Kraft und anerkannt; bis dann, wenn der Gesellschaftsvertrag verletzt wird, jeder wieder in seine ursprünglichen Rechte eintritt, seine natürliche Freiheit wiedererlangt und dadurch die auf Vertrag beruhende Freiheit verliert, für die er die seine aufgegeben hatte. Diese Bestimmungen lassen sich bei richtigem Verständnis sämtlich auf eine einzige zurückführen, nämlich die völlige Entäußerung jedes Mitglieds mit allen seinen Rechten an das Gemeinwesen als Ganzes. Denn erstens ist die Ausgangslage, da jeder sich voll und ganz gibt, für alle die gleiche, und da sie für alle gleich ist, hat keiner ein Interesse daran, sie für die anderen beschwerlich zu machen. Darüber hinaus ist die Vereinigung, da die Entäußerung ohne Vorbehalt geschah, so vollkommen, wie sie nur sein kann, und kein Mitglied hat mehr etwas zu fordern: denn wenn den Einzelnen einige Rechte blieben, würde jeder – da es keine allen übergeordnete Instanz gäbe, die zwischen ihm und der Öffentlichkeit entscheiden könnte – bald den Anspruch erheben, weil er in manchen Punkten sein eigener Richter ist, es auch in allen zu sein; der Naturzustand würde fortdauern, und der Zusammenschluss wäre dann notwendig tyrannisch oder inhaltslos.

Schließlich gibt sich jeder, da er sich allen gibt, niemandem, und da kein Mitglied existiert, über das man nicht das gleiche Recht erwirbt, das man ihm über sich einräumt, gewinnt man den Gegenwert für alles, was man aufgibt, und mehr Kraft, um zu bewahren, was man hat. Wenn man also beim Gesellschaftsvertrag von allem absieht, was nicht zu seinem Wesen gehört, wird man finden, dass er sich auf folgendes beschränkt: *Gemeinsam stellen wir alle, jeder von uns seine Person und seine ganze Kraft unter die oberste Richtschnur des Gemeinwillens; und wir nehmen, als Körper, jedes Glied als untrennbaren Teil des Ganzen auf.*

[…]

8. Kapitel. Vom bürgerlichen Stand

Dieser Übergang vom Naturzustand zum bürgerlichen Stand erzeugt im Menschen eine sehr bemerkenswerte Veränderung, weil dadurch in seinem Verhalten die Gerechtigkeit an die Stelle des Instinkts tritt und seinen Handlungen die Sittlichkeit verliehen wird, die ihnen zuvor mangelte. Erst jetzt, wo die Stimme der Pflicht an die Stelle des körperlichen Triebs und das Recht an die des Begehrens tritt, sieht sich der Mensch gezwungen, der bislang nur sich selbst im Auge hatte, nach anderen Grundsätzen zu handeln und seine Vernunft zu befragen, bevor er seinen Neigungen Gehör schenkt. Obgleich er sich in diesem Stand mehrerer Vorteile beraubt, die er von Natur aus hat, gewinnt er dadurch so große andere, seine Fähigkeiten üben und entwickeln sich, seine Vorstellungen erweitern, seine Gefühle veredeln sich, seine ganze Seele erhebt sich zu solcher Höhe, dass er – würde ihn nicht der Missbrauch dieses neuen Zustands oft unter jenen Punkt hinabdrücken, von dem er ausgegangen ist – ununterbrochen den glücklichen Augenblick segnen müsste, der ihn für immer da herausgerissen hat und der aus einem stumpfsinnigen und beschränkten Lebewesen ein intelligentes Wesen und einen Menschen gemacht hat.

Führen wir diese ganze Gegenüberstellung auf leichter vergleichbare Begriffe zurück! Was der Mensch durch den Gesellschaftsvertrag verliert, ist seine natürliche Freiheit und ein unbegrenztes Recht auf alles, wonach ihn gelüstet und was er erreichen kann; was er erhält, ist die bürgerliche Freiheit und das Eigentum an allem, was er besitzt. Damit man sich bei diesem Ausgleich nicht täuscht, ist es notwendig, die natürliche Freiheit, die ihre Schranken nur in der Stärke des Individuums findet, deutlich von der bürgerlichen Freiheit zu unterscheiden, die durch den Gemeinwillen begrenzt ist, und den Besitz, der nur eine Folge der Stärke oder des Rechts des ersten Besitznehmers ist, vom Eigentum, das nur auf einen ausdrücklichen Titel gegründet werden kann.

Man könnte nach dem Vorhergehenden zum Erwerb des bürgerlichen Standes noch die sittliche Freiheit hinzufügen, die allein den Menschen zum wirklichen Herrn seiner selbst macht; denn der Antrieb des reinen Begehrens ist Sklaverei, und der Gehorsam gegen das selbst gegebene Gesetz ist Freiheit. Aber ich habe über diesen Punkt schon mehr als genug gesagt, und der philosophische Inhalt des Wortes *Freiheit* ist hier nicht mein Gegenstand.

Anmerkungen

Denkschrift für Herrn de Mably über die Erziehung seines Herrn Sohns

32,26 *Grundlagen ... Katechismus:* Gemeint sind die Grundlagen der lateinischen Sprache (Grammatik und Vokabular). Seit dem 16. Jahrhundert wird unter Katechismus ein Handbuch zur religiösen Bildung im Kontext der Kirche, Familie und Schule verstanden, das eine Zusammenfassung der christlichen Heilslehre enthält.

35,33 *Herrn de Condillac:* Gemeint ist Jean-Antoine, der jüngere Bruder von Sainte Marie.

37,3 *Herrn Abbé de M.:* Gemeint ist vermutlich Gabriel Bonnot de Mably (1709–1785), der Bruder von Jean Bonnot de Mably und Étienne Bonnot de Condillac. Als Privatgelehrter veröffentlichte er Studien zur Staats- und Moralphilosophie und wurde durch historiographische Arbeiten bekannt.

37,13 *Molière:* Das Zitat stammt aus der Komödie *Les femmes savantes* (›Die gelehrten Frauen‹, 1672, IV,3) des französischen Dramatikers Molière (eigentlich Jean-Baptiste Poquelin, 1622–1673).

37,28 *Varro:* Marcus Terentius Varro (116–27 v. Chr.) war ein römischer Polyhistor – also ein Gelehrter mit weitreichenden Kenntnissen in verschiedenen wissenschaftlichen Bereichen.

39,2 f. *ein fünf Fuß hoher ... enthalten ist:* Der Satz bezieht sich ironisch auf die Einsetzungsworte der Eucharistie: »Dies ist mein Leib«, die vom Priester beim Zeigen der Hostie gesprochen werden und mit denen sich nach katholischer Vorstellung die Hostie (2 Zoll = ca. 5 Zentimeter) in Jesus Christus (als Mensch 5 Fuß = ca. 1,60 Meter) wandelt.

50,31 f. *Rameau, ... Blavet, Coypel oder Girardon:* Jean-Philippe Rameau (1683–1764) und Michel Blavet (1700–1768) waren berühmte Musiker und Komponisten, Antonie Coypel (1661–1722) war Hofmaler, François Girardon (1628–1715) Bildhauer.

51,1 *Racine, Molière, Corneille und Voltaire:* Jean Racine (1639–1699), Molière, Pierre Corneille (1606–1684) und Voltaire (eigentlich: François-Marie Arouet, 1694–1778) waren berühmte französische Dramatiker.

61,1 *La Bruyère:* Jean de La Bruyère (1645–1696) war ein französischer Schriftsteller, der in seinem Buch *Les Caractères de Théophraste, traduits du grec, avec les caractères ou les mœurs de ce siècle* (1688) die Charakterstudien des antiken Philosophen Theophrast von Eresos (um 370 – 288 v. Chr.) aus dem Griechischen übersetzte und um die Darstellung sozialer Typen seiner eigenen Zeit ergänzte.

Abbé de Bellegarde: Jean-Baptiste Morvan de Bellegarde (1648–1734) war ein französischer Jesuit, der in seinen *Réflexions sur la politesse des mœurs, avec des maximes pur la Societé Civile* (1698) über höfliche Umgangsformen und Verhaltensweisen schrieb.

64,4 f. *Heronsball, ein Siphon, ein Heronsbrunnen:* technische Erfindungen, die auf den griechischen Mathematiker Heron von Alexandria (um 10 – 70) zurückgehen. Der Herons- oder Äolsball ist eine Maschine, um die Expansionskraft von Wasserdampf und das Rückstoßprinzip zu demonstrieren. Als Siphon wird eine Apparatur bezeichnet, um hydrostatischen Druck zu nutzen. Der Heronsbrunnen ist ein Springbrunnen.

66,14 *Gallizismen:* für das Französische charakteristische Formulierungen, die in einer nicht französischen Sprache erscheinen – in diesem Fall: in Übersetzungen ins Lateinische.

66,15 *Titus Livius, Caesar oder Cicero:* Titus Livius (um 59 v. Chr. – 17 n. Chr.) war ein römischer Geschichtsschreiber, Gaius Julius Caesar (100–44 v. Chr) war ein römischer Staatsmann und Feldherr, dessen Werk *De bello Gallico* (›Vom Gallischen Krieg‹) zum Literaturkanon der klassischen Antike gezählt wird. Marcus Tullius Cicero (106–43 v. Chr.) gilt als einer der berühmtesten Redner der römischen Antike.

67,5 *Abrégé von Restaut:* Pierre Restaut (1696–1764), *Abrégé des principes de la grammaire françoise* (1732).

67,8 f. *Vaugelas, Desmarais und Père Bouhours:* Claude Favre de Vaugelas (1585–1650), *Remarques sur la Langue Françoise, utiles à tous ceux qui veulent bien parler et bien escrire* (1647). François-Séraphin Regnier-Desmarais (1632–1713), *Traité de la grammaire françoise* (1706). Dominique Bouhours (1628–1702), *Doutes sur la langue française proposés aux Messieurs de l'Académie française* (1674).

67,20 f. *Herr Abbé von M. über die Geschichte Frankreichs:* Gemeint ist vermutlich das zweibändige Werk *Parallèle des Romains et des*

Français par rapport au gouvernement (1740) von Gabriel Bonnot de Mably.

67,30 *Logik von Port-Royal: La logique, ou l'art de penser* (1662) war ein anonym verfasstes Standardlehrbuch zur Logik von den beiden Jansenisten Antoine Arnauld (1612–1694) und Pierre Nicole (1625–1695).

67,30 f. *Kunst zu reden von P. Lamy: La Rhétorique ou l'art de parler* (1687) war ein Lehrbuch der Rhetorik des bekannten Benediktiners und Schriftstellers François Lamy (1636–1711).

68,9 *Vergil:* Publius Verilius Maro (70–19 v. Chr.), zu Deutsch: Vergil, gilt als bedeutendster Dichter der klassischen römischen Antike.

68,9 f. *Quintilian ... in der von Herrn Rollin gekürzten Fassung:* Marcus Fabius Quintilianus (um 35 – 96) war ein römischer Lehrer der Rhetorik. Sein Hauptwerk *Institutio oratoria* (›Lehrbuch der Redekunst‹) hat Charles Rollin (1661–1741), Professor am Collège Royal und Rektor der Universität Paris, für den Schulgebrauch in einer gekürzten, zweibändigen Edition herausgegeben: *Institutionum oratoriarum libri duodecim. Ad usum scholarum accomodati, recisis quae minus necessaria sive sunt, et brevibus notis illustrati a Carolo Rollin, antiquo Rectore Universitatis Parisiensis* (1715).

68,11 f. *Traité des Études von ... Herrn Rollin:* Charles Rollin (1661–1741), Professor am Collège Royal und Rektor der Universität Paris, behandelt in seiner Schrift *De la manière d'enseigner et d'étudier les belles lettres* (1726), kurz: *Traité des Études*, Fragen zur Verbesserung der universitären Bildung.

68,12 *Manière de bien penser von Pater Bouhours:* Dominique Bouhours (1628–1702) war ein französischer Jesuit und Gelehrter, der in seinem Buch *La Manière de bien penser dans les ouvrages d'esprit* (1687) die Güte verschiedener Argumentationsweisen diskutiert.

68,13 *Titus Livius:* Siehe Anmerkung zu 66,15 »Titus Livius, Caesar oder Cicero«.

68,14 *Sallust:* Gaius Sallustius Crispus (um 86 – 35 v. Chr.), deutsch: Sallust, war ein römischer Historiker.

Tacitus: Publius Cornelius Tacitus (um 58 – 120) war ein römischer Historiker, der, wie er selbst schreibt, in seinen historischen Werken *neque amor quisquam et sine odio* (›über niemanden mit Zuneigung und von jedem ohne Hass‹) sprechen wolle. Eingehalten hat Tacitus diesen Grundsatz einer wertfreien Geschichtsschreibung jedoch nicht. Tacitus, *Historiae* I,1,3.

68,23 *Arruntius:* Gemeint ist vermutlich der römische Konsul Lucius Arruntius (um 27 v. Chr. – 37 n. Chr.), über den Tacitus schreibt, er habe sich selbst das Leben genommen. – Tacitus, *Annales*, VI, 47.

69,7 *Spectacle de la Nature:* Noël-Antoine Pluche (1688–1761) war ein französischer Geistlicher, dessen mehrbändiges Werk *Spectacle de la nature, ou Entretiens sur les particularités de l'Histoire naturelle qui ont paru les plus propres à rendre les jeunes gens curieux et à leur former l'esprit* (1732–42) naturwissenschaftliche, technische, anthropologische und staatswissenschaftliche Zusammenhänge für junge Leser in einer verständlichen Sprache präsentierte.

69,8 *Werk von Nieuwentyt:* Bernard Nieuwentyt (1654–1718) war ein holländischer Arzt, Mathematiker und Philosoph, dessen Hauptwerk unter dem Titel *De l'existence de Dieu démontrée par les merveilles de la nature, ou traité téléologique dirigé contre la doctrine de Spinoza par un médecin hollandais* (1725) ins Französische übersetzt wurde. In seinem teleologischen Gottesbeweis bemühte er sich darum, aus der zweckmäßigen Einrichtung der Natur – wie etwa der menschlichen Venenklappe – die Existenz Gottes abzuleiten.

69,22–24 *Cartesianer … Newtonianer:* Naturforscher, die sich im 18. Jahrhundert entweder der Naturphilosophie des französischen Philosophen und Mathematikers René Descartes (1596–1650) oder des englischen Naturforschers Isaac Newton (1643–1726) anschlossen. Rousseau spielt hier auf den erkenntnistheoretischen Streit zwischen Rationalismus und Empirismus an.

70,4 *Polybios:* Polybios von Megalopolis (um 200 – 120 v. Chr.) war ein antiker griechischer Geschichtsschreiber, der in seinem Hauptwerk *Historia* eine pragmatische Geschichtsschreibung betreibt, die Ursachen und Wirkungen von Handlungen aufzeigen will.

70,5 *Chevalier Follard:* Jean-Charles de Folard (1669–1751) war ein französischer Offizier und Militärtheoretiker, der in seinen mehrbändigen *Commentaires sur l'Histoire de Polybe* militärische Strategien an den von Polybios berichteten kriegerischen Auseinandersetzungen diskutierte.

75,28 *Ichthyophagen:* wörtlich ›Fischesser‹, wird von antiken Geschichtsschreibern als Sammelbezeichnung für Küstenbewohner des Roten und Arabischen Meers genutzt. Vgl. Plinius, *Historia naturalis* VI,25.

78,13 *Pyrrhonismus:* eine Variante philosophischen Zweifelns, die auf den antiken Philosophen Pyrrho von Elis (um 360 – 270 v. Chr.) zurückgeht.

78,28 *Montaigne:* Michel de Montaigne (1533–1592), *Essais* III,8.

78,32 f. *außer einem:* Gemeint ist vermutlich Denis Diderot (1713–1784), der Mitherausgeber der *Encyclopédie* und ein Freund Rousseaus.

79,28 *Sesostris:* griechischer Name mehrerer ägyptischer Pharaos, die in der griechischen Geschichtsschreibung irrtümlich zu einer einzigen Figur verschmolzen und als ruhmreichster Herrscher Ägyptens bewertet werden.

79,30 *Kambyses:* Der persische Großkönig Kambyses II. (um 558 – 522 v. Chr.) eroberte im Jahr 525 v. Chr. Ägypten. Vgl. Herodot III.

80,1 *Asien zweimal besiegten:* Gemeint sind die Perserkriege im 6. Jahrhundert v. Chr.

80,5 *Joch des Mazedoniers:* Gemeint ist die Unterwerfung der Griechen durch Philipp II. von Mazedonien (um 382 – 336 v. Chr.) nach der Schlacht von Chaironeia im Jahr 338 v. Chr.

80,9 *Demosthenes:* Demosthenes (384–322 v. Chr.) gilt als bedeutendster Redner der griechischen Antike.

80,12 *von einem Hirten gegründet:* In der römischen Mythologie waren Romulus und Remus, die Gründer Roms, Hirtenjungen.

80,13 *Ennius und Terenz:* Quintus Ennius (239–169 v. Chr.) war ein römischer Dichter. Publius Terentius Afer (um 190–159 v. Chr.), kurz: Terenz, war ein römischer Komödienschreiber.

80,14 *Ovid, Catull und Martial:* Publius Ovidius Naso (43 v. Chr. – 17 n. Chr.), kurz: Ovid, wurde durch seine Liebesgedichte bekannt. Gaius Valerius Catullus (um 87 – 54 v. Chr.), kurz: Catull, war ein römischer Dichter, der für seine erotisch-obszönen Gedichte bekannt war. Marcus Valerius Martialis (40–102 v. Chr.), kurz: Martial, war ein römischer Dichter, der in Spottgedichten das Alltagsleben der Römer ironisch und vulgär kommentierte.

80,21 f. *Schiedsrichters des feinen Geschmacks:* Gemeint ist Petronius (14–66), der als *arbiter elegantiae* des römischen Kaisers Nero bekannt war.

81,12 f. *Tartaren:* Gemeint sind die mongolischen Reiter, die im 13. Jahrhundert viele Teile Asiens und Europas überfielen.

81,21 f. *Perser … die Tugend erlernte:* Über die Erziehung der Perser berichtet der antike griechische Politiker und Schriftsteller Xenophon (um 430 – 355 v. Chr.) in seiner Schrift *Cyropaedia* am Beispiel der Lebensgeschichte von Kyros II. (um 590–530 v. Chr.), dem Begründer des ersten persischen Großreichs. Vgl. Xenophon, *Cyropaedia* I,2,2–14.

81,26 *Skythen:* ein Volk nomadischer Steppenreiter, die ab dem 5. Jahrhundert v. Chr. ihre Heimat am Schwarzen Meer fanden.

81,27 *Germanen:* Unter dem Titel *Germania* verfasste der römische Geschichtsschreiber Tacitus (um 58 – 120) eine kurze ethnographische Beschreibung der Germanen.

81,32 *Volk von Ackerbauern:* Gemeint sind die Schweizer.

83,4 f. *ein Tyrann … die Werke des Dichterkönigs sammelte:* Gemeint ist der Tyrann Peisistratos (um 600 – 528 v. Chr.), der die Epen Homers sammeln ließ.

83,14 *Lakedämonien:* Sparta.

83,31 *Sokrates:* Zitat aus Platons *Apologie des Sokrates* (22b), bei der Rousseau aber Teile frei erfindet und sogar anders als Platon behauptet, das Schöne, Wahre und Gute existiere nicht.

85,1 *Cato:* Marcus Cato, auch der Ältere oder der Censor genannt (234–149 v. Chr.), war ein römischer Feldherr, Geschichtsschreiber und Staatsmann, der dafür eintrat, römische Tugenden gegen Luxus, Leichtlebigkeit und Sittenlosigkeit zu verteidigen.

85,10 *Epikur, Zenon, Arkesilaos:* Epikur (341–371 v. Chr.) war ein antiker griechischer Philosoph, Begründer des Epikureismus. Der griechische Philosoph Zenon (335–263 v. Chr.) war Gründer der Stoa. Arkesilaos (313–241 v. Chr.) war ein antiker griechischer Philosoph, Begründer des Skeptizismus.

85,10–12 *Mit dem Auftauchen von Gelehrten … verschwanden die rechtschaffenen Leute:* »postquam docti prodierunt, boni desunt«. Seneca, *Epistulae morales ad Lucilium* 95,13.

85,15 *Fabricius:* Gaius Fabricius Luscinus (281–278 v. Chr.) war ein römischer Konsul und galt als Vertreter altrömischer Tugenden. Plutarch, *Vitae parallelae*, Pyrrhus, 18.

85,31 f. *Flötenspielers:* Gemeint ist vermutlich der römische Kaiser Nero (37–68).

86,5 *Kineas:* um 350 – 278 v. Chr., Diplomat des Königs Pyrrhos I.

86,23 *Ludwig XII.:* Louis XII. (1498–1515) war König von Frankreich und wurde als *père du peuple* (›Vater des Volkes‹) bezeichnet.
Heinrich IV.: Henri IV. (1553–1610) war König von Frankreich und erließ im Jahr 1598 das Edikt von Nantes, das Hugenotten, also calvinistischen Protestanten, im katholisch geprägten Frankreich religiöse Toleranz und Bürgerrechte gewährte.

Abhandlung über den Ursprung und die Grundlagen der Ungleichheit unter den Menschen

90,25 *Die einen haben nicht gezögert:* Gemeint ist der niederländische Rechtsgelehrte und Mitbegründer des Völkerrechts Hugo Grotius (1583–1645). Vgl. *De Iure Belli Ac Pacis* (1625), § 9.

90,29 f. *Andere haben von dem Naturrecht geredet:* John Locke (1632–1704), *The Second Treatise of Government* (1689), II, § 6. Samuel Pufendorf (1632–1694), *De jure naturae et gentium* (1672).

90,32 *Wieder andere:* Gemeint ist der englische Staatsphilosoph Thomas Hobbes (1588–1679). Vgl. *De Cive* (1647), I,14.

92,13 *Platon und Xenokrates:* Xenokrates von Chalkedon (um 394–314 v. Chr.) war ein griechischer Philosoph und Schüler Platons (428/427–348/347 v. Chr.).

95,31 *Hobbes:* Thomas Hobbes (1588–1679) war ein englischer Staatsphilosoph, der der Auffassung war, dass die Natur die Menschen »ungesellig« gemacht und »sogar einen zu des anderen Mörder bestimmt habe«. Vgl. *Leviathan* (1651), I,13.

95,33 *berühmter Philosoph:* Gemeint ist der französische Staatsphilosoph Charles-Louis de Montesquieu (1689–1755). Vgl. *De l'esprit des lois* (1748), I,2.

95,33 *Cumberland:* Richard Cumberland (1631–1718) war ein englischer

Staatsphilosoph und der Bischof von Peterborough, der in seinem Buch *De legibus naturae* (1672) versuchte, Hobbes zu widerlegen.

96,1 *Pufendorf:* Samuel Pufendorf (1632–1694) war ein deutscher Naturrechtsphilosoph und Völkerrechtler.

97,14 *François Coréal:* Das zweibändige Werk *Voyages de François Coréal aux Indes Occidentales* (1722) des Spaniers Francesco Coreal (1648–1708) enthält Berichte über seine vielzähligen Reisen nach Brasilien und Lateinamerika zwischen 1666 und 1697.

99,18 *Meinung Platons ... Podaleirios und Machaon:* Platon, *Politeia*, 405d.

99,19 f. *Podaleirios und Machaon:* in der griechischen Mythologie heilkundige Söhne von Asklepios, dem Gott der Heilkunst.

99,23 *Celsus:* Aulus Cornelius Celsus (um 25 v. Chr. – 50 n. Chr.) gilt als Verfasser des enzyklopädischen Werks *Artes*, das das Wissen verschiedener Künste und Wissenschaften versammelte. Vollständig überliefert ist nur der Teil über die Heilkunst (*De Medicina*).

99,24 *Hippokrates:* Hippokrates von Kos (um 460 – 370 v. Chr.) gilt als berühmtester Arzt der griechischen Antike. Seine Lehren wurden bis in die Neuzeit rezipiert.

101,16 *Tlaquatzin:* Opossum oder Beutelratte.

101,17 *Laët:* Johannes de Laet (1582–1649) war ein niederländischer Geograph, dessen Reiseberichte ins Französische übersetzt wurden: *L'histoire du nouveau monde ou description des Indes Occidentales* (1640).

102,19 *Hottentotten:* eine abwertende, aus der Kolonialzeit stammende niederländische Sammelbezeichnung für die Khoikhoi in Südafrika und Namibia.

102,23 *Spanier:* Rousseau übernimmt diese historisch unzutreffende Darstellung von Montaigne. Vgl. *Essais* III,13.

104,31–105,2 *Anwohner der Ufer des Orinoko ... sichern:* Coreal, *Voyages de François Coréal aux Indes Occidentales* (1722), I, S. 260 f.

108,25 f. *Tanto plus... virtutis:* »So viel mehr wirkt sich bei jenen die Unkenntnis der Laster aus als bei diesen die Kenntnis der Tugend.« – Das Zitat stammt aus der Schrift *Historiae Philippicae* des römischen Historikers Justinus. Rousseau fand es vermutlich in Jean Barbeyracs französischer Übersetzung von Hugo Grotius *De Iure Belli Ac Pacis* (II,2, § 2).

109,3 f. *Verleumder der menschlichen Tugenden:* Gemeint ist der niederländische Arzt und Schriftsteller Bernard de Mandeville (1679–1733), der in *The Fable of the Bees* (1714) die These vertrat, dass nicht die Tugend die Quelle des Gemeinwohls sei, sondern das Laster.

110,8 *Sulla:* Lucius Cornelius Sulla (um 138 – 78 v. Chr.) war ein römischer Feldherr und Diktator.

110,9 *Alexander von Pherai:* Alexander von Pherai war ein für seine Grausamkeit bekannter Tyrann im 4. Jh. v. Chr.

110,15 *Mollissima ... dedit:* »Die weichsten Herzen dem Menschengeschlecht zu geben, bekennt die Natur, indem sie die Tränen uns gab.« Juvenal, *Saturae* XV,131–133.

112,10 f. *Handele ... dir gegenüber handele:* Mt. 7,12 und Lk. 6,31.

Abhandlung über die politische Ökonomie

118,11 *Lakedämonier:* antikes Synonym für Spartaner.

Julie oder Die neue Heloise

121,28 *Selbst Locke, der kluge Locke:* Der Arzt, Erzieher und Philosoph John Locke (1632–1704) gehört zu den bedeutendsten Vertretern der englischen Aufklärung und des Empirismus. Seine Abhandlung *Some thoughts concerning education* (1693) wurde im Jahr 1695 von Pierre Coste (1668–1747) ins Französische übersetzt und gilt als eine der einflussreichsten Abhandlungen über Erziehung.

141,31 *Chardin:* Jean Chardin (1643–1713), Forschungsreisender, insbesondere in den Vorderen Orient, dessen gesammelte Reisebeschreibungen in zehn Bänden unter dem Titel *Voyages de Mr. le Chevalier Chardin, en Perse, et autres lieux de l'Orient* 1711 in Amsterdam erschienen, der sogenannten Duodezausgabe.

Emile oder Über die Erziehung

159,26 *M. Formey:* Jean Henri Samuel Formey (1711–1797), ein protestantischer Geistlicher und Sekretär der Berliner Akademie der Wissenschaften, fertigte für den holländischen Verleger des *Émile* eine überarbeitete Version an – den *Émile chrétien, consacré à l'utilité publique* (1764) – und verfasste zudem mehrere kritische Schriften gegen Rousseau wie den *Anti-Émile* (1763) oder die *Défense de la religion et de la législation pour servir de suite à l'Anti-Émile* (1764). Rousseau notierte seine Erwiderungen auf Formeys Kritik zusammen mit anderen Bemerkungen in sein Exemplar der gedruckten Erstausgabe des *Émile.*

161,30 *La nature … l'habitude:* Frei zitierter Vers aus Voltaires Drama *Mahomet* (IV,1), 1743: »La Nature, à mes yeux, n'est rien que l'habitude«: »Die Natur ist für mich nichts als die Gewohnheit.«

163,19 *Regulus:* Die Legende von Marcus Atilius Regulus (um 310 – 250 v. Chr.), einem römischen Politiker und Feldherrn, ist römische Propaganda, um die Opferbereitschaft, Aufrichtigkeit und das Pflichtbewusstsein der Römer zu unterstreichen, und steht bei Cicero in *De Officiis* (III,26–32). Von einer historischen Wahrheit ist nicht auszugehen. Regulus starb wahrscheinlich in karthagischer Gefangenschaft.

163,27–32 *Lakedämonier Pädaretus … Bürger:* ›Lakedämonier‹ ist ein antikes Synonym für Spartaner. Die Anekdote stammt aus Plutarch, *Moralia,* Vol. II: *Regum et Imperatorum Apophthegmata,* Paedaretus.

163,33 *Eine Spartanerin … Bürgerin:* eine Anekdote aus Plutarchs Sammlung von Sprüchen einiger Spartanerinnen. Plutarch, *Moralia,* Vol. III: *Lacaenarum Apophthegmata.*

164,26 *Platos »Staat«:* In seinem Hauptwerk *Politeia* entwirft der antike griechische Philosoph Platon das Modell eines idealen Staates, in dem die Gerechtigkeit verwirklicht und der auf der richtigen Erziehung seiner Bürger gegründet ist.

164,30 *Lykurg:* Der Legende nach soll Lykurgos der Gesetzgeber Spartas um 700 v. Chr. gewesen sein, wie Plutarch in seinen *Vitae parallelae* (Lykurgos) berichtet. Heute geht man davon aus, dass es sich bei ihm um eine mythische Gestalt gehandelt haben muss, die dazu diente, die Eigentümlichkeit der spartanischen Verfassung zu erklären. Die spartanische Verfassung ist aber nicht durch einen einmaligen gesetzgeberischen Akt entstanden, sondern hat sich vielmehr über mehrere Jahrhunderte entwickelt.

165,9 *Kollegien:* Rousseau bezieht sich auf die streng geregelten Unterrichtsabläufe an Schulen, die vom katholischen Jesuitenorden betrieben wurden.

167,14 f. *Occupavi … non posses:* »Ich habe dich besiegt, o Schicksal, mich deiner bemächtigt, ich habe alle deine Zugänge versperrt, so dass du auf mich nicht weiter wirken kannst.« Cicero, *Tusculanae disputationes* V,9.

167,25 f. *Educit … magister:* »Die Hebamme entbindet, die Kinderfrau zieht auf, der Erzieher stellt [das Kind in die gegebenen Lebensverhältnisse] ein, der Lehrer unterrichtet.« Varro Cato, zitiert bei Nonius Marcellus, *De compendiosa doctrina* V,447,35–448,1.

169,29 *Gängelband:* Gängelbänder und Kinderzügel waren im 18. Jahrhundert gebräuchliche Laufhilfen für Kleinkinder, insbesondere in der höfischen Gesellschaft.

173,9 f. *negativer Zustand:* Der Philosoph, Mathematiker und Naturforscher Pierre Louis Moreau Maupertuis (1698–1759) formuliert im zweiten Kapitel seines *Essai de philosophie morale* (1749) die These, dass im menschlichen Leben die Summe allen Unglücks die des Glücks übersteige.

178,30 *Grundsätzen des Staatsrechts:* Rousseau argumentiert, dass durch die Selbstverpflichtung im Gesellschaftsvertrag die Existenz eines Gemeininteresses, das sich von einzelnen Sonderinteressen unterscheidet, anerkannt wird. Vgl. Rousseau, *Contrat social*, II.

180,12 f. *S'il vous plaît … je vous prie:* »S'il vous plaît« (›bitte‹) bedeutet wörtlich: ›Wenn es euch gefällt‹. »Il me plaît« bedeutet: ›Es gefällt mir‹. »Je vous ordonne« heißt: ›Ich befehle Ihnen‹. »Faites cela« heißt: ›Tun Sie das‹, »je vous prie« heißt: ›Ich bitte Sie‹.

182,7 *Hobbes' These:* Hobbes geht im dreizehnten Kapitel seines Werks *Leviathan* (1651) davon aus, dass *competition* (›Wetteifer‹), *diffidence* (›Unbehagen‹) und *glory* (›Ruhmsucht‹) Anlässe für den Menschen seien, in seinem Naturzustand in einen Krieg aller gegen alle zu verfallen. Rousseau widerspricht dieser These, stimmt Hobbes aber zu, dass in diesem Zustand, in dem es kein Eigentumsrecht gebe, jeder das besitze, über das er verfügen könne.

183,9 *peitschen:* Rousseau spielt auf Herodots Anekdote vom Brückenbau über die Meerenge der Dardanellen an, die in der Antike Hellespont genannt wurde (*Historia* VII,37–58). Der persische Großkönig Xerxes ließ, wie Herodot berichtet, anlässlich seines Feldzugs gegen Griechenland zwei Schwimmbrücken errichten. Als die Brücken einstürzten, befahl Xerxes aus Wut, die Wellen des Hellesponts auszupeitschen.

186,8 f. *Lockes Hauptmaxime:* »Reasoning with children«: Locke empfiehlt mit Kindern vernünftig zu reden. »They understand it as early as they do Language; and, if I misobserve not, they love to be treated as Rational Creatures sooner than is imagined.« Locke, *Some thoughts concerning education*, § 81.

201,8 f. *seinen Arm aus der Hand eines anderen reißen kann:* Rousseau folgt hier den Ausführungen Lockes aus seinen *Two treaties on government* (1689) über Eigentum und Arbeit (II,5, § 27).

209,6 *Huronen:* ein Bund von indianischen Stämmen in Nordamerika.

218,22 *Romulus:* Die Zwillingsbrüder Romulus und Remus gelten in der römischen Mythologie als die Gründer Roms. Als sie nach ihrer Geburt ausgesetzt wurden, soll ihr Schreien eine Wölfin angelockt haben, die sie in ihre Höhle brachte und säugte.

240,20 *honnête homme: honnêteté* (›Ehrbarkeit‹) galt im 17. und 18. Jahrhundert in Frankreich als ein Persönlichkeitsideal. Für François de La Rochefoucauld (1613–1680) zeichnen sich *honnêtes gens* durch Weltgewandtheit, die Fähigkeit zu geistreicher Konversation und anständige Umgangsformen aus.

Brief an Christophe de Beaumont

243,9–12 *Doch folgt daraus … Tugend mit Laster?:* Vgl. Christophe de Beaumont, *Mandement qui permet l'usage des œufs pendant le Carême prochain*, Paris 1772, § 6 (online: https://opacplus.bsb-muenchen.de/title/BV001364623, Stand 3.6.2022).

245,28–31 *Dies zu behaupten … überhaupt nicht hat:* Vgl. ebd.

246,8–11 *Den Menschen ... sie zurückweisen?*: Vgl. ebd., § 9.
246,32–247,2 *Um die jungen Menschen ... beeinflussen möge*: Vgl. ebd., § 5.
247,20 f. *anthropomorphistisch*: Gemeint sind hier Vorstellungen, in den Gott eine menschliche oder menschenähnliche Gestalt annimmt.
247,22–24 *dass man weder ... genossen hat.*: Vgl. Beaumont, *Mandement*, § 7.

Vom Gesellschaftsvertrag oder Grundsätze des Staatsrechts

252,3 *Grotius:* Hugo Grotius (1583–1645), *De iure belli ac pacis* (1625), I,3, § 8.
252,12 *Hobbes:* Thomas Hobbes (1588–1679), *Leviathan* (1651).
252,17 f. *Caligula nach dem Zeugnis Philons:* Gaius Caesar Augustus Germanicus (12–41), kurz: Caligula, war ein römischer Kaiser, der laut eines Berichtes des Gesandten Philon von Alexandria (um 25 v. Chr. – 50 n. Chr.) sich für ein übermenschliches, göttliches Wesen hielt, da er wie die Viehhirten nicht derselben Gattung angehörte wie die ihm Untergebenen. Philon, *Legatio ad Caium* XI,76.
252,21 *Aristoteles:* Aristoteles, *Politika*, I,1, 1252b–1255b.
252,31 f. *Traité des intérêts de la France*: René-Louis de Voyer de Paulmy, Marquis d‹Argenson (1694–1757) war der Außenminister Ludwigs XV. Seine Abhandlung, deren Manuskript Rousseau offensichtlich kannte, erschien als zweites Kapitel in d‹Argensons *Considération sur le gouvernement ancien et présent de la France* (1764).
253,1 f. *Odysseus:* Homer, *Odyssee* IX,84–104.
253,29 *Abhandlung Plutarchs:* Der antike griechische Schriftsteller Plutarch (um 45 – 125) schildert in seinem Dialog *Bruta Animalia Ratione Uti* (›Dass sich die Tiere der Vernunft bedienen‹) bzw. *Gryllos* (›Grunzer‹), wie die Zauberin Kirke die Gefährten Odysseus' in Schweine verwandelte, die daraufhin keine Ambitionen zeigten, wieder in Menschen zurückverwandelt zu werden.
253,5 f. *König Adam ... Kaiser Noah:* eine Anspielung auf den englischen Vertreter des Gottesgnadentums der Monarchie Robert Filmer (1588–1653), der in seinem Werk *Patriarcha, or The Natural Power of*

Kings (1680) die These vertritt, Gott habe Adam die Souveränität verliehen und von ihm sei sie auf die Fürsten übergegangen. Als Gegenschrift verfasste John Locke seine *Two Treatises of Government* (1689).

253,15 *Robinson:* Gemeint ist Robinson Crusoe aus Daniel Defoes gleichnamigem Roman aus dem Jahr 1719.

Zeittafel

1712 28. Juni: Jean-Jacques Rousseau wird in Genf als Sohn des Uhrmachers Isaac Rousseau (1672–1747) geboren. Rousseaus Mutter Suzanne (1673–1712) stirbt wenige Tage nach seiner Geburt.

1722 Rousseaus Vater muss Genf nach einem Streit verlassen und bringt Rousseau bei seinem Onkel Gabriel Bernard unter, der ihn dem Pfarrer Jean-Jacques Lambercier in Bossey südlich von Genf zur Erziehung anvertraut.

1724 Rousseau beginnt eine Lehre als Gerichtsschreiber und Graveur.

1728 Françoise-Louise de Warens (1699–1762), eine Aristokratin aus Savoyen, nimmt Rousseau bei sich auf und fördert seine Ausbildung.

1740 Rousseau arbeitet als Hauslehrer in der Familie des Generalprofos Jean Bonnot de Mably in Lyon. Seine Gedanken hierzu hält er im *Mémoire présenté à M. de Mably sur l'éducation de M. son fils* fest.

1742 Rousseau macht in Paris Bekanntschaft mit Denis Diderot (1713–1784).

1743 Rousseau arbeitet als Sekretär des französischen Botschafters in Venedig.

1745 In Paris lernt Rousseau die Wäscherin Thérèse Levasseur (1721–1801) kennen, mit der er von da an zusammenlebt. Seine Oper *Les Muses galantes* wird aufgeführt.

1750 Im Preisausschreiben der *Académie de Dijon* gewinnt Rousseaus *Discours sur les sciences et les arts* den ersten Preis.

1752 Für seine Oper *Le devin du village* (›Der Dorfwahrsager‹) bietet der König ihm eine lebenslange Pension an, die Rousseau aber ausschlägt, um seine Unabhängigkeit zu bewahren. Die Comédie Française führt Rousseau Komödie *Narcisse* auf.

1755 Mit seinem *Discours sur l'origine et les fondements de l'inégalité parmi les hommes* nimmt Rousseau erneut an einem Preisausschreiben der Académie de Dijon teil.

1758 Unter dem Titel *Discours sur l'économie politique* veröffentlicht Rousseau seinen fast identischen Beitrag *Économie politique* aus dem fünften Band der *Encyclopédie.* In seinem öffentlichen *Lettre à d'Alembert sur les spectacles* kritisiert Rousseau den Vorschlag von d'Alembert, ein Theater in Genf zu errichten.

1761 Rousseaus Briefroman *La Nouvelle Héloïse* erscheint und wird zu einem unerwarteten Erfolg.

1762 Im April erscheint der *Contrat social*, im Mai der *Émile.* Am 7. Juni verurteilt die Theologische Fakultät der Sorbonne den *Émile*, zwei Tage später beschließt das Parlament de Paris, der oberste Gerichtshof des Landes, die öffentliche Verbrennung sowie die Festnahme des Verfassers. Auch der *Contrat social* wird verboten. Rousseau flieht in die Schweiz und findet vorübergehend Asyl in der preußischen Enklave Neuchâtel (Neuenburg).

1763 In seinem *Lettre à Christophe de Beaumont* bemüht sich Rousseau darum, die Kritik des Pariser Erzbischofs am *Émile* zurückzuweisen.

1764 In seinen *Lettres écrites de la Montagne* (›Briefe vom Berg‹) wehrt Rousseau sich gegen Vorwürfe, die ihm der Genfer Generalstaatsanwalt Jean Robert Tronchin (1710–1793) in *Les lettres écrites de la Campagne* (›Briefe vom Land‹, 1763) macht. Der korsische Adlige Matteo Buttafoco (1731–1806) bittet Rousseau um einen Verfassungsentwurf für ein unabhängiges Korsika. Rousseaus *Projet de constitution pour la Corse* (›Entwurf einer Verfassung für Korsika‹) wird erst im Jahr 1861 entdeckt.

1767 Rousseau reist auf Einladung des englischen Philosophen David Hume (1711–1776) nach England, kehrt aber bald schon wieder unter einem Pseudonym nach Frankreich zurück und heiratet hier am 30. August Thérèse Levasseur. Rousseaus *Dictionnaire de musique*, eine Sammlung mit Texten zur Musik, erscheint.

1770 Der Vertreter der polnischen Konföderierten in Frankreich Michal Wielhorski (1730–1794) bittet Rousseau um Vorschläge für die Verfassung Polens, welche Rousseau unter dem Titel *Considération sur le gouvernement de Pologne* vorlegt.

1778 20. Mai: Rousseau zieht nach Ermenonville bei Paris auf das Gut des Marquis de Girardin (1735–1808), wo er am 2. Juli plötzlich verstirbt.

1781 Rousseaus Autobiographie *Confessions* (›Bekenntnisse‹) erscheint.

Textnachweise

31 Denkschrift für Herrn de Mably über die Erziehung seines Herrn Sohns (1740). Nach: Jean-Jacques Rousseau: Mémoire présenté à Mr de M[ably] sur l'education de son fils. In: Œuvres complètes. Hrsg. von Bernard Gagnebin und Marcel Raymond. Bd. 4: Émile – Éducation – Morale – Botanique. Paris 1969. S. 3–32. Für diese Ausgabe aus dem Französischen übersetzt von Alexandra Beilharz.

73 Abhandlung über die Wissenschaften und Künste (1750, Auszüge). Aus: J.-J. R.: Discours sur les sciences et les arts / Abhandlung über die Wissenschaften und Künste. Frz./Dt. Hrsg. von Béatrice Durand. Übers. von Doris Butz-Striebel in Zusammenarbeit mit Marie-Line Pétrequin. Stuttgart: Reclam, 2012. S. 17–43 (Erster Teil).

88 Abhandlung über den Ursprung und die Grundlagen der Ungleichheit unter den Menschen (1755, Auszüge). Aus: J.-J. R.: Abhandlung über den Ursprung und die Grundlagen der Ungleichheit unter den Menschen. Aus dem Frz. übers. und hrsg. von Philipp Rippel. Stuttgart: Reclam, [2]2018. S. 31–47, 59–64, 71 f.

114 Abhandlung über die politische Ökonomie (1758, Auszüge). Aus: J.-J. R.: Frühe Schriften. Aus dem Frz. übers. von Helga Hasselbach und Winfried Schröder. Hrsg. von Winfried Schröder. Leipzig: Reclam, [2]1970. S. 271–275.

120 Julie oder Die neue Heloise (1761, Auszüge). Nach: J.-J. R.: Julie ou la Nouvelle Héloïse. Lettres de deux amans. In: Œuvres complètes. Hrsg. von Bernard Gagnebin und Marcel Raymond. Bd. 2: La Nouvelle Héloïse – Théâtre – Essais littéraires. Paris 1964. S. 5–637, hier: S. 557–586. Für diese Ausgabe aus dem Französischen übersetzt von Alexandra Beilharz.

156 Emile oder Über die Erziehung (1762, Auszüge). Aus: J.-J. R.: Emile oder Über die Erziehung. Hrsg. von Tim Zumhof. Übers. von Eleonore Sckommodau und Martin Rang. Stuttgart: Reclam, 2019. S. 107–118 (1. Buch), 183–189, 195–216, 221–227 (2. Buch), S. 426–437 (3. Buch).

143 Brief an Christophe de Beaumont (1763, Auszüge). Nach: Jean Jacques Rousseau, Citoyen de Genève, A Christophe de Beaumont, Archevêque de Paris. In: Œuvres complètes. Hrsg. von Bernard

Gagnebin und Marcel Raymond. Bd. 4: Émile – Éducation – Morale – Botanique. Paris 1969. S. 927–1029. Für diese Ausgabe aus dem Französischen übersetzt von Alexandra Beilharz.

249 Vom Gesellschaftsvertrag oder Grundsätze des Staatsrechts (1762, Auszüge). Aus: J.-J. R.: Vom Gesellschaftsvertrag oder Grundsätze des Staatsrechts. In Zusammenarb. mit Eva Pietzcker übers. und hrsg. von Hans Brockard. Stuttgart: Reclam, 1977 [u. ö.]. S. 5–8, 16–19, 22 f.

Literaturhinweise

Abaelard (2001). *Der Briefwechsel mit Heloisa.* Hrsg. von Hans-Werner Krautz. Stuttgart: Reclam.

Augustinus (2004). *Confessiones. Bekenntnisse.* Lateinisch-deutsch. Übersetzt von Wilhelm Thimme. Mit einer Einführung von Norbert Fischer. Düsseldorf und Zürich: Artemis & Winkler.

Benner, Dietrich (2001). Hauptströmungen der Erziehungswissenschaft. Eine Systematik traditioneller und moderner Theorien. 4. Auflage. Weinheim und Basel: Beltz.

Benner, Dietrich / Brüggen, Friedhelm (2011). *Geschichte der Pädagogik. Vom Beginn der Neuzeit bis zur Gegenwart.* Stuttgart: Reclam.

Benner, Dietrich / Kemper, Herwart (2009). *Theorie und Geschichte der Reformpädagogik*, Teil 1: Die pädagogische Bewegung von der Aufklärung bis zum Neuhumanismus. 3. Auflage. Weinheim und Basel: Beltz.

Bertram, Georg W. (2012). *Philosophische Gedankenexperimente. Ein Lese- und Studienbuch.* Stuttgart: Reclam.

Blankertz, Herwig (1990). Rousseau wechselt die Methode. In: *Pädagogische Korrespondenz* 7, S. 5–14.

Bolle, Rainer (2012). *Jean-Jacques Rousseau. Das Prinzip der Vervollkommnung des Menschen durch Eduktion und die Frage nach dem Zusammenhang von Freiheit, Glück und Identität.* 3. Auflage. Münster: Waxmann.

Bovenschen, Silvia (1979). *Die imaginierte Weiblichkeit. Exemplarische Untersuchungen zu kulturgeschichtlichen und literarischen Präsentationsformen des Weiblichen.* Frankfurt a. M.: Suhrkamp.

Buck, Günther (1984). *Rückwege aus der Entfremdung. Studien zur Entwicklung der deutschen humanistischen Bildungsphilosophie.* Paderborn: Schöningh.

Cassirer, Ernst (1933). Das Problem Jean-Jacques Rousseau. In: *Archiv für Geschichte der Philosophie* 41 (1/2), S. 177–213.

D'Alembert, Jean le Rond (1767). Essai sur les élémens de philosophie ou sur les principes des connoissances humaines [1759]. In: *Mélanges de Littérature, d'Histoire, et de la Philosophie*, Bd. 4. 4. Auflage. Amsterdam: Zacharie Chatelain & Fils. S. 1–298.

[D'Argonne, Bonaventure] (1691). *L'éducation, maximes et réflexions de monsieur de Moncade, avec un discours du sel dans les ouvrages d'esprit.* Rouen: Veuve d'Antoine Maurry.

[De Jaucourt, Louis] (1765). Père. In: *Encyclopédie ou Dictionnaire raisonné des sciences, des arts et des métiers*, Bd. 12. Neuchâtel: Samuel Faulche. S. 338–339.

[Diderot, Denis] (1758). *Le Père de Famille*, comédie en cinq Actes, et en Prose, avec un Discours sur la Poesie dramatique. Amsterdam.

[Diderot, Denis] (1755). Encyclopédie. In: *Encyclopédie ou Dictionnaire raisonné des sciences, des arts et des métiers*, Bd. 5. Neuchâtel: Samuel Faulche. S. 635–648.

Falke, Rita (1968). Die Confessions Rousseaus und ihr Vorbild. In: *Comparative Literature Studies*, 5 (3), S. 259–277.

Fulda, Daniel (2013). Gab es die ›Aufklärung‹? Einige geschichtstheoretische, begriffsgeschichtliche und schließlich programmatische Überlegungen anlässlich einer neuerlichen Kritik an unseren Epochenbegriffen. In: *Das Achtzehnte Jahrhundert*, 37 (1). S. 11–25.

Gill, Natasha (2010). *Educational Philosophy in the French Enlightenment. From Nature to Second Nature.* Farnham: Ashgate.

Hansmann, Otto (2012). *Vom Menschen – Über Erziehung – Zum Bürger. Vorlesungen zu Rousseaus Anthropologie, Pädagogik und Staatsphilosophie.* Würzburg: Könighausen & Neumann.

Hobbes, Thomas (2002). *Leviathan.* Nachwort von Malte Diesselhorst. Ditzingen: Reclam.

Jauß, Hans Robert (1982). Rousseaus ›Nouvelle Héloïse‹ und Goethes ›Werther‹ im Horizontwandel zwischen französischer Aufklärung und deutschem Idealismus. In: *Ästhetische Erfahrungen und literarische Hermeneutik.* Frankfurt a. M.: Suhrkamp. S. 585–653.

Kant, Immanuel (1923). Kant's Gesammelte Schriften. Akademieausgabe, Abt. 3: Handschriftlicher Nachlaß, Bd. XV: Reflexionen zur Anthropologie. Berlin: de Gruyter.

Kondylēs, Panagiōtēs (2002). *Die Aufklärung im Rahmen des neuzeitlichen Rationalismus.* Hamburg: Meiner.

Ladenthin, Volker (1999). Telos und Erzählung. Zur Konstruktion des Bildungsgangs in den autobiographischen »Bekenntnissen« von Augustinus und Rousseau. In: *Zeitschrift für Erziehungswissenschaft* 2 (3). S. 343–359.

Leith, James A. (1977). Introduction: Unity and Diversity in Education during the Eighteenth Century. In *Facets of Education in the Eighteenth Century*. Hrsg. von James A. Leith. Oxford: The Voltaire Foundation (= Studies on Voltaire and the Eighteenth Century, 167). S. 13–28.

Lenz, Jakob Michael Reinhold (1992). Anmerkungen übers Theater. In: *Werke*. Hrsg. von Friedrich Voit. Stuttgart: Reclam.

Martin, Christophe (2014). »Der Natur Gewalt antun«? Negative Erziehung und die Versuchung des Experiments im Émile. In: *Experimentalanordnungen der Bildung. Exteriorität – Theatralität – Literarizität*. Hrsg. von Bettine Menke und Thomas Glaser. Paderborn: Wilhelm Fink. S. 25–46.

McEachern, Jo-Ann E. (1984). The Diffusion of Émile in the eighteenth century. In: *Rousseau et l'éducation. Etudes sur l'Émile. Actes du Colloque de Northfield (6–8 Mai 1983)*. Hrsg. von Jean Terrasse. Sherbrooke: Naaman. S. 116–125.

McLendon, Michael Locke (2009). Rousseau, Amour Propre, and Intellectual Celebrity. In: *The Journal of Politics*, 71 (2), S. 506–519.

Neuhouser, Frederick (2012). *Pathologien der Selbstliebe. Freiheit und Anerkennung bei Rousseau*. Frankfurt a. M.: Suhrkamp.

Oelkers, Jürgen (2004). Aufklärung. In: *Historisches Wörterbuch der Pädagogik*. Hrsg. von Dietrich Benner und Jürgen Oelkers. Weinheim und Basel: Beltz. S. 75–106.

Rang, Martin (1959). *Rousseaus Lehre vom Menschen*. Göttingen: Vandenhoeck & Ruprecht.

Reitemeyer, Ursula (2013). *Perfektibilität gegen Perfektion. Rousseaus Theorie gesellschaftlicher Praxis*. 2., aktualisierte Auflage. Münster: Lit.

Rousseau, Jean-Jacques (2019). *Emile oder Über die Erziehung*. Hrsg. und kommentiert von Tim Zumhof. Ditzingen: Reclam.

Rousseau, Jean-Jacques (2003). *Abhandlung über den Ursprung und die Grundlagen der Ungleichheit unter den Menschen*. Stuttgart: Reclam.

Rousseau, Jean-Jacques (1985). *Bekenntnisse*. Frankfurt a. M.: Insel.

Rousseau, Jean-Jacques (1981). Betrachtungen über die Regierung Polens und über deren vorgeschlagene Reform. In: *Sozialphilosophische und Politische Schriften*. Hrsg. von Eckhart Koch. München: Winkler.

Rousseau, Jean-Jacques (1978a). Rousseau richtet über Jean-Jacques. In: *Schriften*, Bd. 2. Hrsg. von Henning Ritter. München: Hanser. S. 253–636.

Rousseau, Jean-Jacques (1978b). Vorrede zu ›Narcisse‹. In: *Schriften*, Bd. 1. Hrsg. von Henning Ritter. München: Hanser.

Rousseau, Jean-Jacques (1978c). Vier Briefe an Malesherbes. In: *Schriften*, Bd. 1. Hrsg. von Henning Ritter. S. 475–496.

Rousseau, Jean-Jacques (1974). Lettre à Philibert Cramer, 13 octobre 1764. In: *Correspondance complète de Jean Jacques Rousseau*, Bd. 21. Hrsg. von Ralph A. Leigh. Oxford: The Voltaire Foundation. S. 248–249.

Rousseau, Jean-Jacques (1969). Lettre à Nicolas-Bonaventure Duchesne, 23 may 1762. In: *Correspondance complète de Jean Jacques Rousseau*, Bd. 10. Hrsg. von Ralph A. Leigh. Genève: Institut et Musée Voltaire. S. 280–281.

Ruhloff, Jörg (1998). Jean-Jacques Rousseau. In: *Philosophen als Pädagogen. Wichtige Entwürfe klassischer Denker*. Hrsg. von Wolfgang Fischer und Dieter-Jürgen Löwisch. 2., ergänzte Auflage. Darmstadt: Primus. S. 93–109.

Schmid, Pia (2014). Die bürgerliche Kindheit. In: *Kindheiten der Moderne. Eine Geschichte der Sorge*. Hrsg. von Meike S. Baader, Florian Eßer und Wolfgang Schröder. Frankfurt a. M.: Campus. S. 42–71.

Schmid, Pia (1992). Rousseau Revisited. Geschlecht als Kategorie in der Geschichte der Erziehung. In *Zeitschrift für Pädagogik*, 38 (6), S. 839–854.

Snyders, Georges (1971). *Die große Wende der Pädagogik. Die Entdeckung des Kindes und die Revolution der Erziehung im 17. und 18. Jahrhundert*. Übertragen von Ludwig Schmidt. Paderborn: Schöningh.

Spaemann, Robert (1992). *Rousseau – Bürger ohne Vaterland. Von der Polis zur Natur*. 2. Auflage. München und Zürich: Piper.

Stoffel, Patrick (2018). *Die Alpen. Wo die Natur zur Vernunft kam*. Göttingen: Wallstein.

Thoma, Heinz (2015). Französische Aufklärung. In: *Handbuch europäische Aufklärung. Begriffe – Konzepte – Wirkung*. Hrsg. von Heinz Thoma. Stuttgart: Metzler. S. 95–100.

Viguerie, Jean (1980). Tableau de la théorie pédagogique pendant la première moitié du XVIIIe siècle. In: *The Making of the Frenchmen. Current Directions in the History of Education in France 1679–1979*. Hrsg. von Donald N. Baker und Patrick J. Harrigan. Waterloo, Ontario: Historical Reflections Press. S. 55–60.

Voltaire (1995). Brief Voltaires an Rousseau. In: *Jean-Jacques Rousseau. Schriften zur Kulturkritik*. 5. Auflage. Hrsg. von Kurt Weigand. Hamburg: Meiner. S. 301–309.